Aurora-Protokolle

Aurora-Protokolle

Fragmente einer Sprache der Einsamkeit

Herausgegeben und mit einem Nachwort
versehen von Ursula Menzer

Elfenbein

Dank an Eva-Maria Alves, Hans-Ulrich Müller-Schwefe,
Holger Vajen, die am Zustandekommen des Buchs in der einen
oder anderen Weise wesentlich beteiligt waren.

Die Herausgeberin

Erste Auflage 2022
© 2022 Elfenbein Verlag, Berlin
Einbandgestaltung: Oda Ruthe
Alle Rechte vorbehalten
Druck: Finidr, s.r.o.
Printed in Europe
ISBN 978-3-96160-074-8

JANUAR

Das Zimmer ist Aussicht: das Fenster öffnet den Blick Richtung Osten, Nordosten. Bleibt der Blick an den spiegelnden Scheiben hängen, zeigt sich, schiefergrau mit seltsam glänzenden Augen, ein einsamer, frühaufstehender Mensch, der – wünscht er es – halsreckend, rückenstreckend oder den Schreibtischstuhl ein wenig zur Seite fahrend, den Sonnenaufgang registrieren, betrachten, genießen kann. Raum in den Tagesanbruch, Fenster für den Morgen; orientalische Orientierung.

Im Winter ist es nicht nötig, besonders früh aufzuwachen, aufzustehen und sich erwartungsvoll für den Sonnenaufgang am Fenster einzufinden, denn Anfang Januar geht die Sonne erst kurz nach halb neun Uhr auf; am spätesten im Jahr. Doch dem Mirakel des tagtäglichen Sonnenaufgangs geht ein längeres, mindestens ebenso mirakulöses Präludium voraus. Es ereignet sich zwischen Nacht und Tag, in der Zeit der schattenlos-demeterdüsteren Helligkeit, in der Zeit, in der sich die Sonne ankündigt, indem ihre vorauseilenden Strahlen die bevorstehende Erscheinung anzeigen und Horizont und Himmel zuweilen prachtvoll erglühen lassen. Das ist die Zeit der Morgenröte, die Stunde der Aurora.

Das Fenster öffnet den Blick auf ein Dickicht von hohem Baumgeäst, durch das unten, durch Zweige und Stämme hindurch, das gewundene Band eines Wasserlaufs schimmert, auf dessen anderer Seite eine Deichböschung ansteigt, hinter der sich eine Landschaft aus Wiesen, Äckern, Gebüsch und Baumgruppen ausdehnt; ein ehemals dem in seinem Urstromtal mäandernden Strom abgerungenes Gebiet. Damals Natur, heute Landschaft; Marsch: feuchtes Land am Wasser. Die alte Windmühle von Reitbrook, südöstlich, ist nicht zu sehen, höchstens unter ebenfalls halsreckenden Umständen oder aus dem Fenster lehnend; anstrengungslos jedoch aus dem runden Giebelfenster oder aus den schrägen Süddachfenstern ein Stockwerk höher; nachts ist sie angestrahlt und ragt bizarr wie ein Hirngespinst aus dem Dunkel. Parallel zu dem gewundenen Band des Flusses verläuft das ebenfalls gewundene Band der erhöhten Deichstraße, die an der wasserabgewandten Nordseite des Hauses vorbeiführt. Zwischen den beiden Bändern erstreckt sich ein schmales, in der Tiefe sich verbreiterndes, verwildertes Gartengrundstück; ein Hain, ein kleines, lichtes Wäldchen, dessen Bäume auf der einen Seite den Fluß säumen, auf der anderen Seite an die Allee der Deichstraße heranreichen.

Der Fluß, der Wasserlauf, ist im eigentlichen Sinne kein Fluß, sondern ein früherer Ablauf, ein künstlich abgetrennter Altarm der Elbe, der gleichsam in einer schwach geballten Faust endet; der vor sechshundert Jahren durch einen Damm vom nach Süden abgedrängten Hauptstrom der Unterelbe abgeschnitten und somit taub wurde, was niederdeutsch fügsam den Namen Dove Elbe, tauber Fluß, ergibt.

Elbe ist die zum Namen gewordene Bedeutung für Fluß, wie viele Flüsse namentlich Fluß oder Flüssiges oder Fließendes oder Rinnendes heißen in derjenigen Sprache, in deren Gebiet sie entspringen oder deren Gebiet sie durchlaufen: niederdeutsch Elbe; slawisch Labe; keltisch oder niederhochdeutsch Rhein; kiswahili Kongo; sanskrit Indus. Ist die Bezeichnung Fluß als Name für das vermeintlich einzige Exemplar vergeben und wird dann mehr an Fluß und Wasser entdeckt, kommen zur weiteren Unterscheidung Farben oder Eigenschaften der Quantität oder spezielle Modalitäten hinzu: Weiße Elbe oder Weiße Labe; Weißer und Blauer Nil, Gelber Strom, Roter Fluß; Breiter Fluß, Langer Fluß, Rauschender Fluß, Lärmendes Wasser. Was für eine erstaunliche Entwicklungs- und Fließfähigkeit der Sprache vom ganzhaft Allgemeinen zum verzweigten Einzelnen, Individuellen, Differentiellen; sprachlich sprudelnder Quellcode bis hin zum Bewußtseinsstrom, der Erinnerungen an Gelerntes, einst Gelesenes, gleichsam solide Mentalsedimente mit sich führt und – falls diese nicht ausreichen – recherchierend schnorchelnd, gründelnd ins ubiquitär wogende World Wide Web eintaucht.

Am Morgen sind alle Bäume und Sträucher bis in ihre letzten Ausläufer, ist alles darunter liegende Laub, ist jedes Grasbüschel, jeder vertrocknete Blütenstengel vollkommen mit Rauhreif überzogen. Eine kristalline, unbewegte Eiswelt bietet sich dar und später funkelt sie starrstummweiß in der kalten Morgensonne. »Weiße Welt, große Not, kein Geräusch, nur die Aschenglut«, flüstert eine Stimme aus fernster Radiozeit; die grüblerische Erinnerungsstimme von Attila Hörbiger aus einem alten Beckett-Hörspiel. Fenster auf. Es ist kalt, die Temperatur sinkt. Kalter Hauch. Fenster zu. Ein herrischer Gong durchlöchert beim Einschalten des Computers die Stille des Hauses. Kurzes Erschrecken. Wie so oft vergessen, nach dem Hören einer Audio-Datei, den Ton wieder abzustellen. Und dann: Nachrichtenzeilen brechen herein, lautlos, setzen das Erschrecken fort.

Keine Morgenröte. Große, schwarze Vögel fliegen einzeln und im Schwarm aufgeregt krähend umher, als wiesen sie unentwegt auf den starken Kontrast hin, den sie vor dem Hintergrund der weißen Welt zu bilden vermögen. Doch bald schmilzt die glitzernde Eiswelt dahin, und den Kontrast schlucken die, ihres Überzugs entkleidet, wieder schwarz gewordenen wirren Gitter des Geästs.

Es gibt in dem Hörspiel einen Dialog zwischen Ada und Henry, den Du sehr mochtest; er hat Dich angerührt. Du hattest das Buch gekauft, die Stelle herausgesucht und hin und wieder vorgelesen: »Henry fragt: ›Wirst du dich neben mich setzen?‹ und Ada antwortet: ›Ja. So? Oder möchtest du lieber so? Es ist dir gleich. Ziemlich kühl, wie mir scheint, ich hoffe, daß du deine Wollhose angezogen hast. Hast du deine Wollhose angezogen, Henry?‹ und Henry antwortet: ›Es ist folgendes geschehen, ich zog sie an, und dann zog ich sie wieder aus und dann zog ich sie wieder an und dann zog ich sie wieder aus und dann zog ich sie wieder an und dann zog ich –‹ Ada unterbricht ihn: ›Hast du sie nun an?‹ und Henry antwortet: ›Ich weiß nicht.‹«

Die Temperatur sinkt weiter, sinkt weit unter die Frostgrenze. Der Wasserlauf der Dove-Elbe friert zu; dünnes Eis. Am letzten Nachmittag des vorigen Jahres war noch ein kleiner Eisbrecher gefahren, um für den nächtlichen Musikdampfer die Fahrrinne freizulegen. Die durchsichtigen Schollen trieben im dunklen Wasser, und in der Nacht schlugen sie, von der lärmenden Silvestergesellschaft fast übertönt, an den Stahlrumpf der Barkasse. Wie Scherben einer geheimnisvollen Zerstörung lagen sie am nächsten Morgen verstreut auf der bereits wieder geschlossenen Eisdecke, die nun von Eisbrechern ungestört bleiben würde, da die Schiffahrtslinien bis März Winterpause halten.

Zwischenzeitlich muß es getaut und dann wieder gefroren haben, denn nachdem sie einige Tage unverändert auf dem Eis gelagert hatten, waren alle Eisscherben über Nacht verschwunden, und stattdessen erstreckt sich eine nahezu makellos glatte Eisfläche über dem Wasser, in der sich keine Morgenröte spiegelt.

In seinem Arbeitszimmer mit der Bibliothek im dritten Stockwerk seines Turms, gegen die Wand der Bücher, gegen die Balken mit eingravierten Sinnsprüchen blickend; oder aus dem Fenster seine Umgebung, die seitliche Fassade des Schlosses, seine Weinberge, seine Ländereien überschauend: Michel Eyquem de Montaigne, reicher Erbe eines feudalen Guts im Südwesten Frankreichs, Gerichtsrat und zeitweise Bürgermeister von Bordeaux, aber auch avantgardistischer Schriftsteller, Erfinder der philosophischen Selbstreflexion und der ungeschützten Ich-Exploration, präsentische Leibhaftigkeit und empfindsames Körperbewußtsein inklusive. Seine höchste Tugend, die er in die Waagschale wirft: Aufrichtigkeit, Wahrhaftigkeit; doch ohne Hang zu dogmatischer Besessenheit. Der Horizont seiner Reflexion: leben und leben lassen; Sterben und Tod. Naher Tod, ferner Tod. Für sich selbst: immer wieder danach fragen, doch letztlich ignorieren.

In der Einsamkeit des Turms, im fast runden Zimmer, räumlich bestens geeignet, um in und um sich selbst zu kreisen; vielleicht im Schlafanzug, sicher ohne Edelmannstyling. Bücherregale, kanonische Schriften antiker – vorchristlicher – Autoren (was für eine Erleichterung in Zeiten des religiösen Fanatismus). Freund Étienne de La Boétie war jung an der Pest verstorben und hatte Michel viele Bücher vererbt, den Grundstock für seine Privatbibliothek; Trauer-, Gedenk- und Denkraum aus dem Geiste der Freundschaft. Der schmerzhafte

8

Verlust des Freundes, später auch des Vaters, führt ihn an den Rand des Selbstverlusts.

Montaigne zieht sich mit achtunddreißig Jahren weitgehend von seinen öffentlichen Ämtern und Verpflichtungen zurück. Das politische Leben ist extrem konfliktär, Glaubenskämpfe, Inquisition, Machtkämpfe. Sein Landgut ist einträglich genug, der neue Merkantilismus trägt dazu bei. Er vollzieht einen Bruch und wendet sich ins Private, weil er mutmaßt, er werde nicht mehr lange leben. Erahnte er die Lebensdauer-Statistik des sechzehnten Jahrhunderts oder befürchtet er nur, das Schicksal seines Freundes erleiden zu müssen?

Er *beginnt* zu schreiben, ohne über Schreib-Erfahrungen zu verfügen (außer als Übersetzer und Verfasser von Widmungsschriften). Er *versucht* zu schreiben, schreibend zu denken – in einem inneren Dialog mit sich und seinen antiken Referenzen. Protokolle eines Versuchs. Test. Test. Schreiben, Schriftlichkeit, Intertextualität. Text als Zuflucht. Was ist der Impuls seines Schreib-Unterfangens? Schreiben gegen die Monster der Depression, gegen die Wirren der Einsamkeit, »Hirngespinste«, wie er selbst schreibt? Oder eine Art thanatologischer Melancholie? Es waren schwere, es waren höchst blutige, quälende Zeiten: Aufstände, Religionskriege, Bartholomäusnacht; Verfolgung und Vernichtung des anderen, des anders Denkenden, anders Fühlenden, anders Betenden. Rufmord, Pranger, Folter, Häretikerprozesse, Ketzerverbrennungen.

Wie den Prozeß des schreibenden Sich-Austestens, des schreibenden Erprobens, »essayer«, so bezeichnet er auch seine schriftstellerischen Ergebnisse als *Versuche, Kostproben.* Sowohl als Winzer, als professioneller Weinproduzent und -verkäufer als auch als interessierter Weintrinker ist Montaigne ein Vorkoster und Verkoster seiner Weine und der Weine auf seinen Reisen sowohl als auch seiner Lektüren und seiner Texte. Er findet Geschmack am Leben; Geschmack an manchen, an wenigen Weinen; Geschmack am Schreiben über den Geschmack am Leben, über Erfahrungen des Lebens und seiner Engführung. Schreiben aus der Mitte, aus der Mittelmäßigkeit; doch bis an die Schmerzgrenze.

Was da in der Provinz weit ab vom glanzvollen, vom gleichwohl mörderischen Zentrum entsteht, wird aufgenommen, wenn auch langsam; wird rezipiert, wenn auch gegen Widerstände; wirkt langfristig stilbildend und bringt eine neue literarische Gattung hervor: den Essai. Die vorläufige Summe seines Schreib-Projekts, darunter auch der zwanzigste Essai »Philosophieren heißt sterben lernen«, erscheint 1580 in zwei Bänden. Acht Jahre später werden sie durch den dritten Band in der sogenannten Bordeaux-Ausgabe komplettiert.

Morgendämmerung ohne Morgenröte. Nach Knopfdruck, Start des Computers, Blitz ins Dunkel. Es schneit ein wenig, und die spiegelnde, asphaltgraue Eisfläche auf dem Fluß wird matt und weiß; weiß wie die Böschung, weiß wie das Gebüsch, weiß wie die angrenzenden Wiesen. Nur die Stämme und das Geäst der Bäume am Ufer heben sich ab und legen scharfe Linien durch das Bild. Landschaft in Schwarzweiß, Graustufen inklusive.

Der größte Baum am diesseitigen Ufer ist eine alte, sehr große Weide mit grobborkigem Stamm, deren mächtiger Südost-Ast weit hinaus über den Fluß geragt hatte, bis er – wie ein weiterer, etwas kleinerer Ast auch – beim letzten Sturm abgerissen wurde und nun, mit einer faserigen Bruchstelle, steil abgestürzt mit dem gesamten Gezweig im Wasser liegt; ein Wirrwarr alter Wurzeln, die wiederum ausgeschlagene, früher schon heruntergefallene Äste durchdringen. Der Baum und seine Umgebung wirken wie eine sich seit langem selbst überlassene Enklave, ein kleines Stück Urgelände, das der Ordnungsmacht des Menschen entgangen ist. Doch alle paar Jahre erscheinen die Arbeiter des Naturamtes, das für den Uferstreifen des Flusses die Verantwortung trägt, mit Kettensägen und Ohrenschützern, gewillt dem natürlichen Wildwuchs ihre domestizierende Kraft entgegenzusetzen. Beim letzten Kahlschlag ist es ihnen gelungen, mit einem dicht über dem Wasser weit in den Fluß reichenden Ast die Lieblingsstelle einer regen Schar von Stockenten zu beseitigen. Wo sind sie seitdem alle geblieben? Nur ab und zu schwimmen sie vorbei, aber ihre einladende und sichere Niederlassung gibt es nicht mehr. Neben der Weide – ein Stück den Deich hoch und viel zu kraftvoll unter der ausladenden Krone der Nachbarin – vegetiert eine gleich über der Erde in drei Stämme gespaltene und durch viele Sägeschnitte verstümmelte Esche dahin, deren Vitalität mangels Licht hauptsächlich in das Längenwachstum der wenigen noch verbliebenen Äste einschießt. In Richtung des angrenzenden, verwilderten Gartengrundstücks bis hin zur Straße lassen sich verschiedene Bäume unterscheiden: eine weitere, kleinere Weide am Wasser, Schwarzerlen und Ahorne, eine Birke – deren markanter Stamm sich durch Unterholz und Gebüsch hindurch abzeichnet – und in der Reihe der Alleebäume ein Maulbeerbaum.

Was oft verwechselt wird: Landschaft und Natur. Landschaft ist das Bleibende; Natur verändert sich. Landschaft ist das Stabile, Kulturelle, das Kultivierte, durch Arbeit Hergestellte, das unentwegt erhalten werden muß, während Natur einem dynamischen Prinzip unterliegt. Wird an der Erhaltung der Landschaft nicht gearbeitet, nimmt Natur sie wieder völlig in Besitz, gehen eingeprägte Strukturen der Gestaltung verloren. Nach Umberto Eco ist auch Landschaft ein semiotisches Feld und lesbar wie ein Text.

In täglicher medialer Verbreitung das immer wieder jede Vorstellung übersteigende Schreckliche. Die ungläubige Verwunderung, daß kein Aufschrei der Empörung um die Welt geht; Entsetzen, daß niemand dem Geschehen in Gaza Einhalt gebietet.

Kein Morgenrot, kein Sonnenaufgang zu sehen. Ein heftiger Wind fegt über das Land und verwirbelt die dünne, mattweiße Schneedecke auf dem Eis des Flusses zur bewegten Camouflage eines Schneeleoparden: weiße Kreise, graue Ringe in immer wieder veränderten, in sich anschleichend verziehenden bis sprunghaft wechselnden Mustern; der Schneeleopard schiebt sich tief geduckt über die gefrorene Fluß-Landschaft, seinen grauweißen Pelz ausweitend und ausbreitend bis zu den porösen, knisternden Rändern; Einbrüche hinterlassend, Spuren verwischend, Tarnmuster legend.

Und nachts ist das Spannungsreißen der Eisfläche zu hören, ein auslaufendes Zischen, ein abwürgendes Peitschen, ein zuvor nie gehörtes Geräusch bedrängter Schneekristalle oder zerreißender Eiswüste: etwas rasend Durchdringendes, etwas rasend Schneidendes, etwas rasend Spaltendes und Auf- und Auflaufendes: der gellende als auch ersterbende Schrei der Eiskatze des schlaflosen Traums. Vor dem Fenster hängt dann der volle Mond mit einem breiten diffusen Lichthof am wolkenlosen Himmel. Im Laufe des Abends zur Nacht hin scheint er von der linken Ecke des Fensters über das Mittelkreuz in die rechte Ecke zu wandern. Der Hof wirkt kleiner, die Strahlkraft scheint geringer geworden zu sein. Die Sterne lassen sich nur bei geöffnetem Fenster erkennen. Ansonsten geht der Blick ins leere Dunkle, von einigen Lichtern abgesehen: wenige Straßenlaternen entlang der gewundenen Deichstraße; erleuchtete Fenster in größeren Abständen und weiterer Entfernung. Oder der nicht durchdringen wollende Blick endet flach an der Fensterscheibe, das eigene, bewegte Suchbild wie filmisch doppelbelichtet und zeitversetzt widergespiegelt; von weißen Fensterrahmen zerteilt und blanken Messinggriffen umklammert.

»Mal so, mal so. Je nach Pupillenzoom«, brabbelt Bodo Morton, whiskeytrinkend an einem Silvesterabend, in Latschen oder Puschen, die Füße auf der Fensterbank einer Ottenser Wohnung in Hamburg, angesichts einer Doppelbelichtung spiegelnder Scheiben, in dem Roman »Kolks blonde Bräute« von Frank Schulz, einer großen Säufernovelle der achtziger Jahre, mit umwerfenden Dialogen in Lautsprache:

»Haß heud namiddach Forml einß gesehn?«

»Neh. Hab Skwosch geschbiehld. Finnich auch scheiße die Sendungk. Iß doch keine Musieg mehr sowhas.«

Fenster auf. Morgendunst. Fenster zu. »Freunde! Seht! Fühlt und seht ihr's nicht?« würde – wie Isolde – ihr Schöpfer Richard Wagner fragen, hätte er Geschmack und Gefallen an der griechisch-antiken Morgenröte gefunden. »Seht ihr es«, ihr Musen, würde Homer fragen, hätte er die Morgenröte mehr gewürdigt als nur hin und wieder festgestellt, daß sie den Tag ankündigt; sie für den Ablauf der Zeit funktionalisierend: Eos, die Schwester des Lichtbringers Helios, legt ihre rosigen Arme um die Dämmerung.

Oder wie ein Morgen, an dem sich die Unterseiten der grauen, länglich-wattig auseinandergezogenen Wolken in einem wunderbaren Hibiskusrosa darbieten, das fast über den gesamten Himmel reicht, nur im Nordwesten allmählich auslaufend verblassend. Die Sonne steigt in einem lodernden Glutorange hinter einer filigranen Baumgruppe auf. Schnell und zügig löst sie sich vom Horizont, die Stimmung verändert, der Himmel öffnet und weitet sich, wird irisierend hell. Fenster auf. Die grauen Wolken werden weiß und dahinter klärt sich eine diffuse Farblosigkeit zu einem geradezu übernatürlich transparent strahlenden Azurblau, das zusammen mit einer gleißenden Sonne und einem milden Südwind den angehenden Tag beherrscht und ein geradezu Botticellisches Fluidum des Frühlings hereinweht. Aber es ist noch zu früh im Jahr, noch nicht einmal Mitte Januar. Fenster zu.

Eos, Göttin der Morgenröte aus dem Göttergeschlecht der Titanen, entstammt, wie ihre Geschwister, der Sonnengott Helios und die Mondgöttin Selene – lateinisch bekannt als Frau Luna –, einer Verbindung der Theia mit ihrem Bruder Hyperion. Eos hatte einige Verbindungen und zwanghafte Liebschaften mit Göttern und auch mit Sterblichen, die ihr die Liebesgöttin Aphrodite zur Strafe auferlegte, weil sie eine Affäre mit Ares hatte, ihrem eigenen Geliebten. Eos verschleppte ihre Geliebten Orion, Keitos und Kephalos, allesamt Opfer ihres Begehrens; »Jünglingsentführerin« nannte Thomas Mann sie eifersüchtig in seiner Venedig-Novelle. Die Liebschaften endeten alle mehr oder weniger tragisch. Als Gattin des Sternengottes Astraios, des Gottes der Abenddämmerung, gebar sie die vier Winde: den Westwind Zephyros, den Südwind Notos, den Nordwind Boreas und den Ostwind Euros; sowie den Morgenstern Phosphoros – der lateinisch Lucifer genannt wurde – und den Abendstern Hesperos. Der späteren Ehe mit dem trojanischen Prinzen Tithonos, den sie seiner Schönheit wegen raubte, entsprangen Memnon, den Achilleus im Kampf um Troja tötete, und Emathion, der von Herakles erschlagen wurde. Die Tränen, die Eos um ihren Sohn Memnon weint, fallen Morgen für Morgen als Tau vom Himmel. Den menschlich gealterten und geschrumpften Tithonos begleitete sie bis zu seinem Lebensende – von Zeus aus Mitleid in eine Zikade verwandelt – und sperrte ihn angeekelt in eine kleine Schachtel. Eos' Thron steht an der Quelle des Okeanos, aus dem sie allmorgendlich – mit ihren Pferden Phaethon, der Schimmernde, und Lampos, der Helle, eingespannt – emportaucht, um, die Finsternis der Nacht überwindend, den neuen Tag anzukündigen und dem Wagen ihres Bruders Helios den Weg von Osten her zu bereiten für seine Reise über den Tag bis zum Untergang im Westen, wobei ihr der Sohn Phosphoros die Fackel hält. Eos ist die Erweckerin der Tätigkeit und des Lebens. Alle Geschöpfe erfreuen sich ihrer, erheben sich aus dem Schlaf und kommen, ihr Antlitz zu schauen.

In Hesiodos' »Theogonie« – laut Verfasser eine Einflüsterung der Musen, also quasi ein Auftragswerk – wird der altgriechische Götterkosmos geordnet, in teils dubiose verwandtschaftliche Bezüge gesetzt und einer steilen Hierarchie unterworfen. Es ist ein großes Zeugen und Gebären und Erschaffen, und am Ende hat sich der Kosmos entfaltet, das alte Göttergeschlecht der Titanen ist untergegangen, besiegt von den emporgekommenen Olympiern mit Zeus als Hegemon. Die Göttin der Morgenröte spielt im Reigen der neuen Göttergestalten nur eine kleine Rolle am Rande. Hesiodos gönnt ihr in seinem Götterepos nicht mal ein Attribut, nur in »Werke und Tage« ist knapp und kaum mehr als pleonastisch von der »rosigen« Eos die Rede.

»Sage mir Muse«, bittet auch Homer um Eingebung und wird reichhaltiger beflüstert als sein älterer Sängerkollege. In der »Ilias« und in der »Odyssee« wird immerhin Eos' große Schönheit betont und mit schmückenden Worten beschrieben: Eos im Safrangewand Okeanos' Fluten entsteigend, die rosenarmige Eos, die goldenthronende Eos, die Rosenfinger der Frühe, die schöne Morgenröte. Und sie wird nicht nur poetisch mit geflügelten Worten ausgestattet. Auf Vasen erscheint sie als geflügelte Gestalt mit mächtigen Schwingen: ein imposantes Vorbild für spätere, christliche Engels-Figurationen.

Eos und Aurora. Aurora und Eos. Aurora ist die spätere, römisch-antike Nachfahrin, Schwester, gleichsam Verwandte in Funktion und Expression; lateinische Doppelgängerin der griechischen Eos. Beide repräsentieren sie eine typische Denkfigur der griechischen wie auch der römischen Antike: die Personifikation physikalischer Gegebenheiten; wobei Eos namentlich mehr die räumliche, Aurora mehr die zeitliche Dimension zum Ausdruck bringt: das Östliche und Morgenländische die eine, die goldene Stunde die andere. Welche von beiden repräsentiert den erotischen Aspekt?

Eos von Morgendunst verschleiert. Der Schnee dünnt immer weiter aus. Auf dem Eis zeigen die Verwehungen erste Tauflecken. Der Pelz des Schneeleoparden dunkelt ein, wird scheckig, wird räudig und naß.

Über Nacht hat es zu regnen begonnen, was vorerst ein Ende der Kälte bedeutet. Auch die letzten Schneereste, die an geschützten Stellen am Nordrand des Deiches oder in Ackerfurchen und kleinen Senken hatten überdauern können, sind weggespült. Keine Spur von Morgenröte. Fenster auf. Windstiller Morgen. Und der Hochnebel lagert schwer und zäh; draußen und besonders drinnen. Drinnen: auf dem noch vormodernen Gemüt oder der modernen Seele oder dem schon postmodern fragmentierten Ich oder der noch postmoderneren, posthistorisch bestandszehrenden Ichlosigkeit. Fenster zu. Draußen liegt eine lethargische Unbeweglichkeit über dem Land, keine grandiose kristalline Erstarrung in Eis und Frost, sondern eine träge Unlust und Passivität. Es tropft. Die Eisdecke der Doven Elbe scheint abzusinken, Wasser spült darüber.

Der Blick reicht kaum weiter als auf die Wiesen, die in Dunst über- und aufzugehen scheinen. Ein Tag, wie er trostloser kaum sein kann. Ein Tag ohne den Beginn eines phänomenologischen Sonnenaufgangs; nicht einmal ein entgegenkommender Hauch von Morgenglanz. Aurora macht nicht die geringsten Anstalten, »schwebend im purpurhellen Gespann« zu erröten wie bei Vergil; rechnet sich keine Chance aus gegen das nordische Inversionswetter, und auch ihre griechische Schwester, die rosenfingrige Eos, zieht es vor, ihre Hand aus dem Spiel zu lassen und hält ihre Rösser zurück, statt aus dem Okeanos aufzutauchen und zum Himmel hinaufzupreschen. Will man auf den Anblick der Göttinnen der Morgenröte nicht verzichten, begehrt man, ihr Antlitz zu schauen, bleibt nur der Weg zu den antiken Vasen nach Athen oder nach Wien ins Obere Belvedere oder nach Rom zu den Aurora-Fresken des Barock oder in die Hamburger Kunsthalle zu Philipp Otto Runges frühromantischer Morgenallegorie.

Sie ist steigerbar, die Dichte des Nebels. Der Blick durch das Fenster wie durch eine Milchglasscheibe; nur bis zur anderen Uferseite des Flusses. Dahinter beginnt ein Land Nirgendwo, aber kein Utopia, das seit Thomas Morus immerhin und -her mit einer freundlichen Bedeutung und allerlei Wünschen ausgestattet wurde. Das Land Nirgendwo des Nebels ist alles andere als einladend, ist konturenlos, aussichtslos; indifferent. Einladend dagegen: Rom und seine Aurora-Gemälde.

Via Quirinale. Auf dem Deckenfresko von Guido Reni im Casino Rospigliosi schwebt Aurora mit Blumenbouquets in den Händen auf einer düsteren Wolke über einer dämmerigen Küstenlandschaft dem glanzverbreitenden Sonnenwagen in den anbrechenden Tag voraus. Apoll mit seinen Pferden wird von einer Schar lebhafter Stundengöttinnen – Horae – umgeben. Das Gemälde stellt die Momentaufnahme einer freudigen Prozession dar, die – von links kommend – vorbeizieht. Aurora, die Wegbereiterin, wird überblendet vom Glanz des Sonnen-Apoll.

Auf einem nördlicheren Hügel in der Villa Ludovisi antwortet Giovanni Francesco Barbieri – genannt Il Guercino – auf das klassisch-barocke Frontalgemälde Guido Renis mit einer spätbarocken Illusionsmalerei, die alle Register perspektivischer Opulenz zieht. Eos-

Aurora ist konkurrenzlos Mittelpunkt des Geschehens: blütenstreuend und freundlich um sich blickend sitzt sie im goldenen Wagen und steuert ihr Roßgespann ruhig aus der Dunkelheit in den frühen Morgen. Gegen die Bäuche der jagenden Pferde blickt man wie gegen die Unterseiten der Wolken. Hoch oben über gemalten Architektur- und Landschaftselementen scheint sie über die Betrachter hinweg in den neuen Tag zu preschen. Ihren gealterten Gemahl Tithonos, der sich sterblich verschlafen in zerknitterten Laken reckt, hat die dynamische Frühaufsteherin und morgendliche Erweckerin hinter sich gelassen.

Der vordere, nördliche Teil des Flusses fließt schon wieder, und der Wind treibt kleine Wellen über das Wasser; der hintere, südlich verlaufende Teil ist vom Ufer, wo die Ufergräser im hochgezogenen Windeis stecken, noch bis zur Mitte gefroren, wenn auch in großen Partien überspült. Stabile Gräue seit Tagen. Keine Spur von Aurora-Eos, kaum eine Spur von Apoll-Helios.

Nachmittags leuchtet der Stamm der großen Weide kurz im Licht der Sonne auf, die den grauen Dunst durchdrungen hat. Eine Schar Stockenten kreuzt im offenen Gewässer, schwimmt an der Linie entlang, an der sich Wasser und Eis eifrig belecken. Einige Enten lösen sich aus der Gruppe, nutzen die noch festen Flächen des Eises, gehen einige Schritte, spreizen die Flügel, putzen das Gefieder, recken den Hals; das Ende der Eiszeit in Sicht.

Wien, Schloß Belvedere. An der Decke des Gartensaals wie auch in anderen Architekturen nimmt Carlo Carlone bildlich den Plafond eines Raumes als Himmel wörtlich. In einem himmlischen Schlafgemach dunkelt es an den Rändern, wo schlafende Gestalten in Wolken versunken sind, während in der Mitte Aurora und Apoll hell und strahlend emportauchen. Aurora ist Apoll gleichgestellt und nicht mehr nur Begleiterin eines sie überstrahlenden Glanzes; doch ihre Besonderheit ist gelöscht, ihr Zauber rationalisiert.

Keine Morgenröte. Fenster auf. Ein blasser Sonnenaufgang ohne Tendenzwende; ein weiterer Tag in Grau, ein weiterer Tag regnerisch.

Rom, Wien wirken nicht wirklich anziehend; kein Grund zu reisen. Zwar zeigen die Gemälde wundervolle Verherrlichungen der Aurora, phantastische Allegorien des Lichts bis hin zu politischen und theologischen Deutungen; Inanspruchnahmen der Macht. Aber sind sie *Quellen* des Lichts? Absorbieren sie nicht Licht, verbrauchen sie nicht Licht, statt Licht auszusenden? Fenster zu.

Keine Morgenröte; kein Sonnenaufgang.

Jeden Morgen kurz nach acht Uhr bei jedem Wetter ein unerschrockener Radfahrer im dunklen Anorak mit signalfarbenem Zeichen auf dem Rücken Richtung Moorfleet; zügiger Stil; kein Renn-, ein gut beleuchtetes Tourenrad; jeden Nachmittag gegen siebzehn Uhr fährt er zurück.

Geburtstagspäckchen in schwarzem Lackpapier. Knüpft Uwe Tellkamps Roman »Der Turm« motivisch an Montaignes Turm an? Was ein Grund wäre, trotz eingeschränkter Lebenszeit, ein fast tausend Seiten dickes Buch zu lesen; aber keine DDR-Bildungsspießer-Untergangsposse. Ein anderer Grund wäre, die Flußbewegung zu erfassen, die in einen Malstrom mündet.

Eos-Aurora kommt zum Vorschein. Durch die Bäume schimmert ein blaßrosa Horizont, der sich blaßblau wandelnd den Himmel hochzieht und blausilbern glatt im Fluß spiegelt. Blaßrosa wird unmerklich über Blaßblau zu Blaßpurpur; eine flache wabernde Wölbung, ein wabernder Halbkreis Glutorange erscheint hinter dem horizontalen Baumreihengeflecht, ein Streifen Blaßgelb löst sich, nach oben steigend, aus dem Blaßpurpur. Der wabernde und schnell zunehmende Halbkreis, der wabernde Vollkreis Glutorange löst sich aus dem Baumgeflecht des Horizonts, schwebt lodernd darüber, zieht mit einem jähen Lichtwechsel alle Intensität der Farben aus der Umgebung ab und steht – hellgrellgelb leuchtend – mit verlaufenden Konturen am milchiggelben Morgenhimmel. Dann erst setzt sich ein blendendglühender Reif durch, der jede weitere Beobachtung verunmöglicht. »There comes the sun«, wimmert es melodisch in den erinnerungsverwurmten, alten Ohren. Bald darauf kehrt wieder die Grauheit der letzten Tage zurück. Regen und Schneeregen rinnen die Fensterscheiben herab. Die erinnerungsverwurmten, alten Ohren werden sich zum Frühstück vielleicht Schubert kontraindizieren; oder Sibelius-Lieder, so überaus innig und rauh gesungen von Kirsten Flagstad.

Der Horizont voller taubenblauer Wölkchen, aufgefahren auf einem weißen, indirekt illuminierten Hintergrund, dessen Leuchten die kalte und leblose Landschaft mit einem milden Glanz überzieht. Später zeigt sich ein schmaler Streifen Rosa hinter den blauen, inzwischen langgezogenen und allmählich sich verbindenden Wolken; ein schmaler Streifen Rosa, der kurz golden aufglüht und dann wie ein durchsichtiges, safrangelbes Seidentuch hoch über dem Horizont hängt, langsam sich in bläulichhelles Tageslicht verwandelnd. Doch dann öffnet sich die schlierige Wolkendecke, und ein gleißendes Licht verbreitet sich. Auf dem quecksilbernen Wasserspiegel des Flusses liegt eine schillernde Perlmuttscheibe mit wachsendem Strahlkranz, eine Perlmuttscheibe, die fast so gleißend ist wie die am Himmel senkrecht darüber und den interessierten und intensiv beobachtenden Blick blinzelnd zurückzucken, sich zurückziehen läßt, geblendet und von faustischem »Augenschmerz durchdrungen«. Hinter geschlossenen Augenlidern glühen lange noch Feuerwerke, in der Netzhaut knisternde Resonanzen nach. Erholung mit geschlossenen Augen bei scheußlichen Morgennachrichten. Internetradio; parallel zum Schreibprogramm auf dem Rechner.

Am Fenster ziehen einige weiße Wölkchen, von Süden oder Südwest kommend, am hellblauen Himmel über den hohen Bäumen langsam vorbei und lösen sich auf; später sammeln sie sich im Norden und verbinden sich zu großen Formationen. Fenster auf. Der Fluß ist eisfrei, nur einige dunkle, wie Hustenbonbons abgelutschte, dünne Schollen treiben umher. Der Glanz über dem Wasser und über den braungrünen Wiesen, die auf der Sonnenseite erglänzende Feuchtigkeit der Äste und Baumstämme verleihen der winterruhenden Landschaft etwas Belebendes, Aufweckendend-Inspirierendes. Fenster zu.

Gestern nachmittag fuhr eine kleine Barkasse leer ohne Passagiere die Dove-Elbe stadteinwärts und später wieder zurück. Probefahrt des Betreibers, Lustfahrt des Kapitäns, der die Fahrt durch eisfreies Gewässers genoß?

Wieder ein Morgen in Taubenblau und Weiß; das Weiß langsam in ein rötliches, dann gelbliches und wieder weißliches Rosa, das Taubenblau in Fliederblau sich verwandelnd; das Fliederblau schluckt das Rosa für ein gemeinsames, lichtloses Mattblau. Horizontale Streifenschichtungen mit der Tendenz zur Entstreifung und homogenen Ablagerung. Über dem wie abgelagerten Mattblau ein verbliebener Streifen von Weiß, dann Hyazinthrosa; wird gelb, wird gold. Der Streifen wird zu einem grellen Schlitz, schließt sich, von einem breiter und breiter werdenden Mattblau fast vollständig übernommen; darüber schiebt Glanz blaßgolden von hinten nach. Lichthelle Kondensstreifen ziehen hoch über den wolkenlosen Himmel, wattig auslaufend, diagonal, und verbinden, verflechten, verfasern sich mit den tiefen Wolken vor der Sonne am Osthorizont. Ein von Wolken verschleierter Sonnenaufgang, der Lichtfülle und kalten Glanz mitbringt, die Quelle dessen aber nur noch sehr gefiltert zeigt.

Die vom leichten Rauhreif gefrostete Landschaft taucht in ein bläuliches Kaltlicht, am Boden diffus neblig; der zwischen den Deichen tiefer liegende Wasserspiegel quecksilberglatt und undurchsichtig; Oberfläche pur; darüber ein einsamer Graureiher, der sich – von Westen kommend – mit vorgewölbtem Hals und einem bis auf die Schultern zurückgezogenen Kopf dicht über dem Wasser den Fluß entlang bewegt: von der dolchartigen Spitze des Schnabels bis zu den Zehen der lang starr ausgestreckten Beine eine durchgehende, eine unbewegliche Linie, vorwärtsgetrieben von langsamen, kräftig schwingenden Flügelschlägen.

Ein demokratischer Präsident in den USA, die schon drohten, unglaubwürdig zu werden. Ein schwarzer Mann im Weißen Haus, wie es so simplifiziert schwarz-weiß heißt, wo dabei unterschlagen wird, daß der schwarze Mann auch weiße Vorfahren hat. Ein noch so kleiner Anteil an »Schwarz« definiert die Zugehörigkeit, und daher ergibt halb schwarz, halb weiß immer schwarz. Der 21. Januar 2009: ein Tag, an den sich die Welt erinnern wird als einen Tag, an dem die Hoffnung auf eine friedlichere, auf eine gerechtere Welt wieder auflebte, wenn er auch nicht als erster Tag des postrassistischen Amerika in die Geschichte eingehen wird.

Der erste Arbeitstag des vierundvierzigsten amerikanischen Präsidenten Barack Obama beginnt im Oval Office mit einem Dekret gegen Selbstbereicherung, Korruption und Beeinflussung durch wirtschaftliche Interessen; und mit Telefonaten zur Einleitung des Friedensprozesses im Nahen Osten. Am Tag zuvor, am 20. Januar 2009 nach dem Amtseid, hatte er in seiner Rede von den mäßigenden Qualitäten Demut und Zurückhaltung gesprochen: »the tempering qualities of humility and restraint« – und all jenen die ausgestreckte Hand angeboten, die gewillt seien, ihre Faust zu öffnen – »we will extend a hand if you are willing to unclench your fist«. Die lang vermißte Stimme der Vernunft; der Weltgeist in der Schaltzentrale der Macht, freilich nicht mehr zu Pferde wie zu Hegels Zeiten. Wie lange wird es dauern, bis die obskurantistischen Mächte – die Rassisten und Religionsfanatiker, die Krisenprofiteure und Kriegsgewinnler – diese für sie unerträgliche Stimme wieder zum Schweigen gebracht haben?

Am völlig dunkeln Horizont ein schmaler, früher Streifen. Anfangs ein Orange, noch düster grundiert, dann lichtvoller, heller werdend, nach Süden – pastellorange und beige – und Norden – weiß, hellrosa, hellblau – in breiten Partien auslaufend. Hinter dem dunklen, sich verzweigenden Stamm der Weide am dunklen Fluß zieht der zunächst dünne, düstere Orangestreifen zu einem in Rosa und Purpur und Flieder leuchtenden Himmel hoch, der aus der Tiefe in immer neuen Lichtstreifen aufbricht und die davorliegenden Wolken in den Schatten stellt, hinterlegt in einem gefächerten und gestaffelten Hibiskusleuchten die gesamte Krone des kahlen Weidenbaumes und spiegelt sich im leicht bewegten Wasser des Flusses wider. Eos-Aurora in schönster Pracht. Doch dann nimmt sie sich zurück – das Hibiskusleuchten verliert an Intensität, die Wasserspiegelungen gehen unter – und überläßt ihrem großen Bruder Helios das Feld, der aber nur eine Spur, kaum eine Wölbung, gerade einige Punkte Glutorange vorschiebt, die sich dann in einer alles durchdringenden, matten lichtblauen Helligkeit auflösen. Heute wie die letzten Tage: die große Ankündigung, gefolgt von einem nur indirekten Auftritt; kein vollständiges Zeremoniell.

Morgenröte. Sonnenaufgang. Sonnenuntergang. Was wird damit bezeichnet? Eine ungefähre Zeitangabe, eine Tageszeit, eine Zeitspanne? Oder eine Lokalisation?

Morgenröte ist ein vorausgehender Begleitumstand von Sonnenaufgang, wie Abendröte ein nachfolgender Begleitumstand von Sonnenuntergang ist, welche sich morgens am Osthimmel und abends am Westhimmel beobachten lassen: vorauseilende Morgenröte und nachwirkende Abendröte. Sagen läßt sich: es gibt das Phänomen Sonnenaufgang und Sonnenuntergang, aber es gibt Sonnenauf- und -untergang nicht als physikalische Gegebenheit. Im Verständnis der Astronomie oder Astrophysik geht die Sonne weder auf noch unter. Es scheint nur so, als ginge sie auf und als ginge sie unter. Das Phänomen Sonnenauf- und -untergang ist eine optische Täuschung, die sprachlich einem geozentrischen, vielleicht sogar anthropozentrischen Weltbild nachhängt, obwohl die kopernikanische Wende und die neuzeitliche Astronomie keineswegs spurlos an ihm vorbeigegangen ist. Die Sprache vom Sonnenaufgang oder vom Sonnenuntergang ist die phänomenologische Beschreibungssprache des naiven oder pseudonaiven Bewußtseins, das – ästhetisch kalkuliert – hinter seinem

Wissen um die physikalische Nicht-Gegebenheit Sonnenauf- und -untergang zurückbleibt. Insofern ist jeder Sonnenaufgang und jeder Sonnenuntergang, der in den Mund genommen oder schriftlich festgestellt wird, eine mehr oder weniger bewußte Reverenz an eine überholte Sprache, an eine romantisierende Sprache. Friedrich von Hardenberg – der Dichter Novalis – nannte diese Reverenz »qualitative Potenzierung«, was soviel bedeutet wie: Aufwertung.

Während dem Phänomen Sonnenauf- und -untergang eine optische Täuschung zugundeliegt, ist das Phänomen Morgenröte real. Nicht real wiederum, aber auch keine optische Täuschung sind Aurora oder Eos, die als symbolische Referenzen des realen Phänomens fungieren und als mythologische Figuren Eigenschaften typologisieren oder einen Zusammenhang, ein Kontinuum personifizieren.

In der Nacht drehte der Wind nach Westen. In der frühen Dämmerung fängt es an zu regnen, und mit jedem Tropfen schwindet der erst frisch gefallene Schnee. Ein Regenmorgen ohne Morgenröte; glanzlos, grau, naß. Fenster auf. Fenster zu.

Ein trister Nebelmorgen: Laternen werfen starre, trübe Kegel in die Dämmerung, nur kurz gekreuzt von den ebenso trüben Kegeln der auf der Deichstraße heran- und hinwegkurvenden Autoscheinwerfer. Hinter dem Geäst der nahestehenden Bäume hängt ein graublauer Dunstschleier, der die Existenz des Flusses nur durch eine tiefere Farbnuance des Undurchsichtigen vermuten läßt. Keine Morgenröte. Fenster auf. Es riecht nach Kamin, nach rückstandsreicher Verbrennung. Fenster zu. Allmählich schwinden die Schwaden, die Straße hinauf, über den Fluß hinüber, hellen sich, lösen sich aber nicht vollständig auf. Der graublaue Dunstschleier mit seiner milchigen Schleppe, die er hinter sich herzieht, scheint zu weichen, aber bei den Wiesen und über den Wipfeln der Bäume bleibt er hängen; Kuppelpanorama wie im Innern einer Schneekugel – mit Nebelwabern statt Schneege-stöber.

Erst am Nachmittag weitet sich die enge Kuppel; doch kein Sonnenstrahl dringt herein.

Gestern noch am späten Nachmittag ein kurzer Lichtblick. Die leicht im Wind wogenden Bäume leuchteten auf: ihre der Sonne zuge-wandten Seiten wurden einige Minuten von einem warmen rötlichen Schimmer überzogen. Zwei Krähne saßen schweigsam und entspannt in der hohen Weide, putzten ihr Gefieder und blickten immer wieder einige Momente unbeweglich Richtung Sonne.

Weiße und rote Lichter punktieren die Landschaft in der Dämme-rung: die unbeweglichen Lichter der Peitschenlampen der am Haus und in weiterer Entfernung verlaufenden Deichstraße, die zu einem schwer zu durchschauenden Gewirr von schmalen Straßen gehört, die sich auf den künstlich aufgeschütteten, grasbewachsenen und streckenweise baumbestandenen Schutzdeichen in endlosen Windun-gen durch die flache Landschaft ziehen, und die beweglichen Lichter der Autoscheinwerfer, unentwegt durch die noch konturenlose Dun-kelheit kriechend, unentwegt der Morgendämmerung entgegen, die dunstzart über dem Horizont aufscheint.

Hinter den fernen Bäumen immer wieder zwischen den Baum-reihen aufflackernde Lichter, weiße und bläuliche, rote und gelbliche Lichter: Fern- und Abblendlichter, Blinklichter, Bremslichter. Dort, an der Stelle hinter den Bäumen am Fluß und den weiter entfernten Bäumen und Baumgruppen, wo der Sonnenaufgang sich ereignet, wenn er sich ereignet, liegt die Gabelung zweier Deichstraßen. Meh-rere, sich überlagernde Lichterinseln von Straßenlaternen verdichten sich dort, ebenso wie unruhige weiße und bläuliche, rot und gelblich blinkende Lichter, die kurz verharren, sich langsam oder zügig weiter bewegen, Bögen beschreiben und im Irgendwo verschwinden. Früh-morgendliche Rushhour auf dem Lande, weitverzweigte Anfahrt zur Autobahn, tagtäglicher Pendelverkehr in die Stadt.

Der im Süden wiesenweit jenseits des Flusses verlaufende untypische, weil fast baumfreie und schnurgerade Abschnitt des Deichstraßennetzes ist zu Zeiten der Rushhour besonders stark befahren. Von den Südfenstern im Zwerchhaus aus zeigt sich im Winter – durch die blickdurchlässigen, kahlen Eichen, Erlen und Ahornbäume – Morgen für Morgen ein Lichtertreiben der besonderen Art: neben unzähligen Pkws bewegen sich auch extrem ausladende, mit Reihen seitlicher Positionslampen oder mit Eckpunkte setzenden Umrißlichtern bestückte oder mit gelben, seltener auch blauen Warnblinkanlagen gekrönte und ihre grellen Lichter in die Dunkelheit schraubende Fahrzeuge ziemlich gleichmäßig und in kurzen Abständen hintereinander – zuweilen etwas ruckend, aber das Rucken gleich wieder ausgleichend – von West nach Ost und Ost nach West, wobei jedes Fahrzeug eine flache Leuchtspur vor sich herschiebt, so daß das vorherfahrende Fahrzeug auf der Leuchtspur des ihm nachfolgenden zu fahren scheint und dies wiederum auf der Leuchtspur des ihm vorausfahrenden, und alle fahren – in beiden Richtungen – hintereinander wie auf illuminierten Flächen oder Schienen, überspannt von der weitreichenden Lichterkette der Straßenlampen. Hoch darüber blinkt bei klarer Dunkelheit – arhythmisch – die granatrote Blattspitzenbefeuerung kreisender Rotoren der mehrere Kilometer entfernten, mehrtürmigen Windkraftanlage bei Georgswerder. Und wie der Karren von Außerirdischen holpert hin und wieder frühmorgens vor der Dämmerung ein mit von oben grell herabflutenden, schwankenden Halogenscheinwerfern Licht in die Dunkelheit reißender Traktor mit Tankanhänger rumorend über das zwischen Deichstraßengerade und Fluß liegende Gelände und verbreitet einen bestialischen Gestank. Fenster auf. Fenster zu. Eine gespenstisch energetische Parade modernster metallischer Insekten, Centauren und Cyborgs; Zivilisationsgetöse und Défilé macabre. Dantes Unterwelt in der Oberwelt, unter freiem Himmel.

Bei geschlossenen Fenstern ist ein gleichmäßiges, manchmal in Wellen anschwellendes Brausen zu vernehmen, das aus keiner bestimmten Richtung zu kommen scheint; überlagert und bis an die Schmerzgrenze verstärkt, wenn ein hochtourig gefahrenes Auto oder

Motorrad oder eine unzureichend lärmgedämmte landwirtschaftliche Maschine direkt unten am Haus vorbeifährt; vorbeikreischt, vorbeirasselt, -rattert, -dröhnt. Motorengetriebene Unrast; Allgegenwart der Verbrennungsmotoren, deren Abgase als Rückstände unserer Zivilisation unsere Lungen durchströmen; selbstverständliche Zumutungen des Fortschritts; der Mensch im pyrotechnischen Fahrgestell.

Am blaugrauen Horizont dämmert der Morgen ohne Morgenrot; das dunkeldunstige Licht lichtet sich hellblaugrau, hellgrau, lichtgrau; die Straßenlaternen erlöschen; zwischen den Bäumen zunehmend weniger flackernde Autoscheinwerfer, der morgendliche Verkehr flaut ab.

Kein Wind. Der Fluß bräunlich schwer und glatt wie eine gebürstete Bronzeplatte. Ins Wasser geklappte Gebüsche vom Ufer der anderen Seite. Zwischen den Spiegelungen am Fuß der Böschung ein Rettungsring in Weiß und Rot, ölverschmiert, gestrandet; in seiner realen Plastizität zweifelhaft, fehl am Platz. Erinnerung an alte Fotografien, in denen die Idee der Wirklichkeit als Vibration zu wirken scheint.

Der Morgen dämmert am blaugrauen Horizont; wieder ohne Morgenrot. Wieder lichtet sich das dunkeldunstige Licht hellblaugrau, hellgrau, lichtgrau. Kaum Wind, aber leicht feuchter, kontinentaler Kältestrom; spürbar durch die Hauswand hindurch bis an die Knie unter dem Schreibtisch.

Die Bäume hauchfein bepudert, durchsichtig berauhreift und – wie ein Blick aus den Westfenstern auf die voluminösen Thujas an der Grundstücksgrenze bestätigt – weißkalt überzuckert sind vor allem ihre dem eisigen Osthauch ausgesetzten Flanken.

Auf der obersten Wipfelspitze eines starr unbeweglichen Baumes steht ein großer schwarzer Vogel, senkrecht und einbeinig und starr und unbeweglich wie auf einer Kinderzeichnung.

Kalte Tage ohne Morgenrot.

Unzufriedenheit – eventuell auch ein anderes Gefühl oder eine unklare Empfindung körperlicher Art – verhindert, den Schreibtisch zu verlassen. Verharren der Finger über den Tasten. Schwebender, innehaltender Schreibimpuls. Katalepsie. Keine Worte, um die Leere zu benennen, zu fassen, die überwältigende Verlassenheit zu beschreiben; keine Wörter im Vokabular der zugänglichen Sprachen. Vielleicht ein einziges Wort aus allen Buchstaben – alphabetisch translingual – in rasenden Vertauschungen. Aber drückte dieses Wort letztlich auch nur endlicher Permutationen den Schmerz aus, den Verlust, der – was für eine unauslotbare Untertreibung – doch unendlich ist? Verlust, Schmerz, der das Leben spaltet: vorher, nachher; und die Entzweiung mit jedem Wort buchstäblich versteift. Schreiben, nicht schreiben?

Mittags zieht eine bauschige Wolkendecke von Ost nach West über das Land, aus dem himmelblauen Osten mit immer neuen weißen Wolken gespeist, die sich gegen Westen hin verkleinern, zusammenballen und vergrauen. Fenster auf. Es verschiebt sich eine ganze Wolken-Welt, schichtweise, flächendeckend, schwindelerregend. Fenster zu.

Nachmittags ist sie erschöpft, die Wolkenproduktion. Der lichte, der helle östliche Himmel trübt zu einer schlierigen, hellgrauen Schicht ein, die jeden Sonnenstrahl absorbiert. Rauschen und Dröhnen aus Richtung Autobahn. Der Wind scheint nördlich gedreht zu haben. Und in der Nacht, unerwartet – Fenster auf, Fenster zu – das Geräusch von Regen. Doch kurz darauf – Fenster auf, Fenster zu – kalter Wind von Osten, helle Wolken über dem dunklen Osthimmel.

Zitternde Finger versuchen, eine Flasche Rotwein zu öffnen. Tränen sickern den Korken entlang, während er aus dem Flaschenhals tritt. Weißt Du noch, wie wir den Wein zusammen in Spanien entdeckten? Crianza oder Reserva, gelbes oder orangefarbenes Etikett mit roter Schrift; goldene Umrandung. Ein Etikett wie eine Morgenröte; vielleicht aber doch mehr wie ein Sonnenuntergang, wegen der schwereren Grundierung der Farben, die in die Dunkelheit münden statt aus ihr herauszuführen. Wir tranken ihn zusammen, abends auf dem Balkon. Später im Garten am Fluß; im Winter auf dem Sofa vor dem Kaminofen; mit Gästen zu Lammkeule oder zu Entenbrust mit Apfelrotkohl oder – ganz spanische Reminiszenz – zu Kaninchen mit Mandeln und schwarzen Oliven, conejo con almendras y aceitunas.

Damals. Damals, als wir uns noch in den Armen lagen.

FEBRUAR

Stahlglatt der Wasserspiegel, dann leicht gekräuselt, leicht geschoben. Unbewegliches Baumgeäst, nur ganz oben in den Ausläufern der Wipfel partienweise sanftes Gewoge; mal dieser Ast, mal jener verschiebt, verruckt; mal die gesamte Krone wackelt, zittert, schwankt. Birkengezweig: oberste Verästelung, teils hängend, teils gestreckt; schunkelnde, schaukelnde Kronen, astweise sich übereinander voreinander hin- und herschiebend. Horizontquer: blaues, mattes Band mit hyazinthrosa Einschichten in den Gesamthimmel auslaufend, sich einflechtend; Rosa wird Gelbweiß, am Oberhimmel rosa-grau ausflockend; hellrosa Streifen hinter den Baumgruppen; flamingorosa gefiedert; hell durchleuchtete, rosa-weiß-blau gestaffelte Wolkenschräge halbhoch am Himmel, schnell nach Westen ziehend. Hinter dem Geäst flackernd: Stahl; gehämmert, gewellt. Horizontquer: blaurosa Lichtband, in den Gesamthimmel auslaufend sich hochziehend, zu Tag werdend.

Kurzes Schneetreiben am Nachmittag und Durchbrechen der frühmorgendlichen Versuchsanordnung und Schreiben wie Schneetreiben und Betrachten von Schneetreiben, vom Seienden hypnotisiert; mehr oder weniger Tiefenschärfe. Schreiben wie Sitzen und durchs Fenster schauen und von Himmel und Landschaft und Wetter zu Wörtern durchschauen. Der geheimnisvolle Sprung durch die Blackbox: Wirklichkeit / Sprache.

Fenster auf. Feuchtwindige Dämmerung. Wind drückt mit unerwarteter Wucht auf die Flügel, drückt ins Zimmer und fegt Papiere vom Schreibtisch. Fenster zu. Vogelschwärme ziehen über den Himmel. Schwarze Rabenvögel lassen sich in der bewegten Luft treiben, nutzen die Aufwinde und segeln, lassen sich fallen, drehen sich torkelnd, fangen sich ab; krähen und krahen anscheinend genüßlich. Wogende, rauschende Baumkronen, von Böen durchfahren, während andere unbeweglich vor dem Himmel stehen, dann werden auch sie erfaßt, wogen heftig, stehen wieder still.

Aufruhr auf dem Wasser. Enten – Färbung in der Frühe noch unbestimmbar – ziehen den Fluß hinunter, immer wieder quäkend aufschreiend wie in größter Empörung. Später gleitet ein einsamer Haubentaucher im winterlichen Schlichtkleid in gegenläufiger Richtung vorbei, den weißgraugestreiften, federgeschmückten Kopf drehend und wendend; Bleßhühner plantschen flügelschlagend im Wasser und fiepen leise vor sich hin. Vogelgezirpe in den Bäumen, im Gebüsch; Meisengepiepse, Spatzengezwitscher, Amselgeflöte. Großes Rauschen in der Luft: Rauschen von der Autobahn, von den Deichstraßen; Windgeräusche um das Haus; rüttelndes Fächeln an den Fenstern, Brausen und Knattern an den Hausecken.

Stetige, stufenlose Erhellung des Morgens in Graublautönen ohne einen Anflug von Morgenröte, ohne roa Schimmer. Geschlossene Wolkendecke; Verhangenheit. Ein großer, hellbraunmelierter, habichtartiger Vogel mit dunkelgeränderten Schwingen zieht – von den Wiesen kommend – unter dem Fenster vorbei über die Deichstraße hinweg zur Autobahn, wo die hohen Aussichtsständer an der Trasse einladen, wo Verletzte, wo Aasteile liegen. Letzte Woche saß er einen Nachmittag lang hell und vom Wind zerzaust in einem Apfelbaum im Garten, flog nur einen Angriff über der Wiese hinter dem Gartenhäuschen, der aber nicht erfolgreich war. Ein Bussard?

Luft erfüllt vom Rauschen. Fenster auf. Der große Druck auf die Fensterflügel ist vorbei. Keine Wind-, nur Motorengeräusche. Fenster zu.

Die Rabenvögel mit ihrem heiseren Krächzen sind die ersten am Morgen; später sind Amseln mit ihrem durchdringend metallischen Alarmzetern zu hören. Entengeschrei durchdringt jedes Rauschen, aber heute morgen: Entenstille.

Stetige Erhellung des Morgens in Blautönen ohne einen Anflug von Morgenröte, ohne den geringsten Schimmer. Hohe, geschlossene Wolkendecke; ohne Sonnenstrahl.

Am blaugrauen Horizont dämmert der Morgen. Wieder lichtet sich das dunkeldunstige Licht hellblaugrau, hellgrau, lichtgrau. Stetige Erhellung des Morgens ohne auch nur einen winzigen Schimmer von Auroras Fingerspitzen. Hohe, geschlossene Wolkendecke; kein Sonnenstrahl.

Die Bäume stehen still, nicht der kleinste Zweig rührt sich; der Fluß bläulichglatt wie Stahl. Doch zeugt das große Motorenrauschen in der Luft von unablässiger Bewegung. Zwei Welten, die nach eigenen Gesetzen funktionieren; doch keine abgeschlossenen Paralleluniversen, die sich nicht berühren. Wo überall sind die Kontakt- und Bruchstellen, die Nähte und Übergänge zwischen Natur und Zivilisation? Wer kann sie seriös benennen?

Wellengekräusel im bläulichstahlglatten Wasser: einige Enten schwimmen vorüber, jede einen zum Ufer hin verlaufenden Kielfächer hinter sich herziehend; die Kielfächer überlagern, überschneiden sich und gehen in konzentrischen Kreisen auf, sobald eine Ente ihre Fahrt abbremst und kopfunter taucht.

Seit es nicht mehr so kalt ist, erscheint jeden Morgen ein neues, etwas ungleiches Paar unter den auf der Deichstraße täglich Sporttreibenden; auf der falschen Straßenseite. Er – auf der Straßenaußenseite – groß, hellgrau-dunkelgrau, mit Stirnband, tief ins Gesicht gezogener Kapuze, Profil wie ein Habicht; sie – auf der Straßeninnenseite, unerschrocken die Autos ignorierend, die von hinten kommen – klein, gelbgrün-grau-schwarz wie eine Kohlmeise, das obligatorische Stirnband im kurzlockigen Blondhaar. Die beiden laufen nicht, wie die meisten, sie gehen; er mit angewinkelten Armen, sie in den Handschuhhänden Stöcke, die sie aber mehr hinter sich herzieht, als vorwärtsgewiß einspitzt.

Ein feuchter Schleier liegt über dem Land nach einer regnerischen Nacht. Kein Frost. Nebelblauer Dunst am Horizont, die Baumreihen erscheinen als düstere Massen. Fenster auf. Fenster zu. Alles feucht, mild, windlos. Größere Entenverbände gleiten unaufgeregt flußabwärts, andere im Fluge flußaufwärts; Bleßrallen rucken vorwärts; kaum Geschrei, aber überall aufgewachtes Gepiepse und Gezirpe. Ein langer, lauter Vogelruf aus den Thujabäumen auf der Gartenseite. Einzelne krähende Krähenvögel in der Luft; Flugzeuge hoch in der Einflugschneise aus Süden, unsichtbar über dem dichten graublauen Wolkenverhang mit zartwattigweißen Streifen, wiederum rosa überhaucht. Der Himmel reißt auf – blau hochbauschige, miteinander verbundene, weiße Wolken ziehen darunter hinweg nach Nordosten in die Auflösung; halbhoch im Osten kaltgleißende Lichtschlitze, breiter werdend. Silbersonne über Dunstgrund, zunächst blinkender Silberstreifen auf dem Wasser, zu Silberscheibe in Quecksilberglätte sich ausdehnend, vereinzelt glitzernde Tropfen an den Bäumen; Wolkenauflösung, das Geschiebe verzieht sich. Ein Moment großer Ruhe tritt ein, bis ein Öltanklaster am Haus vorbeifährt und der Linienbus von der anderen Seite herannaht; viel zu groß, viel zu unförmig für die kurvenreich schmale Deichstraße, viel zu laut für die Landschaft.

Beschreibungsketten von Leben und Schrift und Schreiben; Glied um Glied; Aufzählung um Aufzählung, erweitert und verbunden und getrennt durch Semikolon um Semikolon; durch das traurige Semikolon, das halbierte.

Am blaugrauen Horizont dämmert der Morgen. Ein leichter Dunstschleier liegt über dem Land. Wieder lichtet sich das dunkeldunstige Licht hellblaugrau, hellgrau, lichtgrau. Stetige Erhellung des Morgens ohne auch nur den blassesten Schimmer von Auroras pfirsichrosa, blaugeäderter Armbeuge. Feuchte Luft, aber kein Regen. Der volle Klang der Vögel mischt sich mit dem allgegenwärtigen Rauschen des morgendlichen Verkehrs, das um so dominanter wird, je weniger Wind weht. Windstille, großes Rauschen. Der Bussard sitzt auf dem Stumpf eines abgeschnittenen Astes der Esche, diesseits des Deiches unter der Weide. Hell und groß verharrt er dort und starrt auf die Wiese unter ihm. Dann hebt er mit weiten Schwingen ab und verschwindet im Tiefflug zwischen dem Geäst der Büsche. Später ertönen sein langgezogener, hell pfeifender Sehnsuchtsschrei und das Krächzen der Krähen. Ob er wieder gejagt wird, der Jäger? Die Zeit vergeht am Schreibtisch, zeitlos versunken im Vergangenen, im Unwiderruflichen; im unbeirrt rufenden Traum.

Abends vor dem Fenster der runde Mond in einem Kranz erleuchteter Wölkchen. »Mangez de la lune.« Woher kommt es, das Essen des Mondes, das Mondessen? Schnelles Geschiebe durch einen kräftigen Südwestwind, und der Mond wird wie durch einen auf- und zuziehenden Vorhang im schnellen Wechsel freigelegt und wieder verdeckt, freigelegt und wieder verdeckt. Fenster auf. Ein herrlicher Nachthimmel mit schönen plastischen, hintergrundbeleuchteten, vom Wind zerfetzten Wolken, die über den blassen Vollmond hinwegziehen. In der Luft hängt noch der feucht-würzige Duft eines wolkenreich bewegten Sonnentages. Und dann sind fast alle Wolken verweht, der Mond steht am klaren Himmel, umgeben von funkelnden Sternen und blinkenden Flugzeugen. Fenster zu. Doppelter Mond in der Doppelscheibe des Oberlichts; mangez de la lune double.

Im Rundfunk eine Sendung über Leonard Cohen und seine Jugendliebe auf der griechischen Insel Hydra. Bis spät in die Nacht alte, knisternde Schallplatten aus der Kiste neben dem Küchensofa; monoton-melancholische Nachtgesänge im Raum: »Ah, the moon's too bright / The chain's too tight / The beast won't go to sleep.«

Ein verschlafener Morgen, sinnierend im Bett, sich wiederholende Musikfetzen im Kopf; längst vorbei der Sonnenaufgang.

Erinnerung an eine der ersten Nächte im neuen Haus, im erholsam abgeschiedenen Schlafzimmer hoch oben, unter dem Dach; im Bett unter dem Schrägfenster, im November, und wie mit einem Augenöffnen unvermutet, unverhofft Sterne zu sehen waren und nicht nur Sterne, sondern, nahe beieinander und in den Ausschnitt des Fensters passend, der Große und der Kleine Bär; Ursa Major und Ursa Minor, zirkumpolar, wie der Sternenhimmelatlas verriet; die Große Bärin und die Kleine Bärin. Und öfters beim Schlafengehen gegenseitig die Frage: Wo gehen wohl gerade die Bären, die Bärinnen spazieren, wohlwissend, daß sie weiter nach Norden abgedreht sind?

Blauweißer Dunst am Horizont. Halbhoch ein kaum sichtbarer Streifen Rosa. Hinter dem Dunst steigt matt eine orangefarbe Sonnenscheibe hoch, einen Moment lang von einem schmalen, schrägen Wolkenband wie von einer Stola umlegt. Die Sonne scheint zwischen laufend sich verändernden Wolkenbändern und Dunstschlieren zu zerfließen, bevor sie halbhoch am Horizont freistehend Glanz erlangt, der sich allmählich, silbrig golden, in den Fluß zu ergießen scheint. Am blauen Himmel kleine weiße Schäfchenwolken.

Der nächtliche Eishauch aus dem Kosmos hat wieder ein frostig-starres Element in die Landschaft gebracht. Doch die Vögel sind aktiv in der Luft und auf dem Wasser, eine Entenschar landet auf dem Fluß, zieht ohne Scheu durch den glitzernd bewegten Glanzstreifen, der durch den Zuzug gößerer Wolken, die die Sonne zeitweise verdekken, immer wieder erlischt und – länger oder kürzer, den Fluß ganz überspannend oder nur punktuell – wieder erscheint. Silberdunstiges Morgenlicht; der Fluß stahlglatt; Geäst und spiegelndes Abbild in Ununterscheidbarkeit verwoben.

Der weiße Winter ist zurückgekehrt. Vor dem Fenster dicke Flocken im senkrechten, manchmal verwirbelten Fall; etwas später feine Flocken; dann wieder sind dicke Flocken der Fall. Dünne Schneedecke über der Landschaft. Hellgrauer Horizont, hellgrauer Himmel. Keine Spur von Morgenröte; im Schnee erstickt.

Ein vereinzeltes Krähen in der Luft, aber kein Vogel zu sehen; nur die Bleßrallen am Rand des Flusses, im Schutz der struppigen Ufervegetation. Der gelb blinkende, orangefarbene Schneepflug mit einem Salzhaufen auf der Ladefläche fährt am Rand der Deichstraße entlang. Als er später auf der anderen Seite zurückkommt, hat Regen eingesetzt und schon den Großteil des Schnees von der Straße getaut.

Regentropfen trommeln gegen die Scheiben. Auf dem Dach und dem Schrägfenster schaben die abrutschenden Schneeflächen.

Ein blaues, homogenes Wolkenband am Horizont, von Weiß durchschimmert; ein Wolkenband wie gefüllt mit Schnee. Darüber ein weißer Himmel mit einem zart-rosa Streifen. Schneewetter und Morgenröte scheinen sich nicht zu widersprechen. Die Wolken am Himmel treffen aus nördlicher Richtung ein. Fenster auf. Feucht-frische Schneeluft. Fenster zu. Kleine, halbhohe graublaue Wolken Richtung Morgenröte unterwegs, die weißlich verblaßt, um kurz darauf silbergolden zu erglänzen. Hinter dem Wolkenband, das sich aufzulösen scheint, ohne daß Schnee herausfällt, tritt die Sonne hervor, kalt glühend, kalt strahlend, bis sich eine große blaue Wolke davorschiebt und sie zu einer strahlenlosen Scheibe filtert. Kalter Morgenhimmel in Weiß und Blau. Kaltes Wasser, das wieder frieren wird.

Und was für ein Tag dann: hell, sonnig; große blaue Wolken werfen dynamische Schatten. Staffelungen, Tiefe; weiter Blick.

Und was für eine Nacht: ein voller weißer Mond im Baumgeäst; kosmische Verführung. Grausen vor dem leeren, vor dem kalten Bett.

Ein blaues, homogenes Wolkenband wie am Morgen zuvor. Kalter Morgenhimmel in Weiß und Blau, kaltes Wasser, vereisend. Der fragende Pfiff eines Vogels.

Kaltes Land. Rauhreif in den reglosen Bäumen. Eos' zartrosa

Gefieder greift über dem blauen Horizontband weit aus nach Norden und Süden. Das Gefieder wird gelb-weiß, die Sonne als goldglänzende Scheibe erscheint, wird sofort von taubenblauen, fast rauchigen Wolkenbändern überlagert, die sich langsam zuschieben. Feiner Schnee fällt auf den Rauhreif, und im Fluß markiert er weiß die gefrorenen Stellen, die bald wieder fleckig, scheckig werden, wie der feuchte Pelz des Schneeleoparden.

Der unerschrockene Radfahrer kommt heute morgen ein paar Minuten verspätet vorbei. Fest und gleichmäßig tritt er in die Pedale. Flink unterwegs der gelb blinkende, orangefarbene Salzstreuer. Schnee nimmt zu, fällt senkrecht vor dem Fenster nieder, den himmelwärts gerichteten Blick immer wieder nach unten ziehend. Schwebendes Fallen, sanftes Landen. Bald wird der Salzstreuer seinen Pflug wieder absetzen müssen.

Helle, dunstige Gräue vom Horizont bis über den gesamten Himmel. Ein zarter Streifen Rosa am Horizont, unterlegt von Hellblau, eine orangefarbene Verdichtung hinter den Bäumen, als wolle Aurora den Aufgang der Sonne heute weiter nördlich ankündigen. Ein schwacher Widerschein am hohen Himmel. Das Rosa zieht nach Norden ab, belebt sich weiter südlich, bleibt schwach lange erhalten; kein Sonnenaufgang; allmähliche Auflösung in Hellblau, das über der ganzen Wolkendecke liegt, die sich weiß gestreift flächig von Nordosten nach Südwesten schiebt.

Am Straßenrand steht – erstarrte Fluchtbewegung wie auch Entspannung im Körper – ein großes Reh aus dem Wäldchen nahe der Autobahn und knabbert an den Zweigspitzen der Büsche. Vor einigen Tagen labte es sich auf der anderen Seite der Straße in einem Feld Stiefmütterchenpflanzen und blieb einen Moment im Draht des Schutzzauns hängen, nachdem es vom Gartenbauer-Nachbar davongescheucht worden war.

Die Deichstraßen entlang werfen die Warnblinkanlagen der Salzstreufahrzeuge ihre gelben Lichtrhythmen durch die Bäume. Der kleine Dampfer fährt den Fluß hinunter, bricht das noch dünne Eis, wehrt den Anfängen. Ein Morgen ohne Sonnenaufgang entwickelt sich zu einem strahlenden Sonnentag.

Hausinnenwärts vor dem Arbeitszimmer erstreckt sich der sogenannte Mittelraum über die gesamte Nord-Süd-Achse des Hauses. Vor den beiden Südfenstern befindet sich der mittlere Salon mit einem Sofa und drei Sesseln, einer davon ein Lesesessel mit Leselampe sowie einem niedrigen runden – meist mit Bergen von Zeitungen belagerten – ägyptischen Tisch mit schwerer Bronzeplatte zwischen Sofa und Lesesessel. Das Winterarrangement sieht vor, daß zwei der Sessel – der Lesesessel bleibt am Fenster – schräg vor den Kaminofen geschoben werden. Die Nordseite des Raumes mit den zu den Südfenstern spiegelbildlichen Nordfenstern wird von der Bibliothek mit wandhohen Regalen eingenommen. Ein großer, ovaler Tisch mit einer ausladenden Deckenlampe lädt zum Lesen und Ablegen von Büchern ein; zusammen mit den acht Stühlen eignet er sich auch für Einladungen zum Essen, zu Gesprächsrunden, die ohne Dich undenkbar geworden sind. Zwischen Salon und Bibliothek führt eine doppelt gewendelte Treppe hinauf in das Dachgeschoß.

Am späten Vormittag läßt sich im Winter, lesend im Lesesessel, geradezu lustvoll in der Sonne baden, die unbehindert durch die kahlen, hohen Bäume in den Raum flutet. Auf der Fensterbank wartet zur Steigerung des Genusses eine große Tasse Earl Grey mit einer kleinen, fetten Sahnewolke. Auf den Knien ein Ausstellungskatalog des Museums für Kunst und Gewerbe mit der Abbildung einer attischen – Krater genannten – Vase, die rotfigurig auf schwarzem Grund die Silhouette der gebückt gespannt auf dem Wagen stehenden, mit angewinkelten Armen die Zügel ihrer Flügelrosse straff haltenden Eos zeigt. Eine weitere Eos-Darstellung, ebenfalls eine attisch-schwarzgrundige Vase, ebenfalls aus dem fünften Jahrhundert vor unserer Zeitrechnung, bemalt von dem sogenannten Achilles-Maler, findet sich auf einer alte Postkarte, schon etwas vergilbt und verstaubt im Regal; mitgebracht vor vielen Jahren aus dem Louvre: Éos (l'Aurore) poursuivant Tithon. Die geflügelte Eos in einem faltenreich gebauschten Peplos verfolgt mit ausgestreckten Armen einen kleineren, fliehenden, sich nach ihr umsehenden Mann mit verrutschtem Chiton, ein Saiteninstrument in der Hand.

Antikes Anschauungsmaterial genug. Eindeutig identifizierte Eos-Abbildungen erübrigen die Reise nach Athen, bzw. nach Kopenhagen, bzw. nach Paris; nicht nötig, das Haus zu verlassen; der Umkreis des Schreibtischs muß nicht durchbrochen werden.

Hinter dem Geäst orangefarbene Morgenröte, die lange nach Sonnenaufgang noch stabil bleibt und dann ins Gelb-Weiß, Rosa-Weiß, Hellblau-Weiß verblaßt. Kaltes Licht, flirrende Transparenz über der Winterlandschaft.

Der Ort des Sonnenaufgangs liegt nun – weiter nördlich – hinter der großen Weide, nicht mehr daneben in der Schneise über dem Fluß, deren Durchsicht bis zu dem fernen Baumstreifen am Horizont reichte. Es ist absehbar, daß er sich im Sommer verborgen hinter dem Blattwerk der Weiden und der anschließenden Bäume des Wildgrundstücks ereignen wird. Doch die Entscheidung für die Morgenröte ist gefallen. Nun ist es zu spät, und es wäre auch nicht möglich, das Arbeitszimmer im Westraum einzurichten und statt der Morgenröte die Abendröte und den Sonnenuntergang als Aussichtsszenario zu wählen, obwohl der Blick auf den Fluß und die Landschaft unverstellter, die Sicht zum Horizont offener und die Beobachtungszeit am Nachmittag und Abend vielleicht angenehmer wäre als am frühesten Morgen. Im Westraum zur Gartenseite hin befindet sich der große blaue Küchensalon mit den drei hohen Fenstern; völlig ungeeignet als körpernahes Schreibgehäuse, als abgeschirmte Denk- und Imaginierklause; überdies verplant und verkabelt für Kochaktivitäten, Essgelage und Musik. Und überdies ist Morgenröte, zauberhaft aus dem Nichts, aus dem Dunkel der Nacht aufsteigend, vom Wesen her subtiler als Abendröte, die einen Tag äußerer Ereignisse beschließt und spiegelt. In einem zur Rezension anfragend geschickten Buch mit Lyrik und Aphrorismen beim ersten Aufschlagen gelesen: »Was kann der Abend mir schon sagen, was Morgenröte nicht schon sprach«; das erste »schon« durch ein »noch« ersetzen, möchte man antworten.

In den letzten sechs Wochen hat sich der Sonnenaufgang nicht nur topologisch nach Norden, er hat sich auch zeitlich merkbar verschoben. Im Vergleich zu Anfang Januar geht die Sonne jetzt eine Stunde früher auf; von einem Tag zum anderen knapp anderthalb Minuten Differenz; und die Morgenröte ungefähr eine Stunde davor, im Abstand immer gleichbleibend.

Unbewegte Luft, gleichmäßiger, geschlossener Dunsthimmel, durch den hin und wieder die Sonne kalt glänzt, während feiner Schnee fällt, der die dünne Eisschicht im Fluß überzieht und auf dem feuchten Untergrund schnell durchnäßt.

Sonntägliche Ruhe, wenig Lärm; das Rauschen des Pendelverkehrs zur Innenstadt setzt für einen Morgen aus. Keine orangefarbenen Salzstreuer, keine Schneepflüge, die geschäftig wie dicke Hummeln über die Deiche kurven, da weder Neuschnee noch Neueis die Straßen überzieht. Keine Warnblinkanlagen, keine zuckenden gelben Lichtblitze. Um so lauter die vereinzelten Autos, die unterwegs sind. Ein majestätisch die Deichstraße überschreitender Fasan, mit sich und seiner langen Schwanzfeder beschäftigt, kann sich gerade noch vor dem aus der Biegung auftauchenden Bus retten. Das Revier des prächtigen, fetten Emirs ist eigentlich die von der Deichstraße durch eine lange, hohe Ligusterhecke abgeschiedene Gartenseite, wo er den Hauptweg zwischen den eingefaßten Beeten auf und ab spaziert, seinen heiseren Schrei von sich gibt und – zuweilen zusammen mit seinen schmucklosen, erdfarbenen Hennen – ungestört durch das Gelände streift und da und dort pickt. Als eines Tages ein ebenso langschwänziger, aber schlanker junger Hahn in Erscheinung trat, war es mit dem kontemplativen Picken vorbei. An der Schräge des Deiches im Schutz der Ligusterhecke standen sie mit ruckenden Köpfen voreinander, pickten immer wieder beiläufig im Gras, wie um den anderen mit Mißachtung zu strafen, kreisten umeinander herum, bis

39

sie in schnellen Sprüngen hochflatterten und im Flug flügelschlagend mit den Schnäbeln aufeinander einhackten. Als der Hahnenkampf vorbei war, stolzierte der Sieger noch lange alleine durch den verteidigten Garten; aufgeregt, mit aufgeplustertem Gefieder und hochrot geblähter Gesichtsmaske, bis er wiederum selbst von einem Spaziergänger auf der Deichstraße, der seinen kläffenden Hund vergeblich zu besänftigen suchte, in die Flucht geschlagen wurde.

Finanzkrise seit 2007 und ihre sprachlichen Metaphern in der medialen Berichterstattung. Zum Beispiel Wetter-, Müll- und Naturkatastrophen-Vokabular und System-Rhetorik:

    In Schieflage geraten. Ins Minus, in die Verlustzone gerutscht.

    Turbulenzen, Bilanzgewitter; Kurs-Rutsch, Finanzbeben, Finanztsunami.

    Faule Kredite, die irgendwann platzen. Explosive Investments.

    Schrott-Anlagen, vergiftete Assets, toxische Papiere.

    Sondermülldeponie Bad Bank.

    Notleidende Banken. Bankenrettungsplan.

    Systemrelevant, systemstabilisierend.

Hellgrau-weißlicher Dunst, aus dem die gelben Warnblinkleuchten der Salzstreufahrzeuge auftauchen. Auf der anderen Seite des Flusses verdichtet sich eine undurchdringliche Nebelwand. Keine prachtvolle Feier des Tagesanbruchs, kein glutvoller Sonnenaufgang am Himmel, doch die schönste Morgenröte auf dem Frühstücksteller: ein Apfel aus dem Fernen Osten; Namensgeber einer kurzen Erzählung anläßlich seiner Entdeckung vor ein paar Jahren, eine Hymne auf das Apfelglück.

Fuji

Du bist vom Einkaufen zurück. Hast du an die Zitronenäpfel für mein Frühstück gedacht? »Komplett ausverkauft die letzte Ernte.« Statt der vertrauten, wegen ihrer kristallinen Struktur, ihres saftigen Fleisches und duftigen Aromas so geliebten Zitronenäpfel aus dem Alten Land hast du mir eine nie zuvor gesehene, völlig unbekannte Sorte mitgebracht, von der ich bislang noch nicht einmal den Namen gehört habe. »Probeweise«, sagst du, als ich protestiere, »zu experimentellen Zwecken«, sagst du.

Wie schön sie sind, diese neuen Äpfel: Früchte von heller Erscheinung, breit gebaut, karmesinrot und gelb marmoriert, geflammt, nach oben sich rosa-gelb aufhellend, um die trockene Blüte kaum noch Grün, sich leicht verjüngend; Früchte mit einem Hauch von Kirschblüten, mit einem zartrosa Überwurf; Äpfel mit der Fülle eines Feuerwerks, der Aura einer Brokatseide, dem Charme einer Morgenröte. Was für eine freundliche Erscheinung an diesem grauen Wintertag. Und wie gut sie sich anfassen. Sie sind nicht zu leicht, sie sind groß, sie passen, wie geschaffen für meine Hand. Sie sind von einer stumpfen, feinporigen Haut überzogen und manchmal mit kleinen, gewölbten, mattbraunen Muttermalen bestückt; kein speckiger Glanz, keine klebrigen Ausdünstungen; wahrscheinlich nicht einmal künstliches Wachs. Woher kommen diese fremden Äpfel? Sie kommen weder aus den Gärten der Hesperiden noch aus den Horti Luculli, sie kommen weder aus Griechenland noch aus Italien, und sie kommen auch nicht aus Chile oder Argentinien und schon gar nicht aus dem großen Obstanbaugebiet jenseits des Flusses, sondern aus China und heißen leider: Fuji. Sie sollten Aurora heißen, der Name Aurora würde mir besser gefallen, der Name Aurora würde besser zu ihnen passen. Was für ein bemerkenswertes Verhältnis von Nähe und Ferne. Die seltenen und teuren Seestermüher Zitronenäpfel, von der anderen Seite der Elbe, sind nur an einem Stand auf einem Wochenmarkt zu kaufen, den zu erreichen es einer langwierigen Fahrt durch die ganze Stadt bedarf, während die Äpfel aus fernster Ferne von der anderen Seite der Erde aus dem Reich der Mitte womöglich bald in jedem Supermarkt um die Ecke zu erhalten sein werden. Ich stecke meine Nase, den Stiel beiseitedrückend, in den staubigen Nabel, atme ein leicht fruchtiges Parfüm ein, widerstehe dem Impuls, zuzubeißen: unindentifiziertes, ungewaschenes Objekt; auch ist die Zeit des Apfels, die Zeit des Frühstücks vorbei. Doch den Namen lasse ich mir – probeweise, zu experimentellen Zwecken – auf der Zunge zergehen, Fuji, intoniere den Klang, Fuji, sinniere nach den semantischen Kernen. Fuji! Japanisch? Vulkanologisch? Berg, heilig? Filmmaterial, profan? Fotoapparate, analog oder digital? Fuji: ein Name mit dem Klang wie ein Windstoß. Aber Aurora, Aurora, Aurora wäre einfach viel schöner. Während ich meine Zitronenäpfel vermisse, betrachte ich die wundervollen China-Äpfel, die wie ein Stilleben auf dem Travertin-Tisch in der Küche liegen. Sie sehen aus wie gemalt. Mit ihren pastelligen, tuffen Farben scheinen sie eher der hintergründigen Ideal-Landschaft eines Andrea-Mantegna-Freskos in Mantua oder

der Obstschale eines Caravaggio-Gemäldes zu entstammen als einem gentechnisch gezüchteten Baum einer Massen-Plantage in Zentralasien. Spricht das für oder gegen sie? Und der Geschmack eines Fuji-Apfels? Wahrscheinlich wird er weit hinter dem des Zitronenapfels zurückbleiben, morgen zum Frühstück, gegen sieben Uhr dreißig, Aurora, vor Sonnenaufgang.

Als hätte Eos ihre weiten Fittiche über den Horizont geschoben, deren hyazinthrosa und karmesinrotes Gefieder weit den Himmel hoch reicht. Ein langes, schräges, rauchgrau fedriges Wolkenband, auf einem azurblauen Hintergrund weit in den Nordwesten gestreckt, zieht sich leicht plusternd nach Südosten, löst sich in mehrere Steifen, Wolken auf, wird hibiskusrosa überleuchtet, während der karmesinrote Horizont in weißlichem Rosa ermattet und sich hinter der kleineren Weide ein orangefarbener Glutpunkt über der Biegung des Flusses zeigt. Azur- und Rosastreifen liegen über dem Wasser, über die ein Schwanenpaar gelassen Richtung Sonne gleitet. Fenster auf. Frische Luft strömt ins Zimmer, kein Frost mehr. Enten schwirren dicht über dem Wasserspiegel und landen mit einem kurzen Platschen. Fenster zu. Das sich in Auflösung befindliche Wolkenband hat seine rosa Überleuchtung verloren, schiebt weiß gespreizte Federn zerfasert über den hellblauen Himmel. Der orangefarbene Glutpunkt weitet sich orangegelb aus, formiert sich zur Scheibe, steigt hinter dem Baum hoch. Das Gezweig schützt noch einige Zeit die Augen, dann nimmt die Intensität und Strahlkraft der Sonnenglut zu, der Dauerblick kann sich nur geblendet abwenden, weicht auf den goldenstreifigen Abglanz aus, der über das wellige Wasser hingegossen blinkert.

Ein freundlicher Morgen, viel leuchtend helles Blau hinter den ziselierten Silhouetten der Bäume, die unbewegt vor dem klaren Himmel stehen. Ein warmer Goldschimmer liegt über der vom Schnee befreiten Landschaft. Der Gartenkalender warnt am heutigen Tag: »Im Februar zuviel Sonne am Baum, läßt dem Obst keinen Raum.« Müssen die im letzten Herbst gepflanzten Zitronenapfelbäume etwa vor den Sonnenstrahlen geschützt werden, droht so etwas wie ein Wintersonnenbrand?

Das Trompetengeschrei der Wildgänse, die über das Haus fliegen, schallt durch die Dämmerung. Der gesamte Horizont ist wolkenlos in ein flammendes Karmesinorange und Malvenrosa getaucht, das an manchen Stellen, wo es in dem Blau des Himmels versickert, gelbliche Übergänge, gelblichgrüne Nuancen bildet. Ein Morgenrot wie ein Fuji-Apfel, dessen Widerschein weit in den Westen reicht. Das flammende Karmesinorange und Malvenrosa wird weißlich durchtränkt, wird milchig, und aus dem milchigen Horizont hinter der kleineren Weide steigt eine Glut; tief dunkelorange.

Drei Schwäne, deren brausende und zischende Schwingen die Luft erfüllen, fliegen den Flußlauf entlang, wenden sich bei der Biegung hin zu den Wiesen, die im weißen Dunst liegen. Jenseits des Flusses, im Schutz des Deiches hat sich Eis an den Uferrändern gebildet. Über den in den Niederungen der Wiesen lagernden weißen Dunst schiebt sich langsam und fast unmerklich ein fahler Goldschimmer. Kalt und warm. In der Doven Elbe liegen matte Inseln, starre Eisflächen, um die herum das Wasser sich kaum bewegt und in der Sonne glänzt.

Zarte Rosenfinger Auroras zwischen blauen und weißen Streifen, die sich weit nach Süden erstrecken, wo ein tiefer weiß-blauer Horizont bis zu den Endmoränen-Erhebungen der Lüneburger Heide und der Schwarzen Berge reicht. Keine Glut, nur helle Gräue hinter der kleineren Weide. Von draußen tönt das Krächzen der Rabenvögel und das heisere Trompeten der Wildgänse und dazwischen immer wieder der impulsive Aufschrei der Enten vom Wasser her.

Im Jahre 2006, am 7. Oktober, starb in Moskau die regimekritische, russisch-amerikanische Journalistin Anna Politkowskaja. Das war am Tag von Putins Geburtstag, und zwei Tage später feierte Putins Protegé Ramsan Kadyrow seinen dreißigsten Geburtstag, was ihm ermöglichte, tschetschenischer Ministerpräsident zu werden.

Anna Politkowskaja wurde von vier Pistolenschüssen in Brust und Kopf getroffen: tödliche Kugeln für ein mutiges Herz und für ein unbeug-

sames Gehirn. Ihr Tod, ein Geburtstagsgeschenk für diese beiden Männer, fragte Tom Parfitt im Artikel einer englischen Zeitung, in der auch Anna Politkowsjaka ihre Recherchen veröffentlichte.

Anna Politkowskaja wurde ermordet, hingerichtet, vernichtet, zum Schweigen gebracht. Lange schon muß sie damals um ihr Leben gefürchtet haben, denn Kollegen der oppositionellen »Nowaja Gaseta«, für die sie arbeitete, und andere Journalisten, Menschenrechtsaktivisten und kritische Unternehmer waren zu Tode gekommen. Auch sie war eingeschüchtert worden, hatte Morddrohungen erhalten und nur durch ärztliche Intervention Giftanschläge überlebt. Anna Politkowskaja wurde Opfer der politischen »Säuberung« in Putins Russland, wie viele vor und nach ihr, die Kriegsverbrechen und Menschenrechtsverletzungen im Tschetschenienkrieg anprangerten oder Fälle von Wahlbetrug, Korruption, Günstlingswirtschaft aufdeckten. Vor vier Wochen wurden der Menschenrechtler und Anwalt der »Nowaja Gaseta«, Stanislaw Markelow, und die Journalistikstudentin und Praktikantin bei der »Nowaja Gaseta« mit Schwerpunkt Nationalismus / Neo-Faschismus, Anastasia Baburowa, die ihm zu Hilfe eilte, in einer belebten Straße der russischen Haupstadt – im Zentrum Moskaus – erschossen.

Anna Politkowskaja schrieb in ihrem Russischen Tagebuch über die Veränderungen Rußlands seit Putins Kampagne zu seiner Wiederwahl, sie verfaßte ein Buch über das Machtsystem Putin und ein Buch über den Krieg in Tschetschenien. Im »Guardian« / »Observer« erschienen mehrere ihrer Nowaja-Gaseta-Artikel zu Folter, Entführung, Erpressung, Vergewaltigung. Auf ihren Reisen nach Tschetschenien riskierte sie Gesundheit und Leben und mußte, wie sie in einem Artikel berichtete, Gefangennahme und Scheinexekution durch russische Truppen über sich ergehen lassen. Was für eine moralische Stärke muß diese Frau gehabt haben, daß sie sich nicht entmutigen ließ, ihrer Mission – wie sie es nannte – unbeirrbar und gefahrvergessend nachzukommen. Kollegen sagen über sie, daß sie ehrlich und unbestechlich war. Ramsan Kadyrow, tschetschenischer Ministerpräsident und Putins Statthalter in Grosny, den sie als Stalin unserer Zeit bezeichnete, soll nach einem Interview mit Anna Politkowskaja seine Gesprächspartnerin sich selbst entlarvend analysiert haben: »Sie ist so dumm, daß sie nicht einmal den Wert des Geldes kennt. Ich bot ihr Geld, und sie lehnte es ab.«

Heute wurde der Prozeß gegen vier wegen Beihilfe zum Mord Beschuldigte beendet. Die Angeklagten wurden aufgrund unzureichender Ermittlungen und mangels Beweisen freigesprochen. Angehörige von Anna Politkowskaja äußern Genugtuung darüber, daß das übliche Schema eines fingierten Prozesses mit Bauernopfer nicht mehr funktioniert. So bleibt die Hoffnung auf unmanipulierte Ermittlungen und auf den eigentlichen Prozeß, denn Auftragsmörder und Hintermann oder Hintermänner sind immer noch auf freiem Fuß.

Ist dieser Auftragsmörder Anna Politkowskajas so ein kaltblütiger Typus »Einzeller«, wie sie ihn in einem ihrer letzten Texte erwähnte, in dem subtilen Porträt des von einem dieser Einzeller ermordeten stellvertretenden OMON-Kommandanten der Tschetschenischen Republik, des widersprüchlichen Ausnahme-Menschen Buwadi Dachijew? »Heutzutage herrscht im offiziellen Tschetschenien ein eklatanter Mangel an solchen Menschen – keine Engel, doch solche, die sich betroffen fühlen und leiden. Es gibt in Tschetschenien immer mehr geradlinige Einzeller. Jemanden zu töten bedeutet für sie gleichviel, wie Tee zu schlürfen. Einen Menschen zu verstehen, der im voraus zum Feind erklärt wurde, weil er anders lebt, ist für einen Einzeller unmöglich.«

Der mutmaßliche Mörder von Anna Politkowskaja soll sich mit Hilfe von Geheimdienstpapieren ins Ausland abgesetzt haben, sein Name ist bekannt. Der Name des Auftraggebers ist offiziell unbekannt.

Die Nebelvorhänge geschlossen, keine Sicht auf Morgenröte und aufsteigende Sonne, und sonnenlos wird wohl der ganze Tag bleiben. Kein Schnee mehr von gestern, alles ist aufgeweicht, grau und dumpf. Doch die Vögel sind rege. Scharen von Krähen versammeln sich mit zielsicheren Anflügen und lautem Krächzen in dem einen und dann wieder in dem anderen Baum, wo die dunklen Gestalten wie eine Geheimgesellschaft in Vorbereitung einer gemeinsamen Unternehmung konferieren: für eine Flugübung, für einen Ausflug, für einen Raubzug. War das das Ende des Schnee-Winters?

Stürmische Nacht, nach regnerischen Tagen. Aurora hinter Grauverhangenem unsichtbar.

Eine neue politische Sprache, die transatlantisch heranweht und skeptisch und ungläubig und voller Verwunderung mit sich abzeichnenden Explosionen von Bewunderung aufgenommen wird. Sieg der demokratischen Empathie über den zynischen Politikmißbrauch? Eine Sprache, die neue Maßstäbe setzt und die europäische PolitikerInnen vor Scham versinken lassen müßte, sofern sie sich noch Schamfähigkeit erhalten haben in ihrer ermatteten Politikphantasielosigkeit. Was für ein Präsident, der sein Volk, die Bevölkerung, die Bürger seines Landes wie Mitmenschen anspricht und ihre Probleme versteht; der für seine Vorschläge wirbt und Pläne erklärt.

Eisblaue Horizontlinie über eisblau gefrosteter Baumreihe. Frühestes Morgenrot in milchigem Rosa, das Eisblau am oberen Saum durchleuchtend. Aus dem Eisblau steigt die Sonne mit orangeroter Glut, steht mittig zwischen Eisblau und Milchrosa, dann verdunkelt sich das Blau unter ihr, während das Milchrosa die Scheibe aufnimmt und in einem gelben Rosa zerfließen läßt.

Über der Biegung des Flusses, hinter dem Geäst der Bäume liegt ein goldener Schimmer auf dem Wasser. Blau und Milchrosa verwandeln sich in ein milchiges Weiß, milchgläsernes Weiß. In der Sonne verglüht das Orange, glüht weißgolden. Kalter Glanz am Horizont eines wolkenlosen Himmels. Welliges Weißgold auf dem Wasser.

Hellgraue Dämmerung, unbewegliche Stille. Anbruch des neuen Tages ohne safrangewandte Vorbotin, ohne Verkünderin des Lichteinfalls. Kein rosa Streifen, kein blauer, kein gelber Saum. Und kein eruptiver Glutpunkt tief im Geäst der Bäume, kein Abglanz im Wasser. Nichts als matte, unmerklich zunehmende Helligkeit.

Ein Specht klopft; erst vorsichtig suchend, dann schnell und rhythmisch; vermutlich wieder in der großen Eiche an der Südwestachse des Hauses. Dumpfer Holzton, tackernd. Vor kurzem hing er – ein präziser Mechaniker – deutlich beobachtbar an einem Ast und hieb mit seinem Schnabel dagegen, das kleine Köpfchen hämmerte. Kopfarbeit als Handarbeit; man möchte Gehirnerschütterung befürchten.

Windige Nacht, windiger Morgen. Aurora hinter Grauverhangenem unsichtbar. Fenster auf. Kein Winddruck aus Osten. Fenster zu. Eine in der Kälte enthaltene Milde macht sich bemerkbar; eine gebrochene Kälte. Der Fluß wird in diesem Winter nicht mehr zufrieren; das Wasser wird sich mit keiner Eisdecke mehr verschließen.

»Aristoteles sagt«, schreibt Montaigne, »daß es auf dem Fluß Hypanis kleine Tiere gebe, die nur einen Tag lebten. Stirbt eines um acht Uhr morgens, so in der Blüte seiner Jugend; wenn fünf Uhr abends, im Greisenalter. Wer von uns fände es nicht lächerlich, hier Glücklich- oder Unglücklichsein nach der Lebensdauer zu bemessen? Das Mehr oder Weniger der unseren in Rechnung zu stellen ist jedoch im Vergleich zur Ewigkeit oder auch nur zur Dauer der Sterne, der Gebirge, der Flüsse, der Bäume und selbst einiger Tiere nicht minder lächerlich.«

Für sein platonisch-sokratisches Essai-Thema »Philosophieren heißt sterben lernen« findet Montaigne auch im zitatengestützten Lesegespräch mit den alten Autoren aus erster oder zweiter Hand keine Lösung. Denn wenn sich weder vom Sterben, geschweige denn vom Tod eine Erfahrung machen läßt, kann es kein Lernen geben. Was als Aufgabe bleibt, ist das bedingungslose Annehmen der eigenen Sterblichkeit und des Todes. Damit einher geht die Relativierung der Lebensdauer. Schreibend Leben und Tod, vor allem Leben und Sterben erkunden.

Worauf Montaigne nicht hinweist: das Annehmen von Sterben und Tod bringt eine schmerzhafte Vergegenwärtigung, mit der Zeit vielleicht Gewohnheit, aber auch eine große Freiheit mit sich: die Option, dem eigenen Leben ein Ende zu setzen; die freie Wahl, den Freitod.

Sterben, das letzte Projekt des Lebens, will gut organisiert sein.

Horizont verhangen, regnerische Stimmung, Nord-West-Wolkengebalge unter Schäfchenwolkenhimmel mit ein zwei rosa Streifen, kurz; dann gelblicher Schimmer, kurz.

Im frühen Rundfunk ein Interview mit Antoschka vom Moskauer Staatszirkus und Olli vom Zirkus Roncalli, die die Auffassung des »Weltparlaments der Clowns« darlegen: dem Geld weniger Wert geben; Gewinn aus dem Lachen ziehen; Reichtum durch Lernen aus Fehlern.

Die Uhr zeigt kurz nach sechs Uhr. Aurora hinter Grauverhangenem unsichtbar. Warten, aufmerksam unaufmerksames Beobachten und parallele Lektüre.

In »Traurige Tropen« erzählt Claude Lévi-Strauss von seiner Faszination für Sonnenauf- und vor allem Sonnenuntergänge während seiner Schiffsreisen nach Brasilien. Als junger Ethnograph hatte er darüber nachgesonnen, ob es ihm gegeben wäre, dermaßen flüchtige Erscheinungen, die jedem Versuch der Beschreibung spotten, in Worte zu fassen, und wenn es ihm gegeben wäre, so wäre dies vielleicht übertragbar auf seinen Beruf, in dem es darum geht, »anderen Menschen die Phasen und Glieder eines Ereignisses mitzuteilen, das doch einmalig ist und sich niemals in denselben Formen wiederholen würde«. Gelänge ihm, »diese verschwimmenden und sich stets erneuernden Formen zu bannen«, dann »gäbe es kein noch so bizarres oder absonderliches Erlebnis, dem die ethnographische Forschung mich aussetzten würde, dessen Sinn und Bedeutung ich nicht eines Tages allen Menschen begreiflich machen könnte«. Und wichtig ist ihm dabei der »konkrete Aspekt der Dinge«, der traditionell vernachlässigt werde, und er führt die Wissenschaft an, für die Morgen- und Abenddämmerung ein und dieselbe Erscheinung sind, wie schon für die alten Griechen, die sie mit demselben Wort bezeichneten und nur durch ein zusätzliches Attribut unterschieden. Und er kommt zu der Feststellung: »Aber in Wahrheit ist nichts so verschieden wie Abend und Morgen«, mit der Begündung: »Die Morgendämmerung ist lediglich der Beginn des Tages, die Abenddämmerung dessen Wiederholung. Deshalb auch schenken die Menschen der untergehenden Sonne mehr Aufmerksamkeit als der aufgehenden Sonne. Die Morgendämmerung liefert ihnen nur einen zusätzlichen Hinweis zu denen des Thermometers, des Barometers oder – den weniger zivilisierten – der Mondphase, des Vogelflugs oder der Gezeiten; während ein Sonnenuntergang sie erhebt, in geheimnisvollen Gestaltungen die Wechselfälle des Winds, der Kälte, der Hitze oder des Regens zusammenballt, denen ihr körperliches Sein unterworfen war.« Der Sonnenuntergang evoziert die Erinnerung, und »Erinnerung ist das Leben selbst, wenn auch ein Leben anderer Art«. Und etwas weiter folgt die poetischste Beschreibung eines Sonnenuntergangs, die je in einer wissenschaftlichen Abhandlung verfaßt wurde.

Keine Morgenröte. Aber nach einer Lieferpause endlich wieder schönste morgenrötliche, köstlichste Fuji-Äpfel.

49

MÄRZ

Verhangenheit. Feuchtkalte Schwaden bar jeglicher Morgenröte. Schreibtisch am Fenster: transzendentaler Ort ausblickenden Scheibens. Blick auf die Landschaft und was davon übrig geblieben ist, und die Aussicht beschreiben und die Reichweite der Wörter vermessen.

Keine Morgenröte. Quecksilbersonne steigt aus dem horizontalen Dunst. Blendender Silberglanz auf dem stahlplattenglatten Wasser, goldblendender Sonnenaufgang. Metallischer Morgen.

Im Gartencenter Saatpäckchen – Lucullus und Weißer Silber – in der Hand gehalten: Mangold war eines Deiner Lieblingsgemüse. Hellgrün, zartblättrig die eine Sorte, dunkel-lederblättrig und breitstielig die andere. Das grüne Edelmetall des Gartens, wie Du es früher einmal nanntest, in liebevoller Erinnerung an Deinen Großvater, den leidenschaftlichen Metallurgen, den Alchimisten und Freizeit-Gärtner.

Ein gesamtmetallischer Tag bis zum Untergang der Sonne. Silber. Gold. Messing. Kupfer. Bronze.

Matte Dämmerung: weißer Himmel mit einem hauchzarten, rosa Überwurf. Am Horizont ein hellblaues Band, aus dem sich laufend flächig hellblaue, an den Konturen zerfetzte Wolken lösen, die gleichmäßig nach Norden gleiten, wo sie am weißen Himmel zerfließen, vergehen. Fenster auf. Autobahnrauschen und Vogelgezwitscher. Frische, feuchtkalte Luft ohne Frosthärte strömt in das Zimmer. Aus dem Fenster hinauslehnen; einatmen, ausatmen. Zwischen alten Blättern und vom Winter zernagten Grasbüscheln zeigen sich seit einigen Tagen Trupps von Schneeglöckchen: dunkelblaugrüne, stämmige Stiele mit einer kleinen weißen Kapsel aus morgens noch geschlossenen Blütenblättern. Fenster zu. Die Wolkenquelle versiegt, das blaue wolkengenerierende Band verliert seine Ränder und geht ohne weitere Wolkenabspaltungen und Wolkenversendungen in den weißrosa Himmel über. An der Naht zwischen Band und Himmel erscheint ein wie flüssige Lava auslaufender Glutfleck, der gleich wieder von einem blauen Fetzen überdeckt, zurückgedrängt wird, weiter ausläuft, wieder zurückgedrängt wird und sich dann – wie gegen schwächer werdende Widerstände oder selbst stärker werdend – freikämpft. Für einige Sekunden steht eine goldgelbe Sonne halbhoch über dem Horizont, schnell wieder teilweise oder ganz von hellblauen Schichten verdeckt, überlagert, verschüttet. Das leichte Rosa des Morgens zieht nach Norden ab, wo es sich in einem hellen, bläulichen Weiß auflöst. Erneut bilden sich Wolken, die sich vor die Sonne schieben, diese – höher und höher steigend – immer wieder einholen, maskieren. Für einen Moment die ganze Biegung des Flusses entlang senkrecht unter der Sonne: ein langes, breit verlaufendes, goldglitzerndes Band auf dem Wasser, Wellgold, das bald darauf wieder mattiert, aufgesogen, ausgelöscht wird. Es bleiben am Himmel nur einige Lichthöhlen zwischen den sich verdüsternden blauen Massen, die sich schließen, an anderen Stellen wieder öffnen, um sich erneut zu schließen, zu öffen, zu schließen.

Vor Tagesanbruch krähen, krächzen, zirpen, zwitschern, pfeifen, piepsen, fiepen, flöten, gurren, kreischen, singen, sirren die Vögel. Später werden die Vogelstimmen vom zunehmenden Verkehrsrauschen im Strom des Nordostwindes überlagert. Aurora droht im Dunst steckenzubleiben, dann zeigt sich doch ein zarter rosa Bogenstreifen in den weißen Wolken über dem Horizont, der aber schnell vom dunstigen Hellgrau überwältigt wird.

Draußen auf der Deichstraße vor dem übernächsten Hof, auf der anderen Straßenseite, Motorenlärm und Getöse, Metall auf Metall. Einem Tieflader, bereits mit einem riesigen gelber Bagger beladen, wird durch schweres Gerät auf der vorderen Ladefläche ein Sortiment Straßenbau-Maschinen – wie Spielzeug – zugeladen. Fenster auf. Motorenlärmmetallgetöse. Dieselgeruch hängt in der eindringenden feuchtkalten Morgenluft. Fenster zu.

Stetige Erhellung des Morgens in matten, dunstigen Grautönen ohne einen Anflug von Morgenröte, ohne den geringsten Schimmer. Hohe, geschlossene Wolkendecke, ohne Sonnenstrahl; regnerisch.

Nachrichten im Internet veröffentlichen eine Fotografie der amerikanischen Außenministerin Hillary Clinton in Brüssel zum Gespräch mit ihrem russischen Amtskollegen. Prachtvolle Ausstrahlung; weißgekleidet; selbstbewußtes, zuversichtliches Lächeln; ein gewinnendes Lächeln, das kein exklusives, meist überhebliches Gewinnerlächeln ist – ein Lächeln, das exkludiert, ausgrenzt, ausschaltet –, sondern ein gewinnendes Lächeln, das aufnimmt, einschließt, mitnimmt. Positive Wirkung der Hilaritas auf die Politik. Und Heiterkeit ist nicht exzeßgefährdet.

Wieder stetige Erhellung des Morgens in matten, dunstigen Grautönen ohne einen Anflug von Morgenröte, ohne den geringsten Schimmer. Hohe, geschlossene Wolkendecke, ohne Sonnenstrahl; regnerisch.

Stetige Erhellung des Morgens in matten, dunstigen Grautönen ohne einen Anflug von Morgenröte, ohne den geringsten Schimmer. Hohe, geschlossene Wolkendecke, ohne Sonnenstrahl; regnerisch.

Stetige Erhellung des Morgens in matten, dunstigen Graublautönen. Schwere, dunkle Regenwolken, über die sich ein Schimmer Rosa legt, das vor dem Hintergrund der Wolken ein schmutziges Braun ergibt. Der Himmel lichtet sich, hinter dem schmutzigen Braun ziehen die dunklen Wolken ab, Hellblau und Weiß kommen in munteren, hellen Streifen zum Vorschein, und darüber schimmert rosa die vom Regnerischen bedrängte Morgenröte. Dann, in einem tieferen Streifen halbhoch über dem Horizont, die längst aufgestiegene Sonne, blaßgold verfließend glühend, den Fluß kurz beglänzend, bis sich die Regenwolken wieder darüberwälzen. Darunter – dort wo die Sonne hervorkam – heitere, doch bedrohte Lichtung.

Stetige Erhellung des Morgens in matten, dunstigen Grautönen ohne einen Anflug von Morgenröte, ohne den geringsten Schimmer. Hohe, geschlossene Wolkendecke, ohne Sonnenstrahl. Fenster auf. Schwere, dunkle Regenwolken. Fenster zu. Regenwolken, dunkelnd und dunkelnd, doch ohne Regen.

Stetige Erhellung des Morgens in matten, dunstigen Graublautönen. Schmutzigbraune Aureole über dem Regengewölk im Süden. Dunkle Wolken öffnen sich in Wolkenstreifen halbhoch über dem Horizont, und es präsentiert sich die längst aufgestiegene Sonne, blaßgold verfließend glühend, den Fluß kurz beglänzend, bis sich die Regenwolken wieder darüberwälzen. Doch dann: Lichtung nach oben, der Himmel klart auf, die Sonne überzieht die dumpfe Landschaft mit einem wohltuend goldenen Glanz, der immer wieder von großen Wolken aus Nordwest verdunkelt wird; wettertheaterdramatische Lichtwürfe, Schattenwürfe.

Langgezogene Wolkenstreifen, glatt und gekräuselt, von Auroras Morgenröte rosa überhaucht. Sonne, wieder einen Schritt nach Norden gerückt, erscheint als hellgoldene Scheibe im Geäst des kleinen Wäldchens, dann wie zerflossen und grell blendend im wolkigen Lichthof; da versetzt, keine Wasserspiegelungen mehr. Fenster auf. Langer, vielstrophiger, melodischer Gesang einer Amsel. Zeigen sich nicht schon winzige Knospen am Ahornbaum? Einbildungsrotbraun, antizipationslindgrün, wunschgelblich. Die Fliederbüsche müßten eigentlich knospen, aber sind zu weit entfernt. Fenster zu. Auf der Gartenseite wäre mehr zu sehen: die Knospen der wilden und gezähmten Pflaumen, die Knospen der Forsythien und Fliederbüsche und -bäume, die frühen grünlichroten Knospen der Roteiche an der Straße.

Die Landschaft matt, ohne Glanz der Sonne, die in verschlierenden Wolken, in rosabläulicher Auflösung ertrinkt.

Nachts schlaflos zum Schreibtisch und zum Lesesofa zurückgekehrt: Gedichte, Texte lesen; Sibelius-Lieder, Mahler-Lieder hören. »Ich bin der Welt abhanden gekommen.« Verwunderung über die Helle des Mondes. Mondvergessenheit des gesunden Nachtschlafs.

Trüber Tagesanbruch ohne Morgenröte, ohne phänomenologischen Sonnenaufgang; geschlossene Wolkendecke.

Notorisch sonnabendmorgendliches Überhören des Weckuhrläutens. Wann ist Tagesanbruch, wann ist Sonnenaufgang am Sonnabend?

Lang vor Arbeitsbeginn am Schreibtisch Vorarbeit im Schlaf: Rosatöne der Morgenröte durchdekliniert. Sprachreflexion als Traumarbeit. Dabei möglicherweise einen seit langem erwarteten und erhofften, endlich wieder einmal vollständigen Sonnenaufgang mit vorausgehender, glorios ankündigender Morgenröte – goldenthronende, safrangewandete, rosenarmige und rosenfingrige Eos – verschlafen, versäumt; zerdacht, zerträumt.

Fenster auf. Im Arbeitszimmer immer noch der Schreibtisch am Fenster, in einigem seitlichem Abstand ein Schreibtischstuhl, schwarzgrau, auf Rollen, eine gebogene alte Messing-Schreibtischlampe, ein Screen – Silber und Schwarz – mit integriertem Rechner und eine silber-weiße Tastatur mit einer lächerlichen weißen Maus am weißen Faden – Konsumer-Weiß wie ein Kühlschrank oder ein altmodischer Küchenherd – mit einer Art Aktivitätsleuchte – neonerdbeerrot – unter dem Bauch; eine große Vasenlampe mit schwarzen japanischen Schriftzeichen auf weißem Porzellangrund und ausladendem Schirm auf dem beigestellten schwarzen Büro-Container mit weit ausfahrbaren Schubladen. Fenster zu. Sitzungsende.

Trüber Tagesanbruch ohne Morgenröte, ohne phänomenologischen Sonnenaufgang; geschlossene Wolkendecke.

Ein schmales Buch in der Hand, dessen äußere Erscheinung jeden Autor – auf den ersten Blick – beglücken würde; eine Seite irgendwo aufschlagen, unter »Warteschleife« lesen: »Zwei Stunden lang den Bussard beobachten, der eine Stunde lang über dem Feld kreist«, und: »Eine Spur ist aufgetaucht, von der man bald weiß, daß es eine falsche Spur ist. Dennoch, Spur ist Spur, und wer weiß, wer weiß.« Was ist das für ein Autor, der sich unspektakulären Geschehnissen des Alltags und Erinnerungen hingibt und intensivst beobachtend über seinem Feld – dem Papier – kreist, Spuren suchend, Warteschleifen drehend, kleinere Sequenzen niederschreibend? Wie strukturiert er sich, wie reduziert er sich und sein Material? Zu Anfang werden Schreibumstände und eine Art äußerer Grenzlinie angedeutet: er schreibt handschriftlich in ein großformatiges, grün eingebundenes Journal mit vorgedrucken Ziffern, ausgewählt aus einer umfangreichen Sammlung von Blindbänden, zusammengetragen aus früher entstandener Angst vor Papiermangel; es umfaßt zweihundert Seiten, was die Anzahl der Einträge festlegt; Eintrag 2 beginnt mit: »Dies ist die Seite zwei.« Auf dem in grünes Leinen gebundenen Buch prangt goldgeprägt die Signatur des Autors, auf dem Rücken ebenso goldgeprägt sein Name – Jürgen Becker – und der Titel des Buches: »Die folgenden Seiten«. Und im Innen-Titel, um eine Art Genre-spezifikation ergänzt: Journalgeschichten.

Ist es für Jürgen Beckers Buch wichtig zu wissen, daß ein Journal ein technisches Heft oder Buch, ein Instrument der chronologischen Buchführung ist; ein Tagebuch der Geschäftsvorfälle, das am ersten Tag des Geschäftsjahres beginnt und am letzten endet? Warum besteht ein Journal nur aus zweihundert Seiten? Vermutlich weil ein ökonomisches Jahr nur Werktage kennt, umfaßt es keine dreihundertfünfundsechzig Seiten. Eine bemerkenswerte, selbstgesetzte Vorgabe für einen Schriftsteller, dessen Werktage (Werk-Tage) Sonnabend und Sonntag selbstverständlich einschließen. Es fragt sich, ob Jürgen Bekker – wie die Journal-Buchhalter – die wochenendlichen Sonnabende und Sonntage und auch die Feiertage ausgespart oder ob er unbesehen über Sonnabende und Sonntage hinweggeschrieben, gleichsam durchgeschrieben hat, bis die letzte Seite des Journals mit einem Eintrag versehen und der Text damit fertig, per definitionem zu Ende war. Sind seine Journalgeschichten zweihundert Geschichten über ein Jahr oder zweihundert Geschichten, die auf zweihundert Journalseiten festgehalten sind? Bei Eintrag 100 reflektiert der Verfasser, wie es wäre, stünden nur hundert Seiten zur Verfügung. Poetische Flaschenpost. Kein Datum, hin und wieder eine Jahreszahl aus der Vergangenheit, kaum die Benennung eines Zeitpunkts, »Dunkler Montagmorgen«. Ein Journal, aber keine Chronologie; die Seitenabfolgen stellen die Bezüge her: »Der Schnee von Seite hundertdrei ist liegengeblieben bis Seite hundertfünf.« Anders als beim Buchhalter: Gleichzeitigkeit der Präsenz jenseits der Tage und Jahre.

Das in grünes Leinen gebundene Buch ist die nachvollziehbare Übertragung des grüngebundenen Journals, in das der Verfasser seine Einträge schrieb. Doch da enden bereits die formalen Übertragungen. Für jeden Eintrag, für jeden Tag eine Seite? Die Identität von Eintragsnummer und Seitennummer des Journals wurde im Buch aufgehoben, statt dessen die zweihundert Einträge fortlaufend auf – unbekannt vielen – Seiten ohne Seitennumerierung gruppiert; spart auf interessante Weise Papier, und Format und Schriftgröße bleiben

disponibel. Dafür viel Gold, immerhin kein Goldschnitt. Der Autor
ist dem Lektor, dem Verlag viel wert, das zeigt die Kostbarmachung
des ästhetischen Objekts Buch, aber wo ist die formale Anknüpfung?
Kaum ein Buch gibt so wenig Anlaß für Gold wie dieses. Aber ein
Lesebändchen, das *da* zwischenhängt, wo man aufgehört hat zu lesen
und wo man weiterlesen will, demnächst, irgendwann, das fehlt.

Trüber Tagesanbruch ohne Morgenröte, ohne phänomenologischen
Sonnenaufgang; geschlossene Wolkendecke; regnerisch.
 Einzelne Krähen, blaudunkel bis asphaltgrau bis schwarz – mit
Flügelspannweiten, die mit einem Vorbeiflugflügelschlag das Fen-
sterlicht für einen äußerst verwirrenden Augenblick, Augenwinkel-
blick verdunkeln, kreuzen durch die Luft; krähen, krakeln, krakeelen;
knarren wie zäheknirschend; sitzen da und dort in den Bäumen, starr
scherenschnittartig, bis sie sich bewegen und schwarz und schwärzer
werden im behenden, federschwanzhebenden und -senkenden und
gegenläufig flügelreckenden, flügelspreizenden Auf- und Abwippen,
im balancierenden Kopfdrehen, Kopfwenden, umblickenden Kopf-
und Halsbeugen, dann flach abstürzenden und sofort gelassen wieder schwebend auffangenden Abflug, Gegenlichtflug. Entenpaare im
schwirrenden, engen Doppelflug auf Linie, dagegen kleinere Vögel im
ruckenden – hochsteigenden und niederfallenden – Wellenstil. Fenster auf. Bewegte Bäume, aber kein Winddruck. Unten, wo die Treppe
zum Wasser führt, leuchten Büschel an Büschel an Büschel grünstie-
lige Krokusse in schlank aufrechter Violettfeierlichkeit, umgeben noch
vom Graubraun des Leblosen; von vertrockneten Blättern, abgestorbenen Hölzern. Doch das Sterben, nature morte – das Stilleben – des
Winters ist zu Ende. Die düstere Farbpalette – Schwarz, Weiß, Nebel-
grau, Graubraun, Braunschwarz, Schwarzschwarz – wird von ersten
Farben des Frühlings erfrischt: Blaugrün, Lindgrün, Smaragdgrün,
Inquisitionsviolett, Rotbraun, Gelblich. An der Uferböschung auf
der anderen Seite des Flusses ein Hase im müde hinkenden Gang.
Immer wieder setzt er sich zu einer asymmetrisch gefalteten Gestalt

zusammen, ruckt unruhig mit den Hinterbeinen, winkelt Löffelohren rauf und runter, schleppt sich steifgliedrig weiter, wie gerade nicht nur aus dem Nachtschlaf, sondern aus einem langen Winterschlaf erwacht. Aber Hasen halten keinen Winterschlaf. Fenster zu. Aufhellung im Osten; große Erwartungen weckende Lichthöfe in der Wolkendecke.

Lautes Vogelgeschrei in der frühen Dämmerung. Oder Traumgeschrei? Von einem Südschrägfenster aus: exakt halbierter Mond; gelblich-milchiger Mond, der ein Stockwerk tiefer zum Mond der gelblichen Kindheitssauermilch wird.

Am Schreibtisch: Blick auf altgewordene Hände über der Tastatur, faltigtrockene Pergamenthaut, hervortretende Adern, arthritisch verdickte Fingergelenke; zu erwarten: Schwanenhalsdeformität, so die Sprache des Orthopäden. Händedrehen, Handinnenflächen exponieren; Trost durch den Blick auf komplexe Handlandschaften mit Lebens- und Liebeslinien, die sich – vielleicht – im Unendlichen kreuzen. Finger strecken, Finger beugen, Finger strecken; es knirscht. Nur die Fingernägel scheinen jung geblieben zu sein. Zehn weiße Monde, aufgehend; noch. Nur immer die Häutchen zurückschieben, sich nie dem Überzug der Drachenhäute ergeben. Immerhin wenigstens keine Altersflecken auf den Handrücken, in der Sprache der Dermatologen: keine Karamelisierungen der Zucker- und Eiweißkomplexe; immer genügend getrunken, dank zuverlässigem Begehr frischen Wassers aus der Leitung, trockenen Weißweins, gelegentlichen Rotweins.

Und regelmäßig die Fingernägel schneiden. Sie wachsen wie bei einem Toten: viel zu schnell und dabei unregelmäßig, seitlich kleine Auswüchse bildend. Jede Woche mechanisch dagegenhalten, rigoros die Mondform halten, zunehmender Mond oben wie unten; Parallelbogen, Ovalentsprechung. Die Abschnitte aus dem Fenster werfen; Düngung für die Rosen unten am Haus.

Osthimmel dunkel, weißer Leuchtrand am gesamten Horizont; sich in langen, waagerechten rosa Streifen ausflockend, in weißrosa-gelbliche Helligkeit auflösend. Gelbgoldener Glutfleck hinter dem

Wäldchen, kaum sichtbar im Geäst. Sonnenaufgang über der Straßenbiegung. Entspannter, weißer Himmel, hellblau. Rotes Eichhörnchen kopfüber am Stamm der großen Weide, verschwindet wasserwärts im Astgewirr. Schwarz-weiße, langschwänzige Vögel landen an in den Bäumen, wippen, den Kopf drehend, auf und ab, fliegen weiter; das Schwarz und Weiß wie ein Appliziertes, Aufgetragenes, wie das Kostüm einer vergangenen Zeit, Art déco, noch immer nicht abgelegt. Ein morgenfrüher Paddler auf der Doven Elbe, der jedoch keinen Blick hat für die feierlichen Krokusse, keinen Blick hat für die langschwänzigen Vögel, der gesenkten, mützbedeckten Hauptes kräftig heftig ruckhaft sein Paddel ins Wasser sticht, seinen Körper als tüchtige Maschine wünscht.

Nun wird kein Eis mehr den Fluß bedecken, die Fische könnten fliegen, wollten, vermöchten sie es. Ein glanzvoller Tag schält sich aus dem Morgengewölk. Ein leichter Wind zieht über den Fluß, fältelt das Wasser. Wenn die Sonne darauffallen wird, wird es glitzern. Erwartungsvoll: Sonnenbad im Lesesessel.

Früh gläsern erhellter Osthimmel; Hellblau, auf dem dünne Wolkenfetzen ziehen; Graublau, von Norden nach Süden, wo die Wolkenfetzen verenden. Über der Baumreihe des Horizonts schiebt sich, dichter und dunkler, ein Wolkenbrett links ins Fenster, das sofort beginnt sich zu zersetzen und zu zerfasern und fast völlig aufgelöst, höchstens als ein paar kaum zusammenhängende Gespinste, rechts den Fensterausschnitt verläßt. Währenddessen spannt sich, weißgläsern milchig, ein wolkenloser Himmel hinter den Baumsilhouetten hoch, erst von einem leicht gelblichen, dann rosa Hauch überzogen. Das Wasser glatt wie ein See, blausilbern, rosasilbern. In der Verdichtung des Baumdickichts steigert sich der rosa Hauch zu einem Orangerosa, dessen Färbung allmählich zunimmt, während es den Baumhintergrund hochsteigt und hochsteigend hinter dem dünner werdenden Geäst sichtbar werdend in Streifen sich ausbreitet und kleinere, sich aufgliedernde fliederfarbene Wolkenbändchen an der

Unterseite erfaßt. Der tiefe Glutpunkt im Geäst fast nur zu ahnen; kaltgoldener Glanz geht von ihm aus, und später zeigt er sich als hellgolden erblaßte Scheibe halbhoch am Himmel, inmitten schlieriger, heller Wolken, glänzend, blendend, das dunkle Geäst überstrahlend.

Ein altes »es«-Bändchen, Nummer 61, ganz früh in der Reihe, noch mit losem Umschlag, der in heutigen Zeiten broschierter Schlichtheit wie ein kleines, feines Origami-Faltmanöver anmutet; gelbliches Morgenröte-Rot, vielleicht auch ein Tomatenrot früher, unreifer Tomaten: »Felder« von Jürgen Becker. Dort zu lesen: »der Ort des Schreibens wird identisch mit dem Ort, der im Schreiben vorkommt« und: »schreiben solange das Nächste unbekannt bleibt« (fehlt da nicht ein Komma? was steckt dahinter? Einzeiler, bitte keinen Umbruch ex komma, oder: erst wenn »das Nächste« vom Terrain des Unbekannten ins Terrain des Bekannten wechselt, wird – vielleicht und wenn, dann rückwirkend? – interpunktiert). Oder ist das dann ein neuer Text? So oder so wird hier der Autorität des Autors entsprochen, über die Regeln der Syntax im eigenwillig dezidierten Sinne zu verfügen; unabhängig von überdies zweifelhaften Rechtschreibreformentscheidungen.

Der Horizont glüht. In mattem Orangerosa, Flamingorosa zieht sich ein breites Band den Osthimmel entlang, durchdringt und überragt die schwarze Baumreihe, läuft in hibiskusrosaweißen Streifen nach Süden aus, fliederfarben nach Norden. Die südlichen Streifen ziehen in das homogene glühende Band ein, Schichtungen entstehen, der Saum zum heller werdenden, hellblauen Himmel wird durchlässiger, zieht Weiß-Rosa in die Höhe, das Orange- und Flamingorosa durchleuchtet von mehr Licht, wird heller, transparenter.

Auf den Wiesen Rauhreif. Eine Bewegung im Schatten der Bäume: sich aus dem Gezweig der Uferbäume lösend, kommt lautlos ein Zweier-Ruderer aus der Biegung der Doven Elbe heran. Ein Grund, warum die Ruderer rückwärts rudern: das Gesicht der Morgenröte zugewandt. Sie rudern geräuschlos, vorsichtig, um einen einsam kreuzenden Schwan nicht aufzuschrecken. Seit Tagen zieht er alleine am Ufer entlang, suchend und mehr und mehr unschlüssig, als habe er die Hoffnung schon aufgegeben; doch kann er sich nicht von der Gegend lösen, der Gegend von damals, der Gegend der Zweisamkeit.

Am Fuß des Horizonts, durch Baumdickicht fast völlig verdeckt, verstärkt sich erneut ein Orange, während die lodernde Intensität ringsum zu einem weißgläsernen Fliederton erbleicht. Ein tiefer Glutpunkt im Geäst, wieder fast nur zu ahnen; bis sich ein orangegoldenes Zentrum, eine gelbgoldene Scheibe aus dem überaus glühend Glühenden löst und ringsum alles verblassen lassend – hellgold blendend – hinter dem Gehölz in den von flachen Zirruswolkenbändern durchzogenen Himmel hochsteigt.

Ein späteres »es«-Bändchen, Nummer 351, kein Falteinband mehr, Broschur, doch auch ein Morgenröte-Rot, vielleicht ein gelblicheres, vielleicht helleres Morgenröte-Rot, oder ist es nur die leinenhafte Optik, die täuschend mitspielt? Oder ein Tomatenrot noch früherer, noch unreifer Tomaten: »Ränder« von Jürgen Becker. Dort zu lesen: »Es ist alles so finster heute, so trübe, so blöde und öd. Es ist alles so lahm und schwer, so drückend und so langsam, es schleppt sich alles so dahin. Es fängt nichts an, es geht nichts weiter, es hat keinen Zweck mehr, es hilft nichts, es kommt keine Sonne auf, weder am Himmel, noch im Herzen. Es ist alles so laut, es ist so kalt, es ist so stumm, es blendet, es nützt nichts. Es macht keinen Spaß, es geht auf die Nerven, es tötet, es ist ein unbeschreiblicher Zustand.« Ein unbeschreiblicher Zustand? Was läßt sich da schreiben, außer man war Ernest Hemingway oder ist Jean-Marie Gustave Le Clézio oder wird Friederike Mayröcker sein?

Verhaltenes Glühen hinter der schwarzen Baumreihe. Rosa überhauchte, lichtweiße Lilienblüten-Wolken im Philipp-Otto-Runge-Duktus am hellblauen, sonst wolkenlosen Himmel, die sich ziehen, strecken, zu linearen Schraffuren dehnen. Goldglänzend erhebt sich eine Glut aus dem Hintergrund des kahlen Wäldchens, die sich –

hochsteigend – zu einem goldglänzenden Kreis verdichtet, lange in einer Astgabel zu hängen scheint, bevor sie zügig elevatorisch in den appetitlichen hellbau-weißen Küchenhimmel auffährt.

Auf den Wiesen Rauhreif. Ein ruhiger Samstagmorgen, die Vögel zwitschern fast flüsternd im Gebüsch, bis auf die Fasane, die heiser laut aus der Ferne keuchen.

Die ersten Frühlingssonnenstrahlen, und schon ist es mit der Ruhe vorbei. Da sind sie wieder, die Motorradfahrer in großer Zahl auf ihren rasenden, kreischenden Maschinen, totalvermummte Gestalten, Lederkörper mit Kugelkopf, sofort bereit zu obszönen Gesten, macht sie jemand auf ihr Rasen und Kreischen aufmerksam. Und da sind sie wieder, die sportlichen Genuß-Autofahrer mit den gestreckten Armen und heruntergelassenen Scheiben und den lauten Musikschlägen, die im Resonanzkörper Metallbox baßwummernd dröhnen. Und da sind sie wieder, die bratwurstbraunen Menschen, freigelegt in ihren kühlschrankweißen Cabriolets, beschwallt von Musikanlagen, die unnötigerweise weit mehr vermögen, als Musik zu erzeugen für kleine, empfindliche menschliche Ohren.

Frühlingsanfang; Äquinoktium, Tagundnachtgleiche.

Morgendämmerung endlos grau; nicht enden wollender Regenmorgen im Morgenregen. Ein stürmischer Wind treibt die Wolken, biegt die Bäume, dröhnt um die Ecken des Hauses, über den Giebel, saust die Regenrinnen entlang, um den Schornstein. Morgenröte von Nässe wie von einem nassen Lappen verhängt.

Krokusfarbenes Buch, Einband bischofsviolett: Jürgen Beckers »Umgebungen«. Dort zu lesen: »Die Veränderung des Aufenthaltes verändert das Verhalten.« Ein Satz für Reisende, nicht für Bleibende oder Gebliebene; ein Satz für kurzfristig der Veränderung Bedürftige. Warum hat er nicht geschrieben: Die Veränderung der Umgebung

verändert das Leben? Oder weitergehend, eingeschränkter: Die Veränderung der Umgebung verändert das Schreiben? Ein transzendentaler
Grund-Satz für Autoren: Neues Haus, neues Fenster; neuer Text.

Fenster auf. Im computer-aided writing system ein neues Fenster öffnen, öffnet nur so weit, wie man sich hinauszulehnen bereit,
hinauszuhängen fähig, sich hinauszustürzen imstande ist. Window
opening. Trotz geöffnetem Fenster keinen neuen, keinen anderen Text
schreiben zu können führt zu einer Art Fensterniedergeschlagenheit
und -gewinnabsturz: windown. Closing window. Fenster zu.

Morgendämmerung endlos grau; nicht enden wollender Regenmorgen. Stürmischer Wind. Morgenröte von Nässe verhängt.

Morgendämmerung endlos grau; nicht enden wollender Regenmorgen. Morgenröte von Nässe verhängt. Eine Stunde später steht die
glänzende Sonne halbhoch am Himmel: was für eine blendende Erscheinung.

Orangerosa Morgenröte, durchsetzt von taubenblauen, weißen,
flamingorosa Einsprengseln und weißen und hellblauen streifigen
Ausläufern, horizontal beschwert von einem breiten Blauband, das
allmählich fliederblau, fliederrrosa sich wandelnd zum Himmel hoch
ausläuft, dann streifig sich schichtet, entschichtet und als helles Orangerosa sich mit dem beschwerten Orangerosa darunter verbindet, zu
einem Boden verbindet, der die seitlichen Ausläufer an sich zieht. Im
Scheitel des Orange- und Fliederrosa verstärkt sich das Orange zu einer Glut, die sich konzentriert und steigend Konturen annimmt. Das
Orange- und Fliederrosa des Bogens entkräftet, der Bogen verliert,
streckt sich zu einem schmalen Streifen, vom heller werdenden Blau

begrenzt. Es bleibt das Glutorange hinter den Bäumen, das einige Zeit blinkt und flackert, als wolle es die Äste entzünden, doch dann sich abschwächt, ermattet, versiegt ohne sich aus dem Dickicht erhoben zu haben; gebrochener Sonnenaufgang.

Dünner Regen. Feiner Schnee, gepeitscht; nahezu horizontaler Schneeflug vor dem Fenster. Auf der Gartenseite rütteln die Zypressen in ihrem grünen Dauergewand; rütteln abwehrend die Sempervirentes.

Stetige Erhellung des Morgens in matten, dunstigen Grautönen ohne einen Anflug von Morgenröte, ohne den geringsten Schimmer. Weder Aura noch Aurora. Hohe, geschlossene Wolkendecke, ohne Sonnenstrahl; regnerisch.

Ein Himmel voller rauchblauer Wolken mit weiß erleuchtetem Hintergrund, mit zerfetzten Lichthöfen. Langsames Geschiebe von Südwesten nach Nordosten. Lange nach dem unsichtbaren Sonnenaufgang färben sich die rauchblauen Wolkenränder und Ost-Lichthöfe leicht rosa. Die Lichthöfe weiten sich streifig, werden hellblau; Wolken, weißrandig, erglänzen von den Strahlen der verborgenen Sonne.

Fenster auf. Milde, feuchte Luft; kein Regen. Das durchdringende, klagende Pfeifen eines Vogels im allgemeinen Gezwitscher und Gezirpe. Fenster zu. Draußen Stagnation oder nur schlechte Lichtverhältnisse? Die Knospen des Ahorns haben sich schon prosperierend gezeigt, werden größer, länger, grüner. Doch strecken sich nicht auch schon die tarnhaft braungrünen Triebe der jungen Holunderbüsche und wölben sich nicht auch die kleinen gelben Knospen des Zierapfels? Und unter den Bäumen verbreitet sich ein frisch gehäkelter Bodenteppich aus kriechendem Kraut. Nahsicht-Erinnerung aus dem letzten Jahr: kleine nieren- bis herzförmige, lederartige, wie gerade gefettet glänzende Blättchen, entzückende Pflanzenwirbelchen mit

Brutknöllchen in den Verzweigungen der glasigen Stengelchen, auch Achselknospen genannten. Achselknospen, was für ein wunderbares Wort, konkurrenzfähig in jeden Wettbewerb der Wörterschönheiten. Achselknospen des Scharbockskrauts.

Doch das schönste aller Wörter war für einige Zeit – zumindest für die Zeit der Suche und der darauf folgenden Textproduktion – das Wort »Wortschatz« gewesen. Inspiriert von der – wie sich später herausstellte, lächerlichen – Ausschreibung eines Kulturinstituts, die die eigentlich reizvolle Aufgabe beinhaltete, das schönste deutsche Wort zu finden und die Kür zu begründen, entstand ein kleiner Artikel, der aber nie abgesandt wurde, denn die ausbeuterischen Bedingungen der anvisierten Veröffentlichung einer Auswahl von Einsendungen sprachen der vermeintlichen Seriösität des Kulturinstituts im Auftrag der Deutschen Sprache hohn. Autoren und Autorinnen sollten sich geschmeichelt fühlen, allein durch die Publizität, und der angegliederte Verlag sollte frei verfügen und sich nach Gusto bedienen dürfen. Und niemand reagierte auf vorgebrachte Einwände, weder der Verband der Autoren, der vor der Hoheit einknickte, noch die prominenten Jurymitglieder selbst, unkritisch in der Inbrunst ihrer staatstragenden Kampagne.

Wortschatz

Dieses Wort ist für mich das schönste und kostbarste deutsche Wort, weil es nicht nur die Gesamtheit aller Einzelwörter einer Sprache bedeutet und somit ein Gut beinhaltet, das gar nicht hoch genug veranschlagt werden kann, sondern weil es wie kein anderes Wort Quantität und Qualität, schier unbeschreibliche Menge sowie unschätzbaren Wert, sowohl Funktionalität als auch Wohlklang und Glanz umfaßt. Aus »Wort« und »Schatz« zusammengesetzt, bildet es ein für die deutsche Sprache typisches Muster substantivischer Verbindung – Kompositum – und vereint in dieser unübertrefflichen Form: Vielfalt, Differenz, Diversität und Präzision mit Schönheit und Kostbarkeit.

Unser Wortschatz durchzieht wie ein dichtes Netz mit denkbar vielen, erlesenen Knoten unseren Geist. Ein Netz voller Sprache. Ein Netz voller Poesie. Ein Netz voller Welt. Und jeder darf sich bedienen. An diesem Reichtum haben alle teil, aktiv und passiv. Und er lässt sich mehren, läßt sich erweitern. In jedem von uns wirkt der Wortschatz wie eine erregende und höchst produktive Sprachmaschine. Unsere lebensweltlichen Verrichtungen, Kunst und Phantasie halten sie pausenlos in Gang – und umgekehrt. Der Wortschatz ist uns eingeschrieben. Wir nutzen ihn und wir verändern ihn, indem wir immer weiter an ihm fortschreiben. Worte und Wörter in unendlichen Kombinationen! Wort für Wort eine Sensation: Liebesworte, geflüstert oder geschrieben; ein Mann – ein Wort; ein Wort in Gottes Ohr; Ehrenworte seriöser Damen und Herren; Worte, geschliffen wie Kristalle; gepfefferte Würzwörter; Schlüsselwörter zur Erkenntnis; geflügelte Wörter mit der Kraft eines Pegasus; Lieblingswörter für jung und alt; Szenewörter; Wortgeklingel; Wörter auf der Goldwaage. Nicht zuletzt: schmutzige Worte, Schreckenswörter, Ekelwörter. Sogar sie gehören dazu.

Denn auch ein Schatz ist – ebenso wie dessen Besitzer und Besitzerinnen – nicht ohne Ambivalenzen.

Heute wie gestern.

Heute wie gestern und vorgestern.

Die letzte Nacht war die Nacht der Umstellung von Winterzeit auf Sommerzeit um eine Stunde. Das nächste halbe Jahr wird wieder – wie jeder Sommer – eine schwere, weil dauernde Belastung für das Zeit-Bewußtsein. Immerzu fährt es auf zwei Ebenen, weil immer mit der Frage befaßt, welche Zeit *eigentlich* sei; ist doppelbödig unterschwellig beunruhigt und entbehrt der soliden existenziellen Basis unangreifbarer zeitlicher Evidenz. Psychologischer Zustand der Irritation. Will man einer Zeitungsnachricht glauben, so wird auch die Physiologie folgenreich in Mitleidenschaft gezogen; mit dem zählbaren Ergebnis gehäufter Herzinfarkte in der Phase der Umstellung. Herz aus dem Tritt.

Für Enthusiasten der Morgenröte und für Sonnenaufgangsbetrachtende jedoch bringt die Umstellung von Winter- auf Sommerzeit eine Erleichterung mit sich. Der Uhrzeiger wird eine Stunde vorgestellt und der Sonnenaufgang findet nominell eine Stunde später statt, heute entsprechend der neuen Sommerzeit um 7.01 Uhr, statt nach bisheriger Winterzeit um 6.01 Uhr. Für die ungefähr eine Stunde früher einsetzende Morgenröte gilt das gleiche. Abwägen der Vor- und Nachteile: längerer Schlaf versus flatternder Zeitstundengeist. Die Entscheidung für den Vorteil besänftigt vielleicht Irritation und Irrlichterei.

Die Ahnung einer großen Leuchtquelle hinter dem Horizont. Mit diesem Evozieren, der Ahnung eines Lichts beginnt die Dämmerung. Wie wird sie definiert?

Fünf Uhr, alte Winterzeit; sechs Uhr, neue Sommerzeit. Weißer Horizont mit rauch- und taubenblauen Wolken. Weißlicher Frühnebel über den Wiesen.

Schreiben bei ausgeschalteter Schreibtischlampe; schwach erleuchteter Monitor; en passant die Schreibfehler der letzten Tage korrigierend und aus dem Fenster schauend, dorthin wo sich das Weiß zwischen den blauen Wolken rosa färbt. Auf der anderen Seite des Flusses, im Süden des Ostens, gehen der Rauhreif und der magermilchige, weißblaue Nebel wie ein fast undurchsichtiger Schleier in den weißblauen Himmel über; darüber milchige Rosahelligkeit.

Die Schwaden kommen über den Fluß herüber, ziehen in das Wäldchen, hängen im Gehölz, ziehen über die Deichstraße unter den noch beleuchteten Straßenlaternen hinweg; überall Diffusität, die über der Straße mit dem Erlöschen der Straßenlaternen wieder verschwindet. Lang dauernde, milchige Rosahelligkeit über dem ganzen Horizont; auch über den Fluß hinweg sich erstreckend und sich dort spiegelnd. Die hauchfeinen Nebelschwaden im Gehölz lösen sich auf. Fenster müßte geputzt werden. Die Auflösung der allgemeinen Diffusität verwandelt sich über dem Horizont in eine zarte, pastellene Porzellanhaftigkeit. Während des Wartens auf die Wörter, während des Schreibens: die plötzliche Erinnerung an den Namen, »Scharbockskraut«; wortweise Weiterschreiben am Text des Vorvortages. Erröten der zartrosa Porzellanhaftigkeit, verbreitertes, erhöhtes Erröten. Ein japanischer Porzellanmorgen, eine japanische Morgenröte

wie das porzellanweiß geschminkte Gesicht einer Geisha mit pfirsichblütenrosa Wangen. Dann Verblassen; orangefarbener Schimmer im
verblaßten Erröten, und dann steht umstandslos die majestätisch und
ohne Geziere zügig aufgestiegene, glutorangene Scheibe der Sonne
über der Wolkenbank hinter Bäumen, um 7.15 Uhr der Sommerzeit,
MEZ. Es ist, wie es ist; ist, wie es sein soll.

Ein völlig wolkenloser Himmel. Weißer Frühhorizont des Tagesanbruchs, der sich langsam rosa tönt. Reine, matte Morgenröte entlang
der Horizontlinie hinter den Bäumen; reine, matte Morgenröte, die
in einen wolkenlosen, blaßblauen, nach oben hin dunkler blau werdenden Himmel übergeht. Porzellanmorgenröte, pfirsichblütenfar-
ben. Der blau durchschimmerte, zartrosa Streifen läuft unregelmäßig
aus, zieht sich weiter ins Blau hoch, erfaßt eine vorher nicht sichtbar
gewesene, hauchzarte, lange Schrägstreifenwolke, die einen diago-
nalen Akzent in die ansonsten gleichmäßige Erleuchtung setzt. Das
Rosa durchdringt weiter das Blaßblau, wird milchglasiger, nimmt
den Schrägakzent auf zu weiteren, feinen Staffelungen. Accent aigu,
länger und länger ausgezogen, schrägt weißbandig gegen das obere
Blau ab und verleiht der anfangs ebenmäßigen Morgenröte eine asymmetrische Beugung. Dann Verdichtung des Rosa tief am Horizont
hinter den Bäumen zu einem Dunkelhibiskusrosa, unter dem sich
noch dunkler eine glutvolle orangehibiskusrote Sichel breitet, die
sich erhebend wächst und auszulaufen beginnt, als sie den Bogen des
Dunkelhibiskusrosa erreicht. Ein dünner Kondensstreifen parallel
zu Accent aigu verstärkt das Asymmetrische, verstärkt die Schräge,
unter der sich senkrecht, hinter den Bäumen, zeitweise verdeckt, eine
orangegoldene Glut – mehr und mehr sich zu einem Kreis konzen-
trierend – aus der Baumlinie in den Himmel hebt. Der goldene Kreis
steigt, durchbricht die schräge Segmentierung, den großen Akzent
des Morgens – kaum beobachtbar in seinem übergreifenden Verblen-
dungszusammenhang – und ergießt Glanz und Wärme über die von
der kalten Nacht noch rauhreif überfrosteten Wiesen.

Wieder ein japanischer Porzellanhimmel an diesem letzten Morgen im März. Wieder trat Aurora-Eos, diesmal in Gestalt einer weiß-rosa getönten Geisha, in Erscheinung, die ihre geöffneten Arme in mattseidenen Kimonoärmeln über den Horizont ausbreitet und – sie zurückziehend – goldenen Tee in hauchzarten Blütenkelchen serviert.

APRIL

Morgenröte und Nebel. Am Horizont milchiges Rosa, das in ein milchiges Weiß und in ein milchiges Hellblau eines wolkenlosen Himmels übergeht. Wolkenverdunkelung des Horizonts hinter den Bäumen, darüber ein Streifen von Flamingorosa. Kleine, tiefliegende weiße Wölkchen schwimmen in milchigem Weiß und im milchigen Hellblau, rosa überhaucht. Jenseits des Flusses schweben die Bäume, schweben die Gebüsche im bläulichem Morgendunst. Abgehobene Welt, verlorene Bodenhaftung.

Durch die Wolkenverdunkelung hinter den Bäumen hindurch drückt sich eine orangeglühende, mehr und mehr erglänzende, nach oben strebende Scheibe; erreicht weißliches Rosa, zerfasert im Geäst, erreicht weißliches Hellblau, verdampft alle Wölkchen ringsum, verdampft alles Rosa. Über den Horizontbäumen eine goldene Scheibe im vergehenden Restdunst. Jenseits des Flusses steigt das bläulich Weiße, das milchig Undurchsichtige, schluckt die abgehobene Welt, läßt sie versinken, sich auflösen. Diesseits des Flusses die blendende Erscheinung, auf- und aufsteigend und Ursache des schleiernden Untergangs auf der Schattenseite. Doch bald leckt die Sonne alles wieder auf, als wäre nichts gewesen.

Vor allen anderen Fenstern des Hauses, in alle anderen Richtungen regt sich das Baumleben, sind blühende Weidenbäume zu sehen, zum Platzen knospende Kastanien, hellgrüngespitzte Fliederbüsche, rote, frisch durchblutete Apfelbaumtriebe, senfgelbe Trauerweidenruten, grellgelb blühende Forsythien; schütteln sich Koniferen im Wind und stoßen Schwaden roten Blütenstaubs aus; beim Gartenbauer-Nachbarn Stiefmütterchen in schrillen Farbkombinationen. Nur vor dem Arbeitszimmerfenster scheint die Jahreszeit zurückgeblieben. Trostspendend: verblühte Krokusse, gelb blühendes, supergrüngänzendes Scharbockskraut, mattgrüne Blättchen an den Holunderbüschen, schwellende Ahornbaum- und Zierapfelknospen.

Türkisweiße Horizonterhellung mit ausfließendem Rosa in einen fast wolkenlosen Himmel. Fenster auf. Schwarze Silhouetten der Dämmerungsbäume, dahinter ein silberner Dämmerungsfluß, in dem sich die schwarzen Dämmerungssilhouetten spiegeln; Dämmerungssilberwasserfläche, allmählich überzogen von einem türkis- und rosafarbenen Schimmer. Jenseits des Dämmerungsflusses höher gelegenes Dämmerungsgelände: dunkel-grundierte Wiesen, Bäume, Büsche. Kein Rauhreif, kein Nebel. Diesseits des Dämmerungsflusses am Dämmerungsflußufer Büschel über Büschel cremeweißer Blüten, wippende Sternrosetten, Blütenglocken aus der orientalischen Phase der Gartenkunst: Narcissus poeticus. Eine gleichsam lange Nase, aus dem geöffneten Fenster heraus in die Blüten gesteckt, röche den süßen Duft dieser hochgiftigen, alcaloiden Schönheiten aus dem Morgenland. Fenster zu.

Türkisweiße Horizonterhellung mit ausfließendem, immer blasser werdenden Rosa in einen wolkenlosen Himmel. Michgläserne, rosa- und türkis-verblassende Helligkeit. Milchig-weißer Pastellporzellanhimmel, orange-glutrote Sonnenaufgangssonne; Sonnenaufgangsglut, geballt.

In der großen Weide eine rundliche Verdickung. Unbeweglich sitzt dort eine Taube, als solche erkennbar, wenn sie zuweilen ein wenig mit dem Hals ruckt und über das unverkennbare Taubenhalsrucken Gestalt annimmt. Träumt sie von der anderen Turteltaube, mit der sie gestern stundenlang unbeweglich auf dem Telefondraht saß? Träumt sie von Paarung, von Gemeinsamkeit? Träumt sie von Frieden? Oder vom verlorenen Olivenzweig, von Hass, Terror, Krieg? Später fliegt sie aufgeschreckt mit klatschenden Flügeln davon, die Türkentaube, die Immigrantin, erkennbar an ihrem dunklen Nackenschal.

Aus London: eine Nachricht hat eingeschlagen wie eine Bombe. Präsident – amerikanisch – und Präsident – russisch – beschließen atomare Abrüstung. Eine mediale Kriegsmetapher verkündet friedliche Absichten.

Zwei Ruderinnen im roten Zweier, rückwärts zur Fahrtrichtung, mit Blick nach Osten. Und dort? Türkisweißer Himmel, Porzellanmorgenröte, Bodennebel; Sonnenaufgang, glutorange.

Seit Tagen streifen zwei Eichelhäher ums Haus; halten Abstand voneinander, kommen heran, stieben auseinander; beäugen sich aus der Nähe und aus der Ferne; noch kein Paar – oder ein antagonistisches.

Völlig lautloses Platzen der Knospen. Treiben der Triebe. Die vitale Explosion des Frühlings greift um sich, von Stunde zu Stunde scheinen neue Nuancen sichtbar zu werden, alte – aus den Stunden zuvor – an Intensität zuzunehmen, sich zu wandeln. Im Morgenlicht zeigt sich die große Weide dicht besetzt mit kleinen, grünsilbernen Knospen.

Milchigweißer Pastellporzellanhimmel; rosa Schimmer der Morgenröte, orangeglutrote Sonnenaufgangssonne. Kein Nebel.

Milchiger, mattblauer Himmel, hoch oben graue Wolken. Stetige Erhellung des Morgens, ohne einen Anflug von Morgenröte, ohne den geringsten Schimmer. Fenster auf. Ruhiger Morgen. Leichter Wind, böig. Gleichmäßiges Zwitschern und Pfeifen der Vögel, aus dessen tonaler Verdichtung sich nur das Gurren der Tauben und das Keuchen der Fasane heraushebt. Sogar das Krähen der Krähen klingt verhalten. Doch kein Vogel zu sehen, weder fliegend am Himmel noch in den Bäumen sitzend; kein Vogel im Wasser, keine Enten, keine ausgelassen plantschenden Bleßhühner. Fenster zu.

Matter, trüber Sonntagmorgen ohne Sonnenaufgang. Am Rande des wie leblosen Wäldchens gelbe Forsythienblüten. Oberhalb der Bäume reißen die Wolken auf. Weiße Lichthöfe, der kleinste davon, mit rosa Färbung, zieht gleich wieder zu. Sportachter mit Steuerfrau knarrt vorbei, immerhin: kein Motor. Auch die Yachten sind schon unterwegs. Weit schlimmer die Plage jagender Motorräder auf den Deichstraßen, sobald die Straßen trocken sind; man möchte Flußwasser auf die Deiche leiten, den Gartenschlauch einsetzen, ohne jedoch die dezenten Radfahrer, Rollschuhläufer, Jogger und Spaziergänger zu fluten.

Präsident Obama spricht in seiner Prager Rede über Abrüstungsbemühungen, Abrüstungsverträge, Atomwaffentestverbote, Kontolle spaltbaren Materials. Seine Vision: eine Welt ohne Atomwaffen. Wer, wenn nicht er, kann dies glaubhaft vortragen. Ein amerikanischer Präsident ohne eigene Bereicherungsambitionen, ohne die gierige, erpresserische Bereicherungsclique im Hintergrund, wie sie die Bushs et al. im Schlepptau hatten. Industriell-militärischer Komplex nannte man das früher präzise und unverhüllt. Ist das vorbei? Zu schön, um wahr zu sein.

Von Südosten zieht die Wolkendecke als geschlossene Schicht heran und reißt in einzelne, gleichmäßige Stücke. Schön geformte, taubenblaue Wolken mit abgerundeten Ecken vor lichtblauem Hintergrund: ein Craquelé-Himmel wie eine kostbare, alte chinesische Porzellanglasur über dem gesamten Nordosten. Keine Spur von Morgenröte. Die Wolken am Horizont verfließen dunstig. Stetige Erhellung des Morgens durch Erhellung des Hintergrunds von Lichtblau über Lichthellblau zu Lichtweißblau; über den Craquelé-Wolken hinwegziehen, die an wenigen Stellen rosa Töne, rosa Tönungen ahnen lassen.

Milchiger, mattblauer, völlig wolkenloser Himmel. Stetige Erhellung des Morgens, Lichtblau über Lichthellblau zu Lichtweißblau und Lichtweißgrau, mit einem fast unsichtbaren Schimmer von Morgenröte hoch über dem Horizont, von dem auch ein winziges, hochsteigendes weißes Wölkchen erfaßt wird.

Die beiden Eichelhäher fliegen in Bögen von Baum zu Baum um

das Haus herum, sitzen mit wippenden Schwänzen in den Zweigen, baumweise Abstand voneinander haltend, sich gegenseitig umkreisend, überholend, ohne Distanz aufzugeben. Mißtrauensnatur.

Das winzige, dünne Wölkchen verzieht und verzieht sich zu der Silhouette einer weißen, rosa getönten, fliegenden Taube.

Das rotbraune Eichörnchen taucht in der Großen Weide auf, klettert kopfüber, kopfunter den Stamm hinab, wechselt zum Stamm der Esche, dann zu einem ausladenden Zweig, findet den Übergang zum Ahorn und von dort zur Schwarzerle; weiter über Erle – Ahorn – Erle, auf dem Boden den Weg zum Flieder, dann die große Eiche und von dort über die Forsythienhecke wieder hinab auf den Boden bis zum nächsten oder übernächsten Apfelbaum, von dem es früher zu der riesigen Tanne überwechseln konnte, die letztes Jahr der Kettensäge zum Opfer fiel, was eine weitere Station der einst durchgängigen Baumstrecke einebnete, zu Fall brachte; jede Strecke unten auf dem Boden bevorteilt die Lebensgefährdung.

Am Horizont lichtweißgrau eine Schichtung, über der ein matter, purpurroter Bogen erscheint, steigt, an Fläche gewinnt; eine purpurrote Scheibe, die hinter der Schichtung, wie aus einem Papierschlitz geboren, am glatten, weißgrauen Himmel steht und den symbolischen Ursprung des modernen Japans vor Augen führt. Die rote Glut der Scheibe hellt auf, das matte Purpur wird zu glänzendem Orangegold. Keine Wolke stört die klare Zen-Schönheit des höchsten Kontrasts.

Regnerische, trübe Dämmerung. Doch unter der grauen Überfläche scheint es zu brodeln. Über Nacht haben die Schlehen im kleinen Wäldchen leuchtende, kreideweiße Blüten getrieben; im Unterholz seit Tagen schon immer gelbere und gelbere Forsythien. Die Bäume wirken wie nach einer Infusion, wie nach einem Pneumadot: frisch genährt, beatmet, durchpulst.

Aus der öffentlichen Bibliothek ein Buch aus dem Regal der Neuerwerbungen, das allerdings schon über zehn Jahre alt ist; »Fluß«

ist ein sehr einschlägiger Titel nach den Überlegungen zu Fluß als Bezeichnung und Name. Gibt es hier mehr zu erfahren von fließenden oder gefrorenen Gewässern, deren Namen und Charakteren?

Das Spiel, Buchaufschlagen und irgendwo anfangen zu lesen: »Liebst Du mich?‹ fragte ich unpassenderweise schließlich doch noch. Vielleicht hielt ich mich einen Moment für Kriemhild.«

»Sagen wir, wir sind eine Produktionsgemeinschaft. Wer wüßte besser als du, daß spätestens mit Brecht die Sachlichkeit in die Liebeslyrik kam.«

Klingt nicht schlecht, wenn auch nicht erhellend für das Fluß-Thema. Die Produktionsgemeinschaft stellt sich als die zwischen – alphabetisch – Viktor Jerofejew und Gabriele Riedle heraus. Jeder Abschnitt ist mit einem »Er« oder einem »Sie« gekennzeichnet, eine Produktionsgemeinschaft zwischen einem Mann und einer Frau; überdies eine russisch-deutsche Produktionsgemeinschaft; glücklicherweise nicht zwischen einem deutschen Mann und einer russischen Frau, sondern umgekehrt und glücklicherweise mit einem russischen Intellektuellen, der so reflektiert ist, daß er Minderwertigkeitsgefühle hat, was allerdings ganz und gar nicht vor chauvinistischen Phantasien schützt, sondern umgekehrt, wie nach einigem Umherspringen in den verschiedenen Fluß-Kapiteln deutlich zu werden scheint.

Schnelle Präferenzliste anhand des Inhaltsverzeichnisses: Lese-Priorität haben der deutsche Fluß und der gesamtrussische Fluß, Rhein und Wolga; danach – vielleicht, vielleicht aber auch nicht – Ganges, Mississippi, Niger oder umgekehrt.

Umschleierte Nahwelt im grauen Dunst, die fernere versunken. Jenseits des Flusses, dort wo die Wiesen sind, ragen nur die Kronen der hohen Bäume aus dem Nebel hervor. In dieser Oberwelt-Sphäre scheint blendend die Morgensonne; darunter Trübnis.

Rheinfahrt mit der »Deutschland« im zweiten Kapitel; Luxus-flußdampferfahrt auf der zentralen Wasserader Europas von Basel zur Nordsee. Es gibt einen Kapitän, einige konspirierende Nebenfiguren,

Stützenkel für die alte Luxusdampfergesellschaft und Erinnerungs-figuren, die assoziativ funktionalisiert angerufen werden.

Das beste, was Er zu bieten hat, sind Variationen über das euro-päische Verb *haben*. Vergeben dagegen wird ein zentrales Motiv, vielleicht eine zentrale Symptomatik: die Variationen über die anale Gemütlichkeit Europas, die nur um so mehr des Autors eigene anale Ungemütlichkeit verraten, indem sie sich über den verklebten, kot-krümeligen Anus der englischen Prinzessin auslassen, über Sex mit alten Frauen, die nach Kot und Tod müffeln. Der Russe – wird de-kretiert – ähnelt in Europa einer Kakerlake und ist beleidigend für deren saubere Oberfläche. Dagegen das Zuhausesein im Schmutz, im Unrat, im fleckigen Text. Warum aber dann die an Selbstverachtung grenzenden Ausfälle gegen Alte, gegen das Alter, gegen schwimmende Seniorenheime, gegen ein soziales Krematorium? Gegen Deutsche und Nazis läßt sich abgrenzend schimpfen; man wird kein Deutscher gegen den eigenen Willen und muß nie ein Nazi werden, aber gegen Altsein nützen keine apotropäischen Invektiven, das ist die eigene Zukunft. Viel Reiz scheint für den Autor im politisch Unkorrekten zu liegen, als wäre das allein schon schönste poetische Anarchie. Gro-teske Phantasien, gefangenes Denken im Koordinatensystem Tota-litarismus.

Und Sie? Auch hier eine Dialektik von Schmutz und Sauber-keit: Sie sammelt »Schmutzorte im internationalen Vergleich« und sinniert, ob sich nicht jeder Deutsche in Drachenblut und braunem Rheinwasser wälzen möchte. Die ein bißchen dickere Auslegeware auf dem Hotelschiff und regelmäßige Speisegänge setzen umgehend die wildesten Phantasien frei und bedrohen die eigene Unabhängigkeit bis ins Mark, und es wird um sich geschlagen mit undelikaten Wört-chen – Scham- und Achselhärchen schwimmen ein bißchen skandalös im Text, störend wie in einer Luxusflußdampfersuppe – und mit gro-bianisch überzeichneten Verallgemeinerungen, siehe die Überschrift: »Fressen, Ficken, Fernsehen«. Und Sie weiß, in der Bundesrepublik heißen Siegfried nur noch Söhne von blöden Eltern, und fragt mit klügelndem Sinn für Differenz, wie steht es um den Namen Viktor in der überfallenen Sowjetunion?

Wolgafahrt auf der MS »Sossima Schaschkow« im ersten Kapitel. Dort erfährt Sie, daß Er von seinen Eltern Viktor genannt wurde zu Ehren des Sieges der Russen über die Deutschen. Und Er teilt mit: Alter ist in Rußland etwas Unanständiges. Das erklärt nur zum Teil das groteske Ausmaß seiner eigenen Sex-, Ekel- und Altersphantasien und seine gereizte Gerontophobie.

Zunehmende Leseunlust. Schade, denn der Anfang des Wolga-Kapitels, mit dem das Buch anfängt, las sich zunächst vielversprechend: »Mich hat immer schon beunruhigt, daß die Wolga ins Kaspische Meer mündet. So ein großer, so ein bedeutender Fluß, und mündet geradewegs ins Nirgendwo. Andere Flüsse fließen, wie es sich gehört, vernünftig und progressiv in den Ozean, womit sie teleologisch den Kreislauf des Wassers in der Natur verwirklichen, aber die Wolga hat sich in sich selbst verschlossen und existiert an sich wie bei Kant. Das hat etwas von Verrat.« Denn Nebenflüsse, schreibt Er weiter, »fließen vertrauensselig in sie hinein« und sie, die Wolga »sie aber verschwendet und verplempert nur alles«.

Daß Er das An-sich bei Kant nicht verstanden hat, fällt wenig ins Gewicht, denn wer versteht schon diese höchst komplizierte, erkenntnistheoretische Position. Aber für einen schiffsreisenden Schriftsteller – zumal er nicht nur ein singuläres Kant-Wort, sondern einen zentralen philosophischen Begriff mit durchaus poetischen Folgen auf den Fluß anwendet – müßte von professioneller Bedeutung sein, daß die Wolga-an-sich reine Annahme, diesseits von Wahrnehmen und Erkennen, lediglich Abstraktion ist. Die Wolga mit dem Suffix an-sich ist nicht wirklich existent und somit auch nicht der Erfahrung zugänglich: sie ist weder schiffbar noch beschreibbar.

Überdies ist das An-sich bei Kant keineswegs eine – externe Anforderungen abweisende oder leichtfertig bis rücksichtslos verspielende – Position der Selbstbezogenheit, die einen Vorwurf rechtfertigte, sondern eine theoretische, geradezu hermetische Innen-Perspektive auf etwas, was ungefähr z. B. bei Platon Idee heißt. Wobei Platon die Ideen für Realität und Kant die Realität für Ideen und Er die Realität der Wolga für nichtswürdig hält.

Das Gefühl des Verrats scheint aus der Enttäuschung herzurühren, daß die Wolga sich nicht in das ozeanische, die Kontinente umspülende Weltmeer ergießt, sondern sich in einem Binnenmeer verliert, das nicht nur kein Meer ist, sondern nur ein See.

Allein seiner Größe wegen Meer genannt, entspricht das Kaspische Meer nicht dem entscheidenden Kriterium eines Meeres: der Verbindung mit dem ozeanischen System. Doch der Fluß Wolga, der seine enormen Wassermassen obwohl mit negativer Bilanz in den Kaspisee einspeist, die zu einem großen Teil versanden oder oberflächenverdunsten oder weiter im Westen als Regen niedergehen oder als Quelle anderer Gewässer wiederkehren, erfüllt – um mit Aristoteles zu sprechen – sein Telos: den natürlichen Kreislauf des Wassers und die Bestimmung eines Flusses, wenn auch nicht die eines Stromes. Nein, definitiv kein Strom: kein Fluß, der in den Ozean mündet; endorheischer Fluß: ohne Entwässerung ins Meer.

Doch die meisten Flüsse der Erde münden nicht ins Meer, sondern in andere Flüsse, in Ströme, in Seen und genügen damit ihrer dreifachen Bestimmung: quellen, fließen, münden. So auch die Wolga. Denn die Wolga *entspringt,* die Wolga *fließt* – wenn auch häufig von Schleusen industriell drangsaliert und durch Stauseen ermüdend verlangsamt –, und am Ende *mündet* sie in einem vielarmigen Delta. Klimatologen befürchten, daß der Kaspisee allmählich austrocknet, was nicht ohne Rückwirkungen auf seinen Hauptzufluß bleiben wird, der immerhin der längste und wasserreichste Fluß Europas ist. Gleichwohl mächtig, ein Symbol von mythisch-nationalem Rang und aufgeladen mit dem Pathos mütterlicher Attribute, stellt die Wolga alles andere als die Identifikationsfigur ungebrochener Potenz und Zielstrebigkeit und alles andere als den Triumph eines herrlichen Finales dar.

Ers Beunruhigung, daß die Wolga »ins Nirgendwo« mündet – und dieses Nirgendwo bedeutet hydrologisch: Kaspisee; bedeutet geographisch: Asien; bedeutet politisch: Tyrannei und Despotie; bedeutet kommunikativ: Wüste –, ist vermutlich wenig mehr als die Beunruhigung, keinen Zugang zu den siegreichen Segnungen des Westens, zu Demokratie und konstitutionellen Rechtssystemen, zum freien Geldvermehrungsstrom des Kapitalismus und seinen davon angeblich unabhängigen Medien zu haben. Und enthält jene Beunruhigung, daß die Wolga Richtung Kaspisches Meer fließt – sich nicht spätestens ab Kasan Richtung Norden wendet, um in den Ozean, in die nordatlantische Barentsee zu fließen statt nach Südosten in die Versenkung –, eher eine ökologische Sorge oder nicht vielmehr eine Kränkung kultureller Selbstdefinition im Schmerzpunkt des vermeintlich Defizitären?

Was für ein unartiger Fluß, diese Wolga. Nichts, wie es sich gehört, unvernünftig regressive Selbstspeisung. Kein ozeanisches Gefühl will sich einstellen. La mère wie auch la mer verweigern sich den Erwartungen. Was für Zurückweisungen, was für limnologische, was für fluviale Zumutungen!

Wie würde die Psychoanalytikerin an Bord den verratsvorwurfsvollen Er analysieren? Ist der Vorwurf des Verrats in einer projektiven Analogie zu suchen? Selbsthass wegen einer Art Selbstverweigerung der regenerativen Kräfte? Und hat nicht auch der Anfang des Kapitels etwas von Verrat: Verrat am Weiteren, am Folgenden?

Ahnendes, suchendes Wühlen in der Bibiliothek, in alten Sammelbänden, in Ausgaben alter Zeitschriften. Ergiebig: in der Herbst-Ausgabe von Lettre International des Jahres 1989 den Wolga-Essay des im Januar jung verstorbenen Bruce Chatwin wiedergefunden (Chatwin hatte die Wolga mit dem Flußschiff »Maxim Gorki« von Kasan bis Rostow befahren). Im gleichen Heft – was für ein Zufall – ein Artikel von Viktor Jerofejew, und es kann imaginiert werden, daß der Autor jener kannibalistischen, metaphorisch unappetitlichen Geschichte den entspannt fließenden Artikel Chatwins gelesen hat und womöglich schäumte. Denn gehört die Wolga – der russischste aller russischen Flüsse, weil der am meisten identitätsstiftende aller russischen Flüsse – nicht eigentlich ihm, dem Russen und nicht dem Engländer, ist Mütterchen Wolga nicht sein Fluß und sein ureigenstes Schreib-Objekt? Konnte Jerofejew dann aber nicht immerhin existentiell triumphieren? Bruce Chatwin – ist tot. Ich – Viktor Jerofejew – lebe; ich lebe und befahre und beschreibe die Flüsse der Welt: deutsche und russische Flüsse und weitere Flüsse darüber hinaus: Flüsse, Flüsse, soviel ich will; mit einer deutschen Frau; zwecks Unterwerfung!

Übrigens: die russische Ausgabe von »Fluß« erschien ohne die Texte der Co-Autorin.

Blaue Schicht über dem Horizont, darüber Rosa in zarter Desserteisfarbe, aber noch düster grundiert. Der Nuancenreichtum der überwältigenden Grüntöne des gestrigen Sonnentages liegt noch ohne dessen mitreißenden Glanz im Schatten der Nacht. Versteht man Grüntöne musikalisch, so ist es eine brausende, potentiell aus dem Nucleus schießende Symphonie der Sprossen, die noch nicht erklungen ist. Noch fehlt das Entscheidende: das Licht. Was ist Licht in der Musik?

Auf dem Verbindungsdeich sitzt die schwarze Katze der Nachbarin, unbeweglich. Wie ein alter Baumstumpf. Dann ist der Baumstumpf plötzlich weg.

Das mattcremige Desserteis wird glasig, durchsichtiger ohne ein Dahinter. Hoch im Oberfenster, hoch am Himmel ein Flugzeug, das einen dünnen, kurzen, rosa Wolkenschwanz hinter sich herzieht, einen sprühschäumenden Kondensstreifen, sofort sich auflösend abbrechend, der, kaum erzeugt, schon wieder vergeht. Das cremige Eis wandelt sich in Sorbet – Vergißmeinnichtsorbet, Pfirsichblütensorbet – bläulichweiße Zuckerglasur, mit einem Tropfen Rote-Bete-Saft, rosa gefärbte Glasur der Mürbeteigtaler beim Konditor der Kindheit. Schräg halbiert steigt die orangeglutrote Sonne hinter dem Reetdach der übernächsten Nachbarn, hinter den noch kahl wirkenden Bäumen in den bläulichweißen, dann rosaroten Glasurhimmel empor.

Die kreideweißen Schlehen schimmern durch das dunkle Geäst des Wäldchens, die Grünspitzen des Flieders beginnen zu leuchten, die Knospen der großen Weide kommen hinzu, die hellen, aufrechten länglichen Knospen des Ahorns öffnen sich, der Zierapfel hat schon kleine, feingrüne Blättchen entfaltet, der Holunder, noch im Schatten der großen Bäume, zeigt struppige Büschelchen im indirekten Gegenlicht, der Boden des Wäldchens sirrt lautlos, ist mit einem immer dichteren Grünteppich überzogen. Sogar in der Schwarzerle mit ihrem toten Behang aus alten Fruchtständen blitzt es grünlich hervor. Die lavarote Sonne steht rund und glühend wie ein Feuerball in der riesigen Baumkrone; wird goldgelb, der Glasurhimmel blasser, weißer. Die Zweige der Baumkrone vor der blendenden Sonne sind weggeblendet.

Die Sonne steigt und steigt, ihr Glanz ergießt sich, der Chor braust auf: »Hallelujah«. Singt nicht Leonard Cohen, mit seiner Gitarre rauh dazwischen; die Stimme entlang am Versiegen, am Zerräuspern, am Absterben und dann doch Aufgehen, Aufleben, gründunkel? Gebrochene Nachtigall.

Milchglasiger Himmel, matthellblauer Horizont, in hellstes Fliederrosa übergehend, das in einen weißlich-blauen, wolkenlosen Himmel einzieht; wolkenlos, wie die Himmel seit Ende März in japanischer Anmutung. Hellstes Fliederrosa tönt rötlich nach und nach, wird hellstes Hibuskusrosa. In der großen Weide der Schattenriß zweier Tauben. Das Taubenpaar schläft; leichte Bewegungen, immer wieder einander annähernd; Atmung. Im Gebüsch darunter ein Pfeifer mit variationslosem Twitt-Twitt, Twitt-Twitt.

Auf dem Nebendeich wieder die schwarze Katze der Nachbarin, wieder unbeweglich, Baumstumpf. Beim nächsten Blick ist sie weg.

Hellstes Hibuskusrosa dunkelt nach, wird erleuchtet, wölbt sich bogig in den irisierend weißlichen Osthimmel. Das Dickicht des Wäldchens füllt sich, alle Bäume und Büsche tragen junges Blattgrün oder Blüten. Sogar der matte Maulbeerbaum der Allee treibt helle Spitzen. Nur die großen Eichen auf der anderen Seite des Hauses und die kultivierten, Jahr für Jahr zermarterten Linden vor den Reetdachhäusern der Nachbarn zeigen noch keine Frühlingsbelebung. Fenster auf. Tauben fliegen auf. Fenster zu.

Hibisuskusrosa erblaßt. Durch eine struppige, noch völlig kahle Linde hindurch, hinter dem großen Reetdach, schiebt sich die orangeglutrote Sonne. Ein weißer, kurzer Kondensstreifen am hellblauen Himmel, fast senkrecht, als startete eine Rakete. Dann scheint der Streifen zu kippen, wird länger, und das Objekt, das dieses wolkige

Band aus sich heraussprüht, fliegt über das Dach hinweg Richtung Südwesten. Der Himmel erblaßt erleuchtend in seinem Blau und Hibiskus, die Sonne wieder als feurig glühende Orange über dem Horizont, sich vom Dach wegbewegend, beginnt ihren Tagesweg in der Schräge Kurs Westen über Süden.

Unten in der Wiese die Eichelhäher, zupfen kraftvoll am Boden, immer ein paar Meter voneinander entfernt; nähern sich an, schwingen sich auf den Baum, fliegen im großen Bogen davon. Was für eine mißtrauische Spezies, selbst in der Liebe.

Die Sonne goldgelb, glänzend, blendend. Anhaltende Motorgeräusche. Der Gartenbau-Nachbar hat einen befreundeten Kollegen mit seinem Traktor zu Besuch, der tiefgründig den Acker pflügt. Der Boden wird für das Setzen der Kartoffeln vorbereitet, erzählte er.

Wolkenloser, milchglasiger Himmel. Fliederrosa, Hibiskusrosa, Orangeglut, immer wieder Orangeglut. Blattgrün in Entfaltung. Panaschierte Birken, räudiges Grün und Gelb; honiggelbgrün ausgestülpte Bürstenblütenstände der großen Weide. Die Blütenstände der Weide und die des Ahorns und auch die der Roteiche an der Deichstraße auf der anderen Seite des Hauses entfalten sich kurz vor den Blättchen, sind also in der Knospe gemeinsam enthalten.

Fenster auf. Windstille. Vom heidnischen Brandgeruch der nächtlichen Osterfeuer durchsetzter frischer Morgen. Warme Sonnenstrahlen. Große Ruhe. Selbst die Vögel halten Sonntag. Kirchenglockenläuten aus der Ferne, wie sonst nie. Absatzklappernde Laufgeräusche auf der Straße. Eine junge Frau in Jeans auf der Dcichstraße, wehendes Blondhaar, Umhängetasche. Von der entgegengesetzten Seite ein junger Mann. Voreinander bleiben sie kurz stehen, fallen sich in die Arme und gehen gemeinsam in die Richtung weiter, aus der er kam, Hand in Hand. Kurzes, aufjaulendes Sirengeheul von weitem. Große Ruhe. Fenster zu.

Die Sonne goldgelb, glänzend, blendend. Piepsende, schnatternde, kreischende Wasservögel; aufstiebende Enten, hin- und herfliegende, stürzend abtauchende Kormorane. Ein balzendes Haubentaucher-paar, das mit ruhig entspannten Schwimmkörpern auf dem Wasser, aber halsaufwärts aufgeregt agiert: Brust an Brust mit ruckenden Hälsen und aufgeblähten, rotbraunen Backen, sich voreinander ver-neigend, Schnäbel senkend und wieder und wieder die schwarzge-scheitelten, geschmückten Haubenköpfe schüttelnd; der eine oder die andere abtauchend, irgendwo auftauchend, zusammenfindender Paarlauf, und der Tanz auf dem Wasser beginnt aufs Neue; exzen-trisches Wasserbalzballett: Hälse rucken, Backen blähen, Schnäbel neigen, Köpfe schütteln; kein Geschrei, nur leises Gurren.

Am späten Morgen beginnt bei schönstem Frühlingswetter der Auftrieb der Yachten, wie schon am Abend zuvor: große Yachten, kleine Yachten, Schlauchboote mit Motor; blubbernd oder schnor-chelnd oder sägend ratternd wie Mopeds.

Fliederrosa Horizont, hauchdünne, kleine Federwölkchen am Him-mel, lavaroter Sonnenaufgang hinter norddeutschem, reetgedecktem Hallendach; Orangeglut. Fenster auf: Morgenfeuchte. Überall Grün, entfaltete Jungblätter nach den fast ununterbrochen sonnigen Wo-chen. Nur die Eichen und Linden und die Esche unter der großen Weide sind noch unverändert winterlich kahl; wenn auch die große Eiche südwestlich des Hauses am Ufer inzwischen die trockenen Reste des Herbstlaubs abgestoßen hat und frei ist für die neue Vegetation.

Frische Luft durchweht das Haus; der Thermostat im Salon steht auf Null, die Heizung hat sich abgestellt; brummt, summt nach, so etwa wie: »Vom Eise befreit« – längst – »Strom und Bäche / Durch des Frühlings holden, belebenden Blick« … »grünet Hoffnungsglück«; »grünende Flur« … »Zufrieden jauchzet groß und klein / Hier bin ich Mensch, hier darf ich's sein.« Goethe mit seinem Faust im panthei-stischen All- und Wohlgefühl, positiv mit Abgründigem, affirmativ; grünalternativ; Finger, Fingerlein. Tischbeinern, vor siebdruck-hell-blauem Homogenhimmelhintergrund, Campagna-Reisehut auf dem ikonographischen Porträt-Kopf, nach Süden blickend, sinniert er von der Wand, popularisiert in den entidealisierten und industrieealisierten Farben Andy Warhols. Fenster zu.

Streifenwolkenhorizont; Bodennebel in den Wiesen jenseits des Wassers; von keiner Morgenröte geleiteter, unangekündigter Sonnenaufgang, dunstverhangen; über den Wolken: die Sonne goldgelb, glänzend, blendend.

Feuchtigkeit auf dem Schrägfenster. Eos-Auroras Tau, den sie – wie auf dem präraffaelitischen Eos-Gemälde der englischen Malerin Evelyn Pickering De Morgan – aus einer geschulterten Amphore in die Morgenfrühe der Küstenlandschaft gießt. Bei Reni gossen noch die Stundengöttinnen von der Nebenwolke; später – wie bei Pickering De Morgan – gießt Aurora-Eos selbst.

Wolkiger Horizonthimmel; Bodennebel in den Wiesen jenseits des Wassers; Tau auf den Schrägfenstern; dunkellavarote Sonne geht über dem Dach auf, dunkellavarot-glutrot wolkenmoirégemustert; später wieder ohne Wolken: goldgelb, glänzend, blendend. Im grünen – nicht mehr schwarzen – Dickicht des Wäldchens bricht ein dunkles Braunrot durch, mischt sich ins quellende Grün, Hellgrün, Silbergrün, Gelbgrün. Poesie des Grünen; Grünung. Die Leere entleert, die Lücken und Abwesenheiten füllen sich. Dichte Strukturen, Verdichtungen. Entschwindende Transparenz. Sprießendes, Schwellendes.

Das Eichelhäherweibchen am Boden sammelt wachsam und äußerst wählerisch trockene Gräser, dünne Wurzeln und fliegt mit einem Büschel im Schnabel davon. Das größere Männchen, das nicht sammelt, nur aufmerksam um das Weibchen herumhüpfend auf Sicherheit bedacht ist, pickt da und dort und fliegt dann, ohne Fracht, der Baumaterialientransporteurin hinterher.

Großflächige, intensiv blaue Wolken am Osthimmel. Der Horizont darunter wolkenfrei, leicht schlierig, noch in Weißlichblau, mit leichtem Stich ins Rosa. Fenster auf. Vögel zwitschern kraftvoll; Gesang und monotones Pfeifen überlagern sich; und als Grundgeräusch das allgegenwärtige Verkehrsrauschen. Kühlere Luft. Fenster zu. Der Stich ins Rosa nimmt zu. Straßenlaternen erlöschen; kaum ein Auto auf der Deichstraße. Der Fluß und der Blick über den Fluß vom neuen Baumlaub fast vollständig verdeckt, nur wenige Durchblicke sind noch übrig, die einen silbrigen Schimmer zeigen. Auch der Lauf des Eichhörnchens verschwindet nun fast im Laub. Seine Ankunft ist nur durch den wedelnden Wirbel in den Zweigen sichtbar, der sich in einem Auf und Ab durch die Bäume der Wegstrecke zieht.

Die Wolken verlieren die Intensität ihres Blaus, werden grauer, dazwischen einige gebauschte weiße Wolken. Sie ziehen langsam von Osten nach Westen. Wenige Regentropfen laufen am Fenster herunter; dabei bleibt es erst mal. Hinter und zwischen den Wolken, ungleichmäßig wie willkürlich, da und dort Rosa-Intensitäten, an weißen Wölkchen, weißen Schlieren festgemacht. Fenster zu. Der wolkenfreie Osthorizont glasig, Hyazinthrosa bis Fliederrosa, über dem großen Dach eine lichte Purpurverdichtung. Der Wolkenhimmel nun großflächig marmoriert in hellstem Blau; und blauwolkig, rauchwolkig mit rosa Rändern, weißwolkig mit rosa Schimmer. Noch ist die Linde mit ihren besenartigen Trieben über den durch Schnitt verdickten Astknoten vor dem Reetdachhaus durchlässig. Noch zeigt sich das kleinste glutrote Glimmen, sobald es hinter dem Dach sichtbar wird. Die Sonne wird in nächster Zeit den Giebel des Daches entlangwandern und das dichte Grün der Birken erreichen und länger morgens unsichtbar bleiben. Die Scheibe, glutrot, steht auf dem Giebel des Daches, davor senkrechte Linden-Kahlbesenzweige, an deren Linien entlang die Sonne aufsteigt. Der blau-weiß-rosa-marmorierte Himmel dünnt sich aus, die Wolken werden kleiner, die Abstände zwischen ihnen größer; das Lichte nimmt zu. Das Glutrot der Sonne wird goldgelb, glänzend, blendend.

Wind kommt auf. Wolkenloser Himmel. Die Bücherausleihzettel der Staatsbibliothek fliegen durch den Raum; doch niemand irgendwo im Haus hat eine Tür geöffnet. Fenster zu.

Um das Haus herum ein entfesseltes Grünen und prachtvolles Blühen. Die Blüten der Kirschbäume bezaubern besonders, weil sie büschelig dicht an dicht rund um die Zweige herum angeordnet sind und an den geraden Ästen und der graphisch klaren Krone der Bäume wie ein weißer Blütenpelz erscheinen, der den Baum überzogen hat. Besonders wunderbar und ergreifend das kräuselnde Blühen der wilden Büsche und Sträucher von Schlehen, Weißdorn, Traubenkirschen und anderen namentlich unbekannten Gewächsen; der rosa-weiß blühende Magnolienbaum bei einem weiter entfernten Nachbarn wirkt dagegen fast grob und neben den dichten und feingliedrigen Strukturen viel zu großflächig. Relativierende Nachbarschaften, mit absolutierenden Wirkungen.

Ein raumgreifendes Wolkenpaar spannt sich vom Osthorizont aus schräg hinauf in den Nord- und schräg hinauf in den Südhimmel. Eos-Aurora, in ihrer bewegten Ausprägung lange vermißt, breitet ihr nahes und doch fernes Gefieder aus. Ihre graublau-flamingorosa durchwirkten Flügel, am Ansatz umgeben von einem hibiskusroten, den gesamten Osthorizont überlagernden, nach und nach fliederblau durchzogenen Wirbel, spreizen sich zu einem großen Siegeszeichen. Die gute alte Nike läßt grüßen, stellt sich semiotisch selbstlos zur Verfügung. Eos-Auroras Südostflügel verblaßt; zurück bleibt ein durchsichtiges Gerippe bogiger Schlieren, während sich der Nordostflügel weitet, streckt, glättet und nur an den inneren Ansätzen das Graublaugefieder mit dem grelleren Flamingo sich sträubt. Die Wirbelstruktur um die gespreizten Flügelansätze über dem Osthorizont, wie nach einer energiereichen Landung, führt wellig im Steg eine duftige Verbindung der Flügel herbei, schafft eine langsame Aufbauschung, horizontal dichte Ballung als Feld für den Sonnenaufgang. Noch liegt Eos-Auroras Gefieder, zart aufgelöst in Flieder und Hibiskus, über dem hellblauen Himmel, noch bestimmt der Wirbel ihrer Ankunft, luftig zerzaust, den Osthorizont. Der Südflügel verdichtet sich wieder, wird zu einer Art graublauer Rauchsäule, während der Nordflügel sich weiter nach Norden dehnt, zerdehnt, verfließt. Unterhalb der großen blau-weißen Spreizung, unterhalb des himmelweiten Siegeszeichens, dort, wo der Scheitel in die frisch ausgeschlagene Besenzweig-Krone der Linde ragt, bauschen sich horizontale Quellungen, die die Wolkenflügel langsam absorbieren, sie in sich hineinziehen oder vielmehr über sie hinwegziehend in sich aufnehmen. Noch vibrieren sie, noch flattern die Quellungen sachte im Wind, bevor sie die Bühne freigeben. Sie setzen ein längst hinterlegtes Licht frei, grüngolden zeigt sich die Sonne hinter der Verhüllung, die sie mit großem Glanz durchbricht. Der Beginn, jedesmal ein Abschied, vom schwebenden Sein dazwischen.

Durch den noch nicht ergrünten Alleebaum hindurch wird ein Birnbaum sichtbar, von wolkigen Blütenkaskaden überzogen; die struppige Linde hat über Nacht grasgrüne Blättchen hervorgetrieben, die wie winzige Wimpel in kleinen Abständen an dünnen Ästchen hängen. Hinter all dem die über alles hinwegragende, in der Sonne braunrot-glänzende riesige Baumkrone der fast über Nacht frischbelaubten Blutbuche, in deren kahl-transparentem Geäst sich kürzlich noch der frühe glutrote Sonnenaufgang vollzogen hatte.

Windrauschen. Hinter dem Haus schwankt die aus mehreren langen Armen bestehende Eibe, und die biegsamen Büschel der Äste purzeln in den böigen Windstößen umher wie eigenartig verspielte Tiere, wie verzweifelt panische Kreaturen aus Kafkas Welt.

Der erste Falter flattert am Fenster vorbei, hellgrün; und überhaupt die Flut der Insekten, der Fliegen und Käferchen! Nach der Chlorophyll-Explosion die Eiweiß-Explosion, diagnostiziert ein Freund am Telefon das jährlich wiederkehrende Geschehen.

Großer Scherenschnitt der Morgendämmerung, durch den ein rosa Schimmer fällt. Langer wolkenloser Horizont der Morgenröte im Osten bis in den Norden. Goldene Sonne steigt hinter dem Dach hervor. Tau aus der Göttin Amphore auf dem Schrägfenster.

*Details zu illegalen Verhörpraktiken der CIA während der Regierungszeit
George W. Bushs werden veröffentlicht; Folter in den USA.*

Fenster auf. Morgenkühle. Fenster zu. Rosa Schimmer über dem
Horizont bis in den Norden. Leichte Schlieren, fast wolkenlos. Ein
Kondensstreifen, rosa feurig beleuchtet, zieht senkrecht nach oben
wie beim Start einer Rakete, die unteren Teile reißen an, dehnen sich
aus und hängen wie geheimnisvolle rosa Zeichen am Himmel; die
energetische Spitze mit dem rosa Schweif zieht brodelnd weiter. Über
dem Fenster angekommen, ist ein winziges Flugzeug zu erkennen,
das aus zwei Düsen Streifen ausstößt, die ineinander übergehen, sich
zu einem Doppelstreifen verbinden. Parallel über der Morgenröte
am hellblaugrauen Himmel ein weiterer Kondensstreifen, leichte
Steigung, weißer Ausstoß mit langem Schweif ohne geringste rosa
Färbung. Die eigenartige Himmelserscheinung läßt vergessen, daß
Motoren sie erzeugen.

Über Nacht erblühte die Japanische Kirsche im kleinen Wäldchen. Über und über pinkrosa Blüten und braune Blättchen bedecken
die breite Krone des kurzstämmigen Baumes mit den tief angesetzten
Ästen. Ein Teil des Baumes ist von den Zweigen der Weide verdeckt,
ein Teil schaut dahinter hervor und ist sichtbar, dank der völlig unbe-
laubten Esche. Jedes Jahr die Frage: ist sie tot? Das Wäldchen ist jetzt
fast dicht, kaum ein Durchblick auf den Fluß und auf das andere Ufer.
Der Himmel erblaßt, wird heller. Konzentration von Orangerosa über
dem großen Dach. Dahinter steigt rotgoldglänzend die Sonne hoch.
Der Blick dorthin gelangt nur mit tiefer Beugung auf die Tastatur.
Haare, die längst geschnitten sein sollten, zwischen den Fingern, über
Buchstaben und Zahlen.

Entspannt im Schreibtischsessel lehnend, bleibt der Blick zum
Himmel über der Biegung des Flusses – wo zu Anfang des Jahres die
Sonne aufging – im Laub der Bäume hängen. Es wird einige Monate
dauern, bis dort die Sonne wieder aufgehen wird. Eine Möglichkeit
wäre, die Seite des Schreibtisches zu wechseln. Dagegen sprechen die

Kontinuität der Anordnung und die Absicht, in den nächsten Tagen das Konditionstraining für den vernachlässigten Sitzkörper wieder aufzunehmen. Er wird ab morgen in die Pedale treten müssen.

Fenster auf. Morgenkühle. Fenster zu. Rosa Schimmer über dem Horizont bis in den Norden. Leichte Schlieren, fast wolkenlos. Der Himmel erblaßt, wird heller; Konzentration von Orangerosa über dem großen Dach. Dahinter steigt rotgoldglänzend die Sonne hervor.

Und dann den Schreibtisch verlassen, das Haus verlassen; die Reinigung, die Bank, den Wochenmarkt, Bibliotheken aufsuchen. Und später, so schnell wie möglich, wieder zurückkommen, die Jacke über den Treppenpfosten werfen, die Welt hinter sich lassen und sie nicht mehr leben müssen, höchstens noch über sie reflektieren, sie in Erwägung ziehen.

Die Reinigung ist unerfreulich, riecht nicht gut, dauert aber nicht lange. Die Bank ist das Unerfreulichste: überaus korrekte, mechanisch freundliche, huldvoll lächelnde, herablassend hilfsbereite, ablehnend dienstbare, zuvorkommend abschätzige, geldaffirmative und phantastisch angepaßte Tempeldienerinnen; zarte Hände der Zirkulation, ein Meisterstück der Evolution. Unvermeidbarer wöchentlicher Ausstoß aus der Maschine; luftig, mit großen Zeilenabständen bedruckte Papierbögen und weitere Insignien unsinnigster Verschwendung; die kalte Sachlichkeit der Kontoauszüge wird zur abstoßenden Fratze der Zahlenkombinationen.

Flucht auf den Wochenmarkt: Traurige Tröstungen des Vegetabilen, traurige Tröstungen der ausgebreiteten Fleischstücke, der Fischopfer an das Leben. Tote Objekte und lebendige Metaphern auf rohen Planken dargeboten. Fleisch. Totes Fleisch als Speise; lebendes Fleisch der Erfahrung, inkarnierter Geist. Merleau-Pontys phänomenologischer Begriff »Viande« oder »Chair« als Erkenntnishintergrund leider bis heute unverstanden, aber inspirierende Kategorie der Wirklichkeit. Nichts für geistige Vegetarier.

Das Erfreulichste, der Bibliotheksbesuch, wenn auch unerfreulich manche Arten von Bibliothek; z. B. die Zentrale der Öffentlichen Bücherhallen, die auch ihren abonnierten Mitgliedern den Zugang zu den Toiletten verwehrt, wenn sie nicht zuvor eine Münze einwerfen. Abgesehen von solchen unwirtlichen Konkretionen ist Hans Magnus Enzensberger unbedingt zuzustimmen, wenn er schreibt, Bibliotheken zählen »zu den wahren Früchten der Zivilisation«.

Aber nicht alle sind in dieser Zivilisation, wenn auch schon in den Bibliotheken angekommen. Laut sprechende Menschen in Bibliotheken sind höchst unerfreulich; besonders Mütter mit ihren kreischenden, quengelnden, nörgelnden Kindern, die auch auf dem Weg zur Kinderbibliothek keine Ruhe geben können, und die Mütter, die zur Komplettierung des Wirrwars schreiend laute, aber wirkungslose Befehle erteilen und die gleichzeitig am liebsten noch autofahren, rauchen, essen und telefonieren würden, wenn es möglich und gestattet wäre, und Wasser aus einer PET-knarrenden Zweiliterflasche trinken, ihre Rucksäcke schwungvoll drehend wendend sich zurechtrücken und Nebenstehende fast zum Stürzen bringen und dabei immerfort ihr hellbraunmattes Matratzenhaarwelliges oder blondes Strähniges oder mahagonirot Geflochtenes über die Schultern und den an ihnen Vorbeieilenden und den Tumult schnell hinter sich lassen Wollenden ins Gesicht werfen. Bei so viel Aktivität lassen sich Kinder nicht erziehen, läßt sich ihnen nicht beiläufig und unautoritär erklären, daß eine Bibliothek – ein Bezirk des Lesens, ein Areal der Stille – zu den wahren Früchten der Zivilisation zählt. Nein, nie und nimmer. Ich schreie, also bin ich und verfüge über den Raum, den ich schreiend besetze. Ich schreie, also bin ich, und wie! Ich schreie, und ich bin, und meine um mich kreisenden Kinder sind schreiend mit mir. Ich, unübersehbar, unüberhörbar Mittelpunkt der Erde: Mutter!

Ein Glück, die Bücher aus dem Regal zu schnappen und weg. In der Staatsbibliothek liegen die bestellten Bücher bereit; hin und wieder der Zwang, in den Leesesaal zu eilen, der zwar ziemlich überfüllt ist, dessen ruhige Ausstrahlung der Bücher jedoch wohltut; kein Getöse. Wie überhaupt Bibliotheken zu den angenehmsten Räumen gehören, die Menschen sich schaffen; wie Kirchen, wenn nur nicht die Behauptung Gott dort herumspukte.

Fenster auf. Morgenkühle. Fenster zu. Über dem Fluß bewegen sich hauchzarte Nebelwolken flußaufwärts, wie Rauchfahnen vom Grill, wie sie am Sonntagnachmittag über der Gegend hingen von einer Familie, die im Wäldchen am Fluß lagerte, angelte und die gefangenen Fische briet. Rosa Schimmer in höchster Klarheit über dem Horizont bis in den Norden. Leichte Schlieren dort, sonst wolkenlos. Im Oberlicht ein Hubschrauber, von einer Klinik im Norden kommend, mit verhaltenem Fauchen. Der Himmel erblaßt, wird heller; Konzentration von orangerosa Lichtglanz über dem großen Dach. Wieder der Hubschrauber im Oberlicht, in entgegengesetzer Richtung. Hinter dem Dach steigt durch die Birke goldglänzend die Sonne empor.

Aus den Zweigen der großen Sommereiche hinter dem Haus am Ufer des Flusses sind über Nacht senfgrüne Wirbelchen hervorgebrochen, Wirbelchen aus kleinsten Blütenbögen und noch gefalteten Blättchen. In Nachbarschaft zu dem grasigen Blattgrün der anderen Bäume und der Holunder- und Fliederbüsche wirkt die Eiche wie ein seltsames, uraltes Gebilde aus Borke und Flechten, während die Roteiche an der Deichstraße längst ihre kleinen, frisch hellgrünen Blätterchen entfaltet und geglättet und darunter büschelweise üppig honiggelbes Blütengehänge hervorgetrieben hat.

Tagelange langsame, tagelangsame Entfaltung der Apfelblüten: gewölbte Knospen, umfaltet umschlungen von den rosa Seiten der unteren Kelchblätter mit apfelgrünem Ansatz, von einem Rosa zugleich zart und innen grell wie eine Morgenröte; weiße Blütenblätter mit rosa Rändern, die je, mehr sie sich öffnen, um so weißer werden.

Fenster auf. Morgenkühle. Feuchter Wind. Wolkenzug aus dem Norden. Blaugraues Quellen, Ziehen, Ballen am Himmel, helle Lichthöfe, die schnell wieder zugeschoben werden. Keine Spur von Morgenröte. Ende der Klarheit am Horizont; verdeckt, bedeckt. Im Wäldchen und in den anderen Bäumen ein grünes Gewoge. Unter dem Ahornbaum, geschützt, aber auch ums Licht gebracht, der kleine Zierapfel, ein grüner Fall zu einer Seite, übersät mit morgenrotrosa Kugelknospen.

In der blendungsfreien Trübnis des Morgens wirken die Farben noch intensiver, die blühenden Blütengehänge der Japanischen Zierkirsche noch leuchtender in ihrem bräunlich grundierten Rosa. Der Alleebaum am Rand des Wäldchen, mit dem stockgeraden Stamm und dem hübsch geformten Gezweig mit den Zeichen einer Asymmetrie, wogt wolkig in seinem frisch entfalteten, pelzigen Silbergrün, überragt von einer gelbgrünen Ulme, die ihre Zweige expansiv in seine Krone schiebt. Auf der anderen Seite des Flusses schwappt Angeschwemmtes, von den Bäumen Gefallenes in den kleinen Buchten des Ufers: Blätterkapseln und abgestoßenes Altlaub. An den ins Wasser hängenden Büschen versammelt sich flächig schwimmend – gelblich, grünlich – feinster Blütenstaub. Fenster zu.

Nach dem frühmorgendlich mehr oder weniger halsrenkenden, nackenbeugenden, kopfwendenden Blick aus dem Fenster, nach dem unbeweglichen, starrköpfigen Beobachten Fitneß auf der anderen Seite des Schreibtisches; Fahrrad stationär, Ergometer genannt, mit verschiedenen Uhren, Anzeigen, springenden Zahlen, kippenden Tabellen; Draht zum Ohrläppchen wird nicht angeschlossen; um einhundertachtzig Grad gedrehter Bildschirm, Video on Demand, passend auf die Trainingszeit abgestimmter Serienschaum oder z. B. »Die Kulinarischen Abenteuer der Sarah Wiener«, um beim Treten nicht vor Langeweile vom Sattel niederzugleiten auf das benachbarte Sofa – vorzeitig –, wo sich auf Armlehne und Kopfpolster und Beistelltischchen die gerade aktuellen Mittagsschlaf-Bücher häufen und eine separate Lesebrille für alle Fälle deponiert liegt. Auf dem Rücken liegen, lesen, dösen, ein Buch in den erhobenen Händen haltend; bevorzugt ein schmaleres, ein leichtes, ein gut lesbares Buch; die Schrift darf nicht zu klein, die Linien dürfen nach innen hin nicht zu weit laufen; ein Buch wie »Passacaglia« vielleicht oder »Das tägliche Leben«; keine schweren Bücher, die die Arme erlahmen lassen und eigentlich in mehrere Bände zerlegt werden müßten, wie z. B. »Buch der Erinnerung«; aber vor allem keine Bücher, die erfordern, daß man die winzigen Buchstaben entziffern oder den Text geradezu aus dem Falz herausbrechen muß wie bei manchen Taschenbüchern.

Kurzer Blick aus dem Fenster: bedeckter Himmel, Wolken. Darüber ein Überwurf schmutzig-bräunlichen Rosas. Worauf warten? Nach einer Weile Unentschiedenheit steht dem Weg zurück ins Bett nichts entgegen. Kein glamouröser Eos-Aurora-Auftritt, kein phänomenologischer Sonnenaufgang wird verpaßt. Treppe hoch, nur noch schlafen; und gegen alles Wissen hoffen, schlafwarme Arme mögen in einer große Welle existentieller Erlösung über einem zusammenschlagen. Doch sie schlagen nicht zusammen, die Erlösung bleibt aus.

Fenster auf. Morgenkühle. Lauter, vielstimmiger Gesang der Vögel. Dauert er nicht schon die ganze Nacht an? War nicht in der Nacht zuvor schon eine Nachtigall bis in den frühen Morgen zu hören gewesen? Fenster zu.

Dafür, daß Nachtigallen in der Nacht singen, spricht ihr Name und zeugt der nordischste aller deutschsprachigen Dichter, Theodor Storm, in seinem Gedicht von der Nachtigall, deren komplizierte Töne sogar die Vegetation stimulieren: »Das macht, es hat die Nachtigall / die ganze Nacht gesungen. / Da sind von ihrem süßen Schall, / Da sind in Hall und Widerhall, / Die Rosen aufgesprungen.« Und Shakespeare, wie Kollege Storm ebenfalls kein Ornithologe, verkündet mit der dramatischen Stimme Romeos, daß es noch nicht Tag ist, daß es der Gesang der Nachtigall war und nicht der der Lerche: »It was the nightingale, and not the lark ...« Der Liebhaber wollte seine Liebste länger bei sich behalten und beruhigen. Doch bis in den frühen Morgen zuweilen singt die Nachtigall ihren abgrenzenden Reviergesang. Sie singt, während sie im Baum sitzt, die Lerche singt später am Morgen während des Fluges, denn nur sie kann gleichzeitig singen, atmen, fliegen. Hat Romeo sich geirrt oder der Autor Shakespeare?

Die Nachtigall sang kleinteilig, wie kleinlaut, doch eine Ahnung vom kommenden Wohlklang war schon zu vernehmen, wenn auch noch unentfaltet. Sind es erste Stimmübungen? Ist sie noch entkräftet vom Rückflug aus Ägypten; Nightingale's Jetlag?

Am Fenster stehen, Ellbogen auf den Fenstergriffen, Kopf auf den Armen: Schlafen und Wachen und hin und wieder Schreiben, Protokollieren. Nachtigalliges Einsamkeitsjubilieren bis Müdigkeitskrise. Frühaufstehkrise trotz Frühlingsrausch. Protokollkrise trotz glanzvollster Morgenröten, deren minimale Variationen jedoch zunehmend erschöpfen.

»Zu früh oder zu spät? Ist es eigentlich morgens oder schon Abend? Noch Lerche oder schon Nachtigall? Morgens ist zu früh, abends zu spät. Oder umgekehrt? Morgens zuviel Dunkelkaffee, abends zu viel Morgenrotwein«, sinniert der an sich selbst und zeitlich verwirrte Bewußtseinsstrom und zieht ein paar Stunden, Tage, Wochen Schreibzeitpause in Erwägung; Reset. Schreibpause mit Zeit zum Ausschlafen; Zeit zum Ausschlafen und Lesen; Zeit für ein entspanntes Leseprogramm; Lesen, ohne gleichzeitigen Zwang, darüber zu schreiben; Zeit zum Kochen, Baden, Haarewaschen.

Bei einem der letzten Stadteinkäufe – nach den üblichen Behörden-, Arzt-, und Bibliotheksbesuchen – in einem Drogeriemarkt eine Reihe preiswerter und kaum parfümierter Körperpflegemittel in einfachen, soliden Plastikflaschen entdeckt, deren aufdringlich kreischende, neonfarbene vorder- und rückseitige Namens- und Textschilder in Gestalt aufgeklebter Folien den Vorteil haben, sich komplett entfernen, rückstandslos abziehen zu lassen; mit einigem Geschick, an einer mit dem Fingernagel leicht angehobenen Ecke, mit einem zupackend schrägführenden Ruck – ratsch – diagonal weg über die zunehmende und dann wieder abnehmende Abrißlinie. Zurück bleiben unspektakulär monochrome, trapezförmige Plastikflaschen, höchstens mit einem farblich abgesetzten Deckel, formal schlichte Kunststoffbehälter, die sich demütig in die Räume täglicher Anwendung einpassen und nicht schrill und überambitioniert Fliesenwände und Frotteehandtücher, Duschkabine und Badewanne in den Schatten zu stellen sich anheischig machen.

Ginge es nach den Marketingstrategen und Produktdesignern der Körperpflege- und Reinigungsmittel-Industrie, würden unsere Badezimmer von einer Kollektion ästhetisch obszöner Objekte, wie jungmädchenpink-silbernen Sprühflaschen, giftgrünen Tuben, türkisblaugold-melierten bis schwefelgelbrosa-gepunkteten und dunkelmagenta-gestreiften Doppel-und Terrassendosen dominiert, die sich gegenseitig die Show stehlen und ins Abseits konkurrieren; wobei alle zusammen – vereint in ihrer maßlos übertrumpfenden Häßlichkeit zur Unterschiedslosigkeit verdammt – in einer grellen Explosion untergehen.

Vielleicht eine von ihren tomaten- und silbertürkisfarbenen Etiketten befreite opak mattschwarze Plastikflasche fügt sich relativ störungsfrei in das Schwarz-Weiß und Grün des Badezimmers ein. Doch unter der Dusche, mit der Öffnung des Deckels, mit einer 180-Grad-Drehung der Flasche und einem forcierten Fingerdruck, nicht etwa, wie zu erwarten: antipodisch Weiß, vielleicht nur weiß-milchig oder sogar, highly-sophisticated, farblos-durchsichtig; statt dessen: ein Schwall tiefdunklen Rots; und richtet ein unbeschreibliches Blutbad an.

Kunststoff, Plastik: Zum Gegenstand der wenig anmutigen, wenig poetischen Substanz der industriellen Plastiktuben, Plastikflaschen; laut dem französischen Altphilologen und Semiotiker Roland Barthes benannt nach den Namen griechischer Hirten: »noms de berger grec (Polystyrène, Phénoplaste, Polyvinyle, Polyéthylène).« Seinen alltagsmythologietheoretischen Artikel aus den fünfziger Jahren noch einmal nachlesen; sofern noch Zeit bleibt für die Frage: semiologischer Träger, wovon?

Arme auf den Fenstergriffen. Hibiskusrosaroter Horizont im Norden, der im Osten durch die Baumkronen schimmert. Nur einige Wolken im Norden, die sich streifenartig schrägen, noch hibiskusrosaroter als der Hintergrund. Ein glühend hibiskusrosaroter Kondensstreifen schrägt in den wolkenlos blaugrauen Himmel, verliert von seinem glühenden Glanz, wird wolkiger, fängt von hinten an sich aufzulösen, in rückenwirbelförmige Stücke zu brechen. Über dem Nordosthorizont bleiben lange ein kurzes und ein längeres gebogenes Stück, wie das Semikolon einer glühenden Schrift, hibiskusrosarot im hibiskusrosaroten Morgenrot stehen. Der Nordhimmel nimmt eine fliederfarbene Tönung an, die glasige Transparenz wird streifiger, unruhiger, weitere Kondensstreifen schrägen dazwischen, weiß, düsig, wolkig. Am halbhohen Himmel, am Übergang zum Graublau schleirig-schlierig weiße Wölkchen. Erhellung des Horizonts blaßrosa, blaßflieder. Der Hamburger Sonnenaufgangskalender vermerkt den Sonnenaufgang für sechs Uhr. Doch es erstrahlt nur eine Konzentration von Orangerot am Ende des großen Reetdachs zwischen den Bäumen. Fenster auf. Großes Jagen, Rumpeln und Tosen auf der Autobahn. Der Gesang der Vögel scheint schwächer geworden zu sein. Erschöpfung nach einer langen Nacht der Arien? Graugänse landen mit munterem Getöse und, wie es scheint, völlig ausgeschlafen im Fluß inmitten der Nebelschwaden. Auf dem Weg zur Treppe nach oben Blick aus den anderen Fenstern, ein überwältigend festliches Blühen: Kastanienblütenkegel, Apfelblütenkaskaden, Flieder in hellem Lila, wie die feministischen Latzhosen in den Vorlesungsräumen der siebziger Jahre; in dunklem Ritual-Violett katholischer Kardinäle, in grünlichem Spargelcremeweiß, wie das grünliche Cremeweiß in den Asparagus-Lithographien von Jean Fautrier nach einem Gedicht von Francis Ponge, der – nach dessen Tod – voller Schmerz in einer seiner Bemerkungen schreibt: »O mein Fautrier, meine Flamme, ich werde nie deinen Indianerblick vergessen. Ich habe gesehen, wie ein Busch auf dem Berg brannte und dann eine Zypresse.«

MAI

Die runde Uhr – noch immer nicht aufgehängt – in der rechten Ecke der Fensterbank verkantet, zeigt kurz vor fünf Uhr. Fenster auf. Luft wie im Treibhaus; duftend, und feucht vom Regen der letzten Tage. Und sie vibriert vor Vogelgezwitscher. Doch die Nachtigall, die die letzten Nächte bis in den Morgen ihr einsames Lied gesungen hat, ist hier nicht zu hören. Sie ist schwer zu lokalisieren. Vermutlich sitzt sie in der großen oder mittleren Zypresse an der Grundstücksgrenze auf der anderen Seite des Hauses, hinter dem Gartenhäuschen, hinter dem formalen Garten mit seinen frisch gekappten Buchsbaumumrandungen und frisch gerundeten Buchsbaumkugeln. Wenig Verkehrsrauschen. Der Durchblick zur Autobahn ist fast vollständig von belaubten Bäumen, Baumgruppen, kleinen, dichten Forsten und Schonungen verstellt. Nur an einer Stelle lassen sich die vorbeiflitzenden Autos an ihren Scheinwerfern erkennen. Es sind weniger als sonst. Am Tag der Arbeit ruht die Arbeit, wird reflektiert, politisch kommentiert. Fenster zu. Der weite Horizont im Norden und im Osten zwischen und über den Bäumen ist türkis gefärbt, wird fliederfarben, hyazinthfarben, hibiskusfarben. Ein Gefährt mit Blaulicht, doch ohne Sirene fährt unten auf der Deichstraße vorbei. Ein Feuerwehrauto? Vom Schreibsessel erheben und durch die Zimmer zur anderen Seite des Hauses gehen. Doch durch die Westfenster ist auch nur ein dunkler Umriß zu erkennen. Das Blaulicht versickert in den Alleebäumen.

Müde vor der Tastatur. Kaffee vor dem Frühstück ist verboten, entschieden in langer, gemeinsamer Tradition mit Dir. Aber was bedeutet jetzt noch die Gefahr einer Magenschädigung? Kopfneigung nach links. Der rechte Fensterflügel ist fast vollständig gefüllt mit dem morgengrauen Grün der Bäume, die linke obere Ecke und das gesamte Oberlicht zeigen Himmel: hellgraublau, wolkenlos. Der linke Fensterflügel ist halb gefüllt mit dem Grün der Bäume, läßt unten noch ein Stück Straße sehen. Das Dach, hinter dem der Sonnenaufgang des letzten Monats vonstatten ging, ist von Baumgrün verdeckt. Darüber ein Stück Himmel: Ausläufer der Färbung des Morgenrots. Der Blick auf die Morgenröte, auf die Vorbereitung des Sonnenaufgangs verlangt ein Aufstehen vom Sessel, ein ans Fenster treten, wenn auch nicht Öffnen des Fensterflügels. Die Blüte der japanischen Zierkirsche ist vom eigenen Blattgrün verhängt, darüber hinaus fast vollständig verdeckt von der großen Weide. Und die Esche? Sie ist immer noch ohne Blatt, ohne Leben. Der Sonnenaufgangskalender für Hamburg notiert den Sonnenaufgang für heute um 5.45 Uhr. Arm auf den Fenstergriffen, Kopf auf dem Arm, Blick auf den zartrosa, zarthellblauen Himmel mit kleinen waagerechten, von einem rosa Schimmer überzogenen Wölkchen. Ein Notfallwagen, rot, kommt ohne Blaulicht zurück, verschwindet im Grünschwall der nächsten Biegung. Müde vor der Tastatur; die Brille rutscht von der Nase; keine muntermachende, aufregende Himmelssensation reißt vom Stuhl. Auch Eos-Aurora läßt die Arbeit ruhen; heute höchstens Notprogramm, Sparprogramm; minimale Merkmale, nur zum Beweis der Anwesenheit. Arm auf den Fenstergriffen, Kopf auf dem Arm, orangefarbene Erglänzung im Blickfeld. Und dann ein tiefroter Glutpunkt zwischen den Birken, dort, wo das große Dach nicht mehr hinreicht, ein zwischen den Zweigen verlaufender tiefroter Glutfleck, der sich steigend zu einer glühend orangeroten Scheibe zusammensetzt, rotgold, gelbgold; immer wieder im Gezweig fragmentiert.

Nachtrag: Blick aus dem Giebelfenster ein Stockwerk höher. Eine Goldglanzsonne schwimmt in einem Goldglanzsee am Himmel.

Leseprogramm auf der Suche nach dem literarisch Verwandtschaftlichen, Geschwisterlichen: Orhan Pamuk: »Aus dem Fenster schauen« und Urs Widmer: »Vom Fenster meines Hauses aus«. Vordergründige Übereinstimmungen; idealisiert. Doch man weiß: ein Titel läßt nicht umstandslos auf den Text schließen; ein Titel ist kein Programm. Und trotzdem: Startermagie der Worte: aus dem Fenster …; Blick aus …; schauen …; vom Fenster …; Erwartung, einsame Sehnsucht nach der Begegnung an einem gemeinsamen Ausgangspunkt. Es könnte Verbindungen geben. Doch: keine intellektuellen Parallelen, keine familiären Annäherungen, nicht einmal komplizierte

Verwandtschaftsähnlichkeiten, etwa von Perspektive oder Struktur. Weder bei Pamuk noch bei Widmer; am wenigsten bei Widmer, dessen Erzählkleinprosa überraschend reich an großen Überraschungen ist.

Überraschungen, phantastische Sprünge passen nicht zu einem rigiden Schreibprogramm am Tropf sich wenig wandelnder Himmelserscheinungen frühmorgens zur Sicherung des emotionalen Überlebens. Noch fast zweihundertvierzig Morgengrauen bis zum Ende des Jahres.

Fenster auf. Ätzender Brandgeruch hängt in der Luft. Es knistert. Im Wäldchen feuern seit gestern abend Nachtangler. Die Nacht war voller Unruhe; Rufe, laute Gespräche, die sich über das Wasser verbreiteten; Rauch, Knacken von Ästen. Der köstliche Frühlingsduft ist von einem ekelhaften Gestank überlagert. Langsame Bewegungen dunkler Schemen am Ufer. Fenster zu. Ein Graureiher fliegt mit breiten Schwingen gemächlich über die Bäume Richtung Morgenland. Jetzt in seinem Nacken sitzen, wie Nils Holgersson auf seiner Gans; sich über die Verluste im Leben, den dunklen, unauflöslichen Schmerz, auch über die Beschwernisse des Alltags erheben, dem Licht entgegen.

Der weite Horizont im Norden und im Osten zwischen und über den Bäumen färbt sich hibiskus- und orangefarben. Eine glühend orange-hibiskusfarbene Leuchtspur zieht den Himmel hoch. Fernes Grollen des Flugzeugs; Knurren, Murmeln vermischt sich mit dem Rauschen der Autobahn. Die schmale Durchsicht zur Doven Elbe zeigt den matten Wasserspiegel der Jahreszeit: die Oberfläche ist über und über mit Pollen und den flauschigen Abfällen der Bäume bedeckt. Horizonterhellung: wolkenlos, glasklar, hyazinthrosa, hibiskusrosa mit Orangeglanzverdichtung hinter den Birken. Kurze Kondensstreifenkratzer am Himmel. Hoch- und freistehende Orangegoldglutscheibe inmitten der Orangeglanzverdichtung.

Wolken, regnerisch. Keine Spur von orangehibiskusfarbener Morgenröte, kein phänomenologischer Sonnenaufgang. Ein Grauschleier liegt über dem strahlenden Grün der letzten Tage. Doch intensiv: die fuchsien- bis magentafarbenen, ansonsten unscheinbaren Blüten des Storchschnabels, die mit kleinen Köpfchen auf hohen Stengeln leuchtend über der grüngeschlossenen Decke des verzahnten Blattwerks stehen. Ein Vegetationsmotiv, das sich über das gesamte Grundstück zieht; der verzweifelte Versuch vieler Jahre, die Verkrautung und Wildheit mit einer hilfreichen, fast nichts übelnehmenden Pflanze einzudämmen; in der Performanz-Sprache der Gärtner »Bodendecker« genannt; und: »dankbar«.

Wolken, regnerisch, wie am Morgen zuvor.

Wolkendecke. Graue, undurchdringliche Wolkenwand im Osten. Regen. Tagesanbruch ohne Morgenröte. Wind, wogendes Grün der Bäume. Fenster auf. Kühle Feuchte; Abkühlung. Fenster zu. Es knistert in den Rohren; die Heizung hat sich wieder angestellt.
Ratlosigkeit spiegelt sich im Monitor angesichts glanzloser Sätze.

Wolkendecke. Graue, undurchdringliche Wolkenwand im Osten. Regen. Tagesanbruch ohne Morgenröte. Wind, wogendes, düsteres Grün der Bäume. Fenster auf. Kühle Feuchte. Fenster zu. Der Ahornbaum geschmückt wie ein Festbaum; über und über voll von gelblichen, traubenartigen Blütengehängen; auch die anderen Ahorne auf dem Grundstück mit den gleichen Blütengehängen, der typischen Blütenform des Feldahorns, wie sich dem abgegriffenen, vielbenutzten »Pareys Baum- und Blumenbuch« entnehmen läßt. Der Wind aus Richtung Südwesten dreht die hellgrünen Unterseiten der schon

dunkler gewordenen Blätter nach oben. Er scheint die Bäume geradezu umstülpen zu wollen und verdreht ihnen die Äste wie die Arme
balgender Kinder. Die ehemals blühende Kaskade des Zierapfels ist
verblüht, statt der herrlichen pinkfarbenen Knospen und weißen
Blüten, statt der flutenden Kaskadenschönheit ein grünes Geblätter
durchbrochen von zerzausten, struppig braunen Überresten. Während
die grünsilbernen Blätter der großen Weide die Blütenstände an Länge
längst eingeholt haben, sind die grünen Samenrüschen der Ulme im
Wäldchen schon gebräunt wie vergilbtes Papier und bestimmen das
Aussehen des Baumes, da die Äste in dichten Büscheln davon besetzt
sind; nur wenige Laubblätter am Ende der Äste, an den äußersten
Zweigspitzen, die als grüne Schwänze im Wind wedeln. Wann war
es, daß sie in Blüte stand? Düsteres Baumgewoge; darüber hinweg
ziehen blaugraue Wolken.

Wach werden durch den ununterbrochenen Ruf des Kuckucks; gleichmäßig, eindringlich. Zweitakter, Kinderflöte des Frühlings. Und ein
anderer Aspekt: Erfolgsmeldung einer gelungenen Täuschung.

Wolkendecke. Graue, undurchdringliche Wolkenwand im
Osten. Regnerisch. Tagesanbruch ohne Morgenröte, höchstens einige rotbraune Flecken am Himmel. Kein Wind: unbeweglich die
Bäume. Fenster auf. Kühle Feuchte. Lauter, wohltönender Gesang in
der großen Weide. Immer wiederkehrende Variationen in großer Vielfalt, kurze Melodien, Gezwitscher, Pfeifen. Eine Amsel? Fenster zu.

Die Fingerkuppen lagern bereit auf den Buchstaben, entschlossen zu notieren, was das Fenster zum Draußen in seinem kleinen
Ausschnitt sichtbar werden läßt. Die hellblauen, etwas ausgefransten
Baumwollfeinstrickärmelbündchen des Schlafanzugs, die unter der
Strickjacke hervorschauen, wirken fremd auf dem technischen Silber
und Weiß der Tastatur, wirken wie aus einer anderen Welt, der Schlaf-
welt, der Welt des Traums, des Unbewußten; der Welt des entspannten
oder entspannungsbedürftigen Körpers. Ärmelbündchen sind gemüt-
lich, weich, anpassungsfähig, vertraut seit der Kindheit; die Tastatur

mit ihren eckigen Tasten – plan ohne romantisches Entgegenkommen für die Fingerkuppen, ohne Zugeständnis an die Ergonomie – absolutes Design; immerhin körperlich orientiert an zwei Händen und zehn Fingern. Warum ein Design der billigen Verblendung und nicht ein kostbares Design des langen Gebrauchs in Schönheit? Warum nicht eine wert- und nachhaltige Tastatur, in die nicht der tagtägliche Staub einzieht, und die resistent ist gegen Tränen und Tropfen aller Art? Keine Chance bei Kauf-ein-wirf-raus-Gegenständen. Es gibt auch keine Reparatur mehr: kein neuer Kondensator für Gerät X, keine ledernen Ellbogenflecken für England-Jacke Y; keine Anhänglichkeit mehr an Dinge einkalkuliert und eingeplant, geradezu hinausgeplant. Wie es scheint, erfolgreich. Die Menschen nähern sich immer mehr als totale Konsumenten dem Ideal der Warengesellschaft.

Wieder Wachwerden durch den ununterbrochenen Ruf des Kuckucks kurz vor fünf Uhr in der Frühe. Fenster auf. Kühle Feuchte. Arie der Amsel. Fenster zu. Ein zerfetzter Wolkenhimmel wie nach einer Sprengung. Mattblau und Rosa. Fügung der zerstreuten Einzelteile in größeren Wolkenbänken, dann wieder Auseinanderziehen in gekräuselte, gefiederartige Duftigkeit; Grau-Weiß-Blau mit rosa Tönung hoch oben. Hibiskusrote Konzentration hinter der Birke, wie eine Flüssigkeit, auslaufende Glut.

Kaffee: die einsetzende Unruhe verstärkt die Müdigkeit; lähmende Müdigkeit und zittrige Unruhe mindern Blickkonzentration. Beobachtungsfunktion gestört, Schreibfähigkeit herabgesetzt.

Weniger Wolken, kleiner Wirbel zieht Streifen, Fäden. Glanz zur Glut.

Kuckucksruf. Hibiskusfarbener Taumorgen, feuchte Schrägfenster. Der Regensturm von gestern abend ist noch nicht vergessen. Eos-Aurora umgeben von Cirrus; zarteste Wolken, gekämmt, gescheitelt. Blendender Kaltglanz hinter der Birke.

Langer Tag am Schreibtisch, ohne Gang in den Garten. Unbewegliche Trauer. Kläglicher Versuch, an einem vor längerem angefangenen Gedicht weiterzuschreiben. Stattdessen: Gedichte lesen. Flucht in den Schlaf tags; Flucht ins Lesen nachts: »Der Flug der Vögel lässt auf Deutung warten. / Das Haus, umblüht von Flieder, schweigt. / Du bist weit fort, und nichts kann mir verraten, / was dich auf welche Wege treibt. / Der Wind frischt auf, als ich nach draußen gehe, / und barfuß auf dem Rasen steh, / der Regen wäscht den Frühling aus den Blüten / von Japankirsche und Forsythie. / Doch ist das Himmelsgrau kein Omen, / der Wolkenbruch ist kein Symbol – / in all dies Sinn zu lügen, ist vergeblich, / ein selbstbetrügerisches Spiel. / Denn nur das Ding zählt, das sich ändert: / Entfaltung, Welken, Innenblitz. / Dein Brief, der heute kam, weicht auf im Regen, / die Tinte tränkt den Gartentisch.«

Computer-Start-Blitz. Matt milchweiß leuchtet der Bildschirm. Blick durch das Fenster in den noch düsteren, frühen Morgen. Versuch, blind zu schreiben, ohne Licht anzuschalten. Aber wer kann schon schreiben, ohne zu sehen, wer kann schon blind schreiben, außer Kafkas Freundin Grete Bauer und ihre Kolleginnen und Kollegen Schnellschreibakrobaten. Wer hat schon in der Schule oder während der Studienzeiten einen Schreibmaschinenkurs absolviert, als es um Wichtigeres ging, als geschwind und tippfehlerfrei maschinezuschreiben? Und nun, da der Text nicht mit Blick auf die Tastatur entsteht, rächt sich das Versäumnis: kein Satz ohne Fehler; fortwährender Korrekturprozeß. Dazu zwitschern, pfeifen, trillern die Vögel in höchsten Tönen. Fenster auf.

Das Morgenkonzert in vollem Gang. Die ganze Nacht hindurch hat wieder die Nachtigall gesungen, und von vielen Seiten hat es Antworten gegeben. Der Kuckucksruf ertönt aus größerer Entfernung, später setzt ein weiterer ein, aus einer anderen Richtung, Kuckucks-rufüberlagerung. Die Arie der Amsel erklingt in einem der Bäume des Wäldchens, dazu ein Gezirpe unbekannter Stimmen – wie es sich anhört – voller Inbrunst. Vögel sind keine Philosophen, sie singen ohne Reflexion, sie kennen keine Negation und sind nicht im Besitz einer zweifelhaft großen Idee mit Namen Gott, und sie wissen nichts vom Tod. Was für ein Leben!

Die grünen Massen der Bäume verharren regungslos. Kühle, trockene Luft strömt ins Zimmer, kühlt die Beine in der dünnen Schlafanzughose ab. Immer noch Wollsocken. Wie wunderbar wäre es jetzt, fließend blind zu schreiben, die Morgenröte mit sicheren Fingern abzuschreiben.

Im Nordosten färbt sich der Himmel rosa und lila wie cremiger Muttertagsflieder. Der Osten ist geschichtet in helle und mittlere Blaus und leichte, krause Wolkenstreifen. Zwischen den blauen Strei-fen, Schichten zieht ein intensives Orangerosa vom Nordwesten aus in den Osten hinein. Und die Kräusel-Streifen darüber nehmen eine rosa Tönung an. Allmähliche Erhellung. Der Kuckuck ruft immer noch, aber das große, vielstimmige Konzert ist zu Ende. Fenster zu.

Fenster auf. Lauter Vogelgesang klingt aus Bäumen und Gebüschen, gemischt mit Verkehrsrauschen. Großgemusterte Wolkendecke in dunklem Graublau, am Nordosthorizont kontrastiert von einem schmalen Streifen leuchtendem Hibiskusorange, angelegt in waage-rechten und schrägen Schraffuren, die sich nach Osten hinter den Bäumen verlieren. Es ist fast fünf Uhr, der Sonnenaufgangskalender gibt den Sonnenaufgang für heute in einer halben Stunde an. Der Streifen Morgenröte zieht sich nach Norden hin. Fenster zu. Müdig-keit, Lustlosigkeit breitet sich aus. Unwille, den Tag zu beginnen. Die heute anliegende Steuererklärung wirft ihre Schatten voraus. Die Aussicht auf Stunden gefüllt mit Zahlen läßt im Magen ein hohles Gefühl aufsteigen. Fenster zu. Intensitätsareal des Hibiskusorange hinter den Bäumen. Fenster zu. Die bevorstehende Zahlenqual schlägt sich schon körperlich nieder: Nackenschmerzen, trockener Mund, ärgerliche Verstimmung; Unruhe gemischt mit Lethargie. Fenster auf. Der Streifen Morgenröte verbreitet sich, steigt – heller, leuchtender werdend – in das dunkle Graublau der Wolken hinein. Delikater Kontrast. Hibiskusrosa, malvenrote, fliederlila Übergänge. Zahlenattacke. Fenster zu. Zahlen im Gegensatz zu Buchstaben. Ein wunderbares, irisierendes Blütenfarben-Leuchten am Horizont. Zahlen quälen mehr, quälen anders als Buchstaben. Und dann ist sie wie abgeschaltet, die Aureole des Blütenfarbenlichtleuchtens. Dämmernde Helligkeit, der Tag beginnt. Fenster zu.

Fenster auf. Lauter Vogelgesang, aus der sich das nahe Solo der Amsel hervorhebt. Fenster zu. Wolkenloser Himmel. Weiter, hellhibiskusrosa Nordhorizont, der sich bis in den Osten hinter die hohen Bäume zieht. Der gleichmäßig irisierende, fast opak gläserne oder porzellanene Saum, dort wo die rosa Morgenröte in den hellgraublauen Himmel übergeht, schimmert gelblich, weißlich; mit viel Licht. Der hellhibiskusrosa Streifen verbreitet sich, der Saum zieht hoch. Fenster auf. Der Blick nach Norden, aus dem Fenster gelehnt, geht über die Glasdächer der Gewächshäuser, über die Wiesen- und Baumpartien bis zur Autobahn, an den hohen zwei- und dreistöckigen Strommasten und dem großen Sendemast hinter der Autobahn vorbei bis zu den fernen Silhouetten der hohen Häuser von Lohbrügge. Die Strommasten am Horizont führen Strom aus dem Atomkraftwerk in Geesthacht. Zwischen den bogig durchhängenden Parallelen der näheren und ferneren Stromleitungen am Horizont entlang spielt das Morgentheater der zartesten Himmelserscheinungen. Zwei rechtwinklig ausgelegte Kräne warten auf den Einsatz ihres konstruktivistischen Balletts: Pas de deux ex machina. Fenster zu.

Der Nordhorizont erblaßt, das Hellhibiskusrosa hellt noch mehr auf, zwischen den Birken hinter dem Reetdachhaus des gartenbauenden Nachbarn bleibt eine Konzentration davon, die heller und heller wird, dann erglänzt. Ein östlicher Wind, eine heftige Böe fährt in das Wäldchen, und eine Wolke papierleichter, daumengroßer, hautfarbener Kreise steigt aus der Ulme, schwallt als Konfettiregen in die Lüfte, brandet gegen die Fensterscheiben.

Im Geäst der Birken steigt glutorangerot und verlaufend wie die Lava eines Vulkans die stark leuchtende Sonne empor und spiegelt sich – für eine kurze Zeit mitsteigend – in der polierten Messingstange der Wandlampenhalterung unter dem Schrägfenster über dem blauen Ledersofa. Blaßrosa Lichtspiegelungen an der weißen Wand mit Teilsilhouetten von Bildschirm und Bücherstapel des Schreibtischs. Guten Morgen.

Fenster auf. Lauter Vogelgesang, Kuckucksruf, Verkehrsrauschen. Helle Dämmerung. In der Einfahrt des Nachbarhauses sitzt ein Hase und wackelt mit den Löffelohren. Nach längerem Warten hinkt er über die Straße, mit einer Pause in der Mitte, wo er wieder mit den Löffeln wackelt, dann läuft er weiter, die Einfahrt unten am Haus entlang zum Wasser hinunter. Er bewegt sich schwerfällig, müde oder altersschwach, hält alle paar Schritte an, scheint unsicher zu sein, wohin die Reise führt.

Wolkenloser Himmel. Fenster zu. Weiter hellhibiskusrosa Nord- und Osthorizont. Das Licht der Straßenlaternen geht aus. Der weite Horizont ist hell, makellos und wie gegossen; der Übergang zum hellgraublauen Himmel fast stufenlos, leicht geschichtet: Hellhibiskusrosa, Gelbrosa, Milchweiß, Glasweiß, Blauweiß. Manchmal ein rosaglühender, manchmal ein grellweißer, kurzer Schweif in Form einer Abwärtsbewegung. Wie ein pausierender Komet.

Das Schrägfenster mit unterem Taurand, dahinter ein Ausschnitt der Eiche vor hellem Morgenhimmel, der eine oder andere Ast hebt und senkt sich schwankend im Wind, wie das Ein- und Ausatmen in einer weichen Tanzbewegung. Die Stille des Morgens oder das gleichmäßige Rauschen von Draußen liegt in den Ohren. Hin und wieder fährt ein Auto vorbei, oder ein kleiner Lkw mit Anhänger aus einem der Gartenbaubetriebe, auf dem Weg zum Wochenmarkt. Die Ruhe im Innern des Hauses verbindet sich durch die Fenster mit der Ruhe des frühen Tages. Sein, ohne Ekel.

Horizonterhellung, bei gleichzeitiger Konzentration der Orangetöne hinter und zwischen den Birken. Fenster auf. Der Nachbar kommt hinter seinem Haus hervor, dunkelgraubeinig, mit steifem grauem Rücken, graugrün-pulloverarmig, die schwarze Katze neben sich; geht an bestellten Beeten vorbei zum Haupteingang des Gewächshauses, schaut hinein, schließt die Tür wieder, geht ein Stück zurück, geht an der langen, perspektivisch aufgelösten Glaswand entlang, auf der anderen Seite gesäumt von Tannen und grünen Büschen, die kürzlich noch in weißen Blütenflammen standen, verschwindet ins Nichts. Hat er während seines kurzen Weges Richtung Nordosten einem demütigen wie auch jubilierenden Eos-Aurora-Ritus gehuldigt? Hat er das Bad der tagtäglichen Erneuerung im silbernen Tau der Morgenröte genossen, oder ist sein gesenkter Kopf immer nur auf Vegetatives, auf die ertragreiche Grünkraft der Erde ausgerichtet? Ein kurzes Zischen: aus dem wedelnden Fächer der Berieselungsanlage ergießt sich ein weicher Regen auf die Erdbeerpflanzen. Fenster zu.

5.30 Uhr. Goldener Hochglanz bringt die Birken um Kontur und Gestalt.

Fenster auf. Was für banale Verkehrsgeräusche, was für ein magisches Strahlen. Fenster zu. Ein dichtblaues, am oberen Rand leicht zerfetztes Wolkenband am Nordosthorizont; hisbiskusblaurosa züngelt das Licht des Morgens. Über den Himmel verteilt: graue, krause Schäfchenwolken, vom Hibiskusblaurosa überhaucht. Zwischen den Birken greller Glanz, grelle Glut, die aufsteigend umgehend im Wolkenband versinkt.

Eos-Auroras großer Auftritt. Fenster auf. Hellrosa Horizont im Norden und Osten. Darüber wunderbar blaue, lang-flache, in sich leicht gedrehte Wolkenbänke in großzügiger, dreistöckiger Schichtung, von unten flammend beleuchtet in Hibiskus- und Malvenrosa, mit flieder- und hyazinthblauen Einflechtungen wie schattige Einlagen. Die unteren Wolkenbänke verfließen mit dem Hellrosa des Horizonts, oben lösen sich die Konturen der Schichtungen auf, das Hibiskus- und Malvenrosa mit den eingedrehten flieder- und hyazinthblauen Melierungen nimmt einen orangefarbenen Schimmer an. Wind kommt auf. Fenster zu. Letztes Ulmenkonfetti schwebt umher. Ostwindgetrieben die wellige Oberfläche des Wassers. Die Farben am Himmel werden matt, der Glanz konzentriert sich zwischen den Birken, wo orangerotglühend die Sonne aufsteigt. Die Ulme ist von ihren dichten, papiernen Rüschen befreit, die Äste sind nahezu kahl. Wenn die Birkenzweige nicht zu sehr im Wind schwanken, ergießt sich rotgolden das Licht des Morgens über die Zimmerwände.

Nachtrag: Frühsport auf dem Standrad, als wünschte man, endlos zu leben, von kabbeligen Sonnenlichtblitzen umsprungen. Dann schieben sich die fusionierten, graublauen Wolkenbänke über die Sonne, und Glanz und Leuchtfeuer erlöschen.

Dunstgrauer Horizont. Nach der Regennacht düstere Verhangenheit. Keine Spur von Morgenröte. Auf dem Schreibtisch die ersten Rosen aus dem Garten: silberrosa, zu den Rändern heller, fast weiß werdend mit kleinen rostfleckigen Ausfransungen; im Innern der schalenartig aufgeblühten Blüten unübersichtliche Faltungen dicht an dicht, eingerollte Rüschen, geschwungene Volants, umrundet von Reihen und Reihen fest geordneter Blütenblätter. Centifolia, die namentlich Hundertblättrige, verfügt meist über nicht mehr als dreißig bis fünfunddreißig Blütenblätter. Der Duft ist wunderbar frisch, süß und scharf, seifig, überwältigend und eigenartig. Diese Rose hat die Füllung einer Damaszener-Rose und den Duft einer Teerose, überdies die wüstesten Stacheln und ist ohne Handschuhe nicht zu schneiden.

Benannt wurde sie von dem passionierten Züchter und Arzt Dr. Hermann Müller nach dem schwermütigen Dichter Conrad Ferdinand Meyer, dessen Seufzen in einem seiner Gedichte nachklingt: »Die Rose, ja die Rose!«

Wie kam Dr. Müller für seine Neuzüchtung auf den Namen des Dichters? Kannte er das Gedicht über Thibaut de Champagne, der von einer Pilgerreise zurückkommt und seiner Frau Rosen aus Damaskus mitbringt. Sie ist enttäuscht von dem Geschenk, hatte sich Kostbarkeiten anderer Art erhofft, aber Thibaut, der für die Rosen fast sein Leben gelassen hat, beschließt für sich am Ende des – hin und her, runter und rauf rumpelnden – Gedichts: »Mit Rosen will ich drum zu Tisch, mit Rosen schlummern gehn, mit Rosen steigen in die Gruft, mit Rosen auferstehn!« Was der Rosenzüchter Hermann Müller vermutlich wußte, ist, daß die von Thibaut de Champagne mitgebrachten Rosen den Stamm für die Rosenherstellung in Frankreich begründeten. Die mittelalterliche Handelsmetropole der Champagne, Provins, wurde das Zentrum der aufstrebenden Rosenproduktion und gab den aus Thibauts Rosen entstandenen Züchtungen ihren Namen: Roses de Provins. Im Übrigen war Thibaut IV. nicht nur Graf der Champagne und König von Navarra und Kreuzfahrer, sondern auch Dichter geistlicher Lieder und der berühmteste Troubadour seiner Zeit. Doch kein Lied ist von ihm zu finden, in dem er die Rose aus Damaskus besingt.

Bei Conrad Ferdinand Meyer erblüht die Rose in mehreren Gedichten. Im Gedicht »Die Rose von Newport« wird ein Ereignis im Frühjahr angegeben, und der Zeitpunkt verweist auf das frühe Blühen einer Rose, und tatsächlich ist die nach Conrad Ferdinand Meyer benannte Rose eine der am frühesten blühenden Sorten. Hier im Garten ist sie die erste. Waren diese beiden Aspekte – die Abstammung von der Damaszener-Rose und die frühe Blüte – für den Züchter ausschlaggebend, seine Rose nach dem Schweizer Dichter zu benennen, oder war er eben nur ein *weiterer* Schweizer Dichter, denn nach Gottfried Keller hatte er seine erste, goldgelbe Züchtung, fünf Jahre zuvor, benannt, nachdem er vielleicht in einem von dessen Gedichten seine eigene Hoffnung formuliert gefunden hatte, die

die Namensgebung motivierte: die nach Unsterblichkeit: »Drum feiert der Garten den festlichen Tag / mit Flöten und feinen Theorben: / Solange die Rose zu denken vermag, / Ist niemals ein Gärtner gestorben!«

Mattmalvenrosa Horizont mit mattfliederblauen und halbinselhaften, mattblauen Einschüben. Darüber – fast drohend – ein breites mattdunkelblaues Wolkenband. Nach Norden hin, breit massiv, drückt es bis auf die Horizontlinie hinunter, nach Osten hin löst es sich in lockige Strukturen mit hellem Hintergrund auf. Am ganzen Himmel dunkle, aufgelockerte Wolken. Im Südosten steht darin noch der halbe Nachtmond, umgeben von einer kunsthistorisch bekannten, kleinen Wolkenformation.

Fenster auf. Unten an der Einfahrt, am Rand der Wiese, sitzt unbeweglich die schwarze Katze der Nachbarin und starrt ins Gras. Verhalten sonntägliches Verkehrsrauschen, verhaltenes Zwitschern der Vögel. Kleine Amselarie im Wäldchen. Gurren, Schütteln der Tauben. Von den Wiesen der Schrei der Fasane und das Krächzen der Krähen. Aus dem Garten der Westseite tönt noch die Nachtigall herüber. Ob es Wolfgang Hildesheimer ist, während seiner Kindheit Besitzer eines Zauberkastens, der sich in Gestalt seiner Erzählerfigur Laertes, in eine Nachtigall verwandelt hat? Die Katze, auf dem Weg die Einfahrt hinauf, spaziert gemächlich am Rand der Straße entlang. Dann wendet sie den Kopf, nimmt Schwung, rennt los, überquert in einigen großen Sprüngen diagonal die Straße und verschwindet den frisch gemähten Wiesendeich hinunter zwischen den Koniferen und lila blühenden Rhododendren. Ein kleines blaues Auto kommt die Deichstraße hervor, biegt in die Einfahrt des Gartenbau-Nachbarn hinter das Haus und kommt kurz danach auf der anderen Seite wieder hervor, fährt die hintere Einfahrt wieder zur Straße hoch und biegt dann gleich wieder in die Einfahrt des Maschinenpark-Nachbarn hinunter. So früh am Morgen, noch nicht einmal fünf Uhr. Ein Zeitungsausträger? Fenster zu.

Unter der großen blauen Wolkenbank leuchtet der Himmel hell

malvenrosa, darüber grell hibiskusrosa. Die Unterseiten der grauen Wolken darüber zeigen rosa Applikationen. Zwischen den Birken hat sich das in alle Richtungen breit auslaufende Wolkenband zu einem schmaleren, fast geflochtenen Strang aus Dunkelblau und Hibiskusrosa konzentriert, das nach oben fliederfarben ausdampft. Das Malvenrosa am Horizont wird matter, die Wolkenbank schlanker, schmaler der leuchtende Strang, aber greller, und dann löst er sich in zwei blaue Streifen auf, die in einem von grellweißen Wölkchen und hellen Leuchtdioden durchsetzten, hellen Hibiskusdampf ausdünsten. Fenster auf. Ein in Flieder- und Malven- und Mittelblau aufgelöster Wolkennordhimmel am Horizont, an dessen oberem Rand senkrecht ein doppelter Kondensstreifen hochzieht und sich schräg über das Haus hinwegbewegt; mit Grummeln und Murren weit oben. Fenster zu. Zwischen den Birken ein matter Fliederton, vor dem die rote Glut des Sonnenaufgangs ansetzt; hoch darüber ein insuläres Oval aus wolkigen Silberlöckchen.

Dunstgrauer Horizont. Regnerisch. Düstere Verhangenheit. Keine Spur von Morgenröte.

Dunstgrauer Horizont. Regnerisch. Geschlossene Verhangenheit. Eine Spur Morgenröte.

Heute – nach mehreren Verschiebungen – der Transport der Steinskulptur in den Garten; der Künstler, ein Freund, wird dabei sein sowie kompetente Helfer. Das eingelassene Betonfundament am Ende des Sommerdeichs wurde vom Hüter des Hauses bereits gegossen und ist inzwischen erhärtet.

Der Text zur Skulptur wurde schon vor zwei Jahren geschrieben. Da die Kraft zur Verjüngung fehlt, bleibt er bestehen. Er wird – gleichsam als Rätsel – der Einladung zur Inauguration beigegeben werden:

Dem Palast des Todes entkommen, entlassen aus dem Labyrinth des Verdrängten und ins Licht, in die Freiheit, ins helle Grün des Frühsommergebüschs versetzt, schrumpft das ehemals furchteinflößende Gehörn, wandert von den Stirnseiten nach oben, wird zierlich wie das eines schüchternen Pans; das mißtrauische Starren ist gebrochen, gelöst in einem fast kontemplativen Schauen melancholischer Augen; das Schnauben ist verstummt; die Aggression, der Angriff zwischen die asymmetrischen Schultern zurückgezogen. In einem noch unsicheren Gestus des Schreibens der rechte Arm; der andere umfaßt das Pult, seiner Sache keineswegs sicher. Doch kein schwarzes Stampfen mehr, kein furchteinflößendes Gebrüll. Umsicht, Einsicht, Zuversicht. Der Kampf ist sublimiert, das Prinzip Eros eingesetzt, die poetischen Energien dürfen fließen. Trotz allem bleibt die Grundspannung der Existenz; nicht immer zerreißend, aber irreduzibel. Grünlichgrau schimmert der massige, kompakt gehauene Stein. Wucht in Material gebannt und zärtlicher Stärke anverwandelt.

Fenster auf. Laut zwitschernde Vogelstimmen. Die Sänger der Redundanz dominieren. Serielle Klänge, Perkussion. Druck großer Wolkenformationen auf den Horizont, mattblau, lagernd. Schlierige Öffnungen der Helligkeit, mattrosa, hintergründig. Der Himmel voller mattblauer Wolken vor dem Weiß der Morgenhelligkeit, geballt, gebauscht; gegen den Horizont hin geballt, gebauscht, verbunden. Zwischen den Birken glühen die Ränder der Wolken auf. Ein Licht aus der Tiefe belebt die Mattigkeit. Fenster zu.

Die mattblauen Wolken am Himmel plötzlich weiß; und rosa überhaucht. Orangerote Sonne. Glanz überzieht die Umgebung. Orangerote Sonne hinter den Wolken verschwunden, erhoben. Glanz fast abgezogen. Nur da und dort in kleinen Öffnungen winkt noch etwas davon strahlig.

Das Grün des Frühlings ist auf voller Höhe; nicht mehr so hell und frisch, sondern dunkler, dichter. Der weiße Flieder und die weißen Blüten der Alleebäume rosten schon wieder. Dagegen die Esche: sie ist noch am Leben, ihr Laub kommt spät, da und dort an den kahlen Ästen sprießen erste, aufrechte, federige Grünbüschelchen. Eine magere Gestalt umgeben von beladener Üppigkeit.

Dunstiger Horizont. Wolkige Verhangenheit; nur ein Hauch von Morgenröte.

Seit gestern abend wieder zwei frisch geschnittene Rosen vom Strauch an der nordwestlichen Ecke des Gartens auf dem Schreibtisch; Ersatz für die langsam verwelkten, verblühten, schnell abgeblätterten; wieder Conrad-Ferdinand-Meyer-Rosen, wenn auch nicht mit ganz so großen Blütenschalen wie zuvor, aber der gleiche lang bekannte, seifigenartige Duft, der – etwas schwächer – auch einer, erst viel später in Südfrankreich kennengelernten, zartrosa Savon de Marseille entströmt. Wie die beiden ersten Rosen stehen auch sie wieder in dem kleinen, schweren Glasgefäß des italienischen Honigspenders, dessen Edelstahlspirale mit der langgestreckten Designedelzapfenhalterung niemand benutzte, denn bevorzugt wurde hier im Haus fester Honig, besonders gerne der streichbare, krokantbraune, etwas schaumige Honig aus der Lüneburger Heide. Der bauchige Glaskolben mit den flachen Querrillen, die die stacheligen Stengel im Wasser teils verzerren, teils präzisieren, nimmt abstrahierend die Form des Bienenkorbs auf, und da er dickwandig und der Boden besonders schwer gegossen ist, stehen auch größere Blüten sicher, und kein Blumenvasenwasser droht, sich haltlos über die Papiere des Schreibtischs zu ergießen. Und der gut mit der Hand zu umfassende Kolben läßt sich sicher heranholen, um immer wieder die Nase in die Blüten zu stecken, was ihren Verfall, ihren Verschleiß, ihre Zerrüttung fraglos beschleunigt. Schon fallen wieder die ersten Blütenblätter. Hauchzarte, gewölbte rosarote Schönheiten mit weiß-grün nasigen Kielen. Und der Duft! Ferner Kindheitszauber, alte Erinnerungen aus weit zurückliegenden Tiefen der Lebensgeschichte. Ein aus dem wehmütigen Wohlgefühl hervorstechender Schmerz kommentiert den Gedanken an Vergänglichkeit und das Gefühl der Todesnähe. Augen schließen, Rosenblätter auf den Lidern, doch ohne Conrad Ferdinand Meyers Entschlossenheit zu einem Leben nach dem Tode.

In ihrem Buch »Begegnung mit Rosen« würdigt Alma de l'Aigle die Conrad-Ferdinand-Meyer-Rose und meint, so wie der Dichter verdiente auch die nach ihm benannte Rose viel bekannter zu sein, statt in nur wenigen Gärten ein halbvergessenes Dasein zu führen.

Ihre Beschreibung der Blütenform als Edelrose – teilweise mit zwei Wirbeln – läßt jedoch eine andere Rose vermuten als die, die hier im Garten steht. Besonders ihre Ausführungen über den Duft der Knospe – nach Sandelholz riechend – und den Duft der Blüte – der Duft einer La-France-Rose – geben andere Erfahrungen wieder. Steht hier im Garten eine untypische Conrad-Ferdinand-Meyer-Rose, oder hat sich gar eine andere hinter dem Namen verborgen, oder fielen Rosendüfte vor fünfzig Jahren anders aus als heute?

Die blumen- und gartenliebende Alma de l'Aigle, die auch Kinderbücher geschrieben hat, entstammte einer Hugenottenfamilie und wurde in Hamburg geboren. Der Garten ihres Elternhauses am Rande von Eppendorf, in dem Obstbäume und Rosen wuchsen, war ihr Kindheitsparadies. Heute existiert von diesem Garten nur noch ein geretteter Rest, der unter Denkmalschutz steht und rekonstruiert wird. Nach ihrem Tod 1959 wurde die von ihr bewunderte rosarote Moschata-Rose »Isabella« umbenannt und ihr unter dem neuen Namen »Andenken an Alma de l'Aigle« gewidmet.

Fenster auf. Blaurosa – opak wie Fruchtspeisequark – am Nordosthorizont. Rosa zunehmend. Blaubeerquark, Brombeerquark, Himbeerquark. Im Osten steht noch die hauchdünne Mondsichel der Nacht am mattblauen Himmel. Intensives, vielfältiges Vogelgezwitscher, große Arien. Fenster zu.

Der Himmel über dem Horizont wirbelt auf; Rosa und Blau, gerührt. Dann irgendwann ein Glutpunkt im Gemisch der Beerenfarben zwischen den Birken, unvergleichlich: Lavadunkelrot; vergrößert sich zu einem glutroten Kreis mit wieder entwirbelten, beerenquarkfarbenen Querstreifen. Dann Orangeglut, grell, heiß, gühend.

Am hellen Himmel zittrig-wellig gekämmte Wolken, an das weißblonde Dekorations-Engelshaar der Kinder-Weihnacht erinnernd.

Opalisierender Horizonthimmel in hellstem Blaubeerquarkton über blaßblauen, dunstverhangenen Silhouetten. Unter lautem Vogelgezwitscher – Kuckucksrufen aus der Ferne, Fasanenschreien von den Wiesen – zieht eine baguettedünne und -lange mattblaue Wolkenbank parallel zum Horizont über den Nordosthimmel Richtung Osten und verschwindet, sich in kürzere Stücke, Baguettescheiben, auflösend, hinter den Birken. Zurück bleibt ein mattglänzender, wolkenlos zarter Opalhimmel. Zwischen den Birken nimmt der Rosaanteil im weißlichen Blaubeerquarkton zu. Glut hängt in der kleinen Kastanie.

Es raschelt: aus den weitgeöffneten Rosen fallen Blütenblätter. Conrad Ferdinand Meyer besingt in einem Morgenlied Morgenröte und Rosen zusammen, und wieder rumpelt der Rhythmus: »Mit edeln Purpurröten / Und hellem Amselschlag / Mit Rosen und mit Flöten / Stolziert der junge Tag.«

Auf der Deichstraße hält ein Auto. Zwei junge Männer mit Kapuzenpullovern steigen aus, holen Angelzeug aus dem Kofferraum und schlagen sich, die Einzäunung niedertretend, durchs Gebüsch des Wäldchens zum Ufer durch.

Auf der Spitze eines Baumes eine schimpfende Elster, die mit geschlossenem Schnabel großen Lärm erzeugt.

Fenster auf. Im Nordosten malvenrosa Horizont mit riesiger, etwas ausgefranster, mittelblauer Wolkenbank, darüber Weißrosa wie die inneren Blütenblätter der Rose auf dem Schreibtisch. Lautes Vogelsolo aus den Tannen des Gartenbau-Nachbarn unterhalb der Deichstraße; im Hintergrund Gezwitscher, Gezirpe überall. Undynamisches Geschehen am Himmel.

Der Solist hat seinen Standort gewechselt, und seiner kräftigen Singkehle entsteigen die Töne nicht nur von einer Bühne in nächster Nähe – vermutlich Ahorn oder Eibe –, sondern wie unter Verwendung eines Megaphons. Völlig stillstehende Bäume. Aus dem Wäldchen knackt es hin und wieder, wo mindestens zwei Familien Zelte aufgestellt haben, um ein Wochenende in der Natur zu zelebrieren.

Die nächtlichen Feuergerüche sind störend und ziehen ins geöffnete Fenster des Schlafzimmers. Aber wer weiß, wie beengt die Kinder wohnen und wie sehr sie die Freiheit im Freien genießen. Fenster zu.

Die Wolkenbank dehnt sich; durch die gerissenen Löcher scheint malvenrosa bis weißrosa Himmelhintergrund. Nichts passiert, der Leerlauf wirkt ermüdend. Ein Glas kaltes Wasser soll bei Müdigkeit Wunder wirken, bewirkt jedoch kein Wunder, nur verwundertes Frösteln. Der herumschweifende Blick aus den anderen Fenstern zeigt einen spiegelglatten Fluß, ein repariertes Tomatenhaus im Garten, einen Nordhimmel wie den Osthimmel, nur blasser.

Über dem Osthimmel sind mehrere diagonale Reihen kleiner, länglicher, rauchblauer Wölkchen entstanden. Zwischen den Birken haben das Malvenrosa und das Mittelblau der Wolkenbank eine höhere Leuchtkraft. Der Sonnenaufgangskalender zeigt heute einen Sonnenaufgang für 5.06 Uhr an. Fenster auf. Der laute Vogelsolist ist verstummt oder abgereist. Am Himmel dehnen sich die kleinen Wölkchen aus, die diagonale Formation beibehaltend, dehnen und dehnen sich, berühren sich, verbinden sich. In der kleinen Kastanie zwischen den Birken wird in einigen Minuten – vielleicht lavarot – der erste Glutpunkt der Sonne erscheinen.

Fenster auf. Düsterer Dunsthimmel ohne Morgenröte.

Am Wochenende unter der Esche, die noch lichthellgrün vor der dicht silbergrün belaubten großen Weide steht, eine Parkrose gepflanzt. Laut Rose-Standard der Royal-Horticultural-Highsociety (RHH) soll sie lichttolerant sein, starkwüchsig und meterweit ranken: »Pauly's Himalayan Musk«. Aber wird sie unter norddeutschen Bedingungen anwachsen, üppige Ranken bilden, die Bäume hochwachsen und blühen, über und über? Selbstvergessenheit statt Weltverlust: Rose pflanzen (statt des verlogenen Apfelbäumchens aus der Werbe-Abteilung der protestantischen Kirche in den fünfziger Jahren).

Und im Topf wartet noch eine Schwertlilie mit mandelgrünen Schwertblättern auf ihren Pflanzort: eine hochgewachsene, oben verzweigt starkstengelige Iris, benannt nach der griechischen Göttin des Regenbogens. Diese Varietät jedoch hat nichts Spektrales, hat nicht von allem etwas. Mit ihren drei schrägen, fast schwarzen Knospen und einer geöffneten Blüte an der Spitze wirkt sie trotz aller Pracht eher wie eine Zurückführung, wie eine Reduktion, eine Essenz. Sie ist überwältigend in ihrer Monochromie, rein blaublütig und rauscht lautlos. Sechs dunkle, überaus große, gebogene Blütenblätter mit gewellten Rändern quellen aus einer papierigen, zerknittert zurückgeschobenen Schutzhülle hervor, abwechselnd hängend und ragend; hängend wie Hundezungen und Seidenkaskaden eines Ballkleides, ragend zu einem oben offenen Gewölbe, zu einem arabesken Dom.

Die Blüte von »Dark Challenger« ist nicht nur blaublütig, sie ist tintenblaublütig: die tintenblaublütige Lilie der Schreibenden; die tintenblaublütige Lilie der Handschriftschreibenden, der Tintenhandschriftschreibenden; dunkle Semiotik, vegetatives Zeichen. Fenster zu.

Windiges Wetter droht, Iris Germanica zu knicken. Wo, wie im Garten einpflanzen? Bulben, Rhizome? Wie tief, wie hoch? Bis alle Fragen beantwortet sind, steckt sie samt Plastiktopf in einem großen Glaskolben auf einem Tischchen im kleinen Salon-Vorzimmer und wirft bei der leisesten Bewegung zitronig wirbelnde Duftstoffe ab; betörend. Verständlich wäre, man würde vor ihr ohnmächtig niedersinken, dem wundervollen Geruch erliegen, ihn einatmen und ausatmen, einatmen und ausatmen, und erst wieder aus Mangel sich erheben, wenn die Blüten nach einigen Tagen verwelken und der Duftstrom versiegt.

Fenster auf. Große Amselarie. Schlierige, horizontal gelagerte, streifige Wolken über dem Nordosthorizont, fliederbeersuppenfarben, erdbeerquarkfarben. Irgendwie verunreinigt, dumpf. Ringsum verschiedenartig rauchgraue Wolken, wie eine aufgelöste, lockere Herde oder in Streifen gezogene, leicht gelockte Watte. Fenster zu.

Der Himmel hellblau mit einem matten Grauschleier. Ein Stich Dunst, ein Stich Unentschiedenheit liegt in der Luft. Nach dem unglaublich warmen Sonnentag gestern wirkt der Morgen richtungslos. Heute ist kein Hitzestau im Lesesessel vor dem Südfenster zu befürchten. Die Rosa- und Flieder-Töne gehen immer mehr im Graublau-Schleier unter. Eine lichtweiß konturierte, fahrige Wolke ist plötzlich da, plötzlich dort; weitere Wolken mit lichtweißen Rändern. Über dem Horizont ein schmierig-mattes Flieder- und Rosa-Gemisch, kurz davor, wieder vom sich verflüssigenden Graublau-Schleier umwogt, ertränkt zu werden. Glut neben der kleinen Kastanie zwischen den Birken. Die lokalen Nachrichten kündigen Unwetter im Nordwesten an.

Eine riesige dunkle Wolke lagert schwer über dem Nordosten. Darunter ein azurblauer Horizont. Was für eine Kombination aus Heiterkeit und Drohung. Nur eine Spur Morgenröte im Himmelsblau.

Gestern abend hing die alles bedrückende Wolke wie eine dicke Filzschicht über dem Westen, angefüllt mit Regen und Sturm. Während der Nacht zog sie über das Haus und entleerte sich. Nun kommt wieder die Sonne zum Vorschein, sie wird nicht ungetrübt bleiben. Der ganze Himmel hängt voller ziehender, groß gebauschter weißer, teils graubrauner Wolken, die immer neu aus dem Westen herankommen und die Sonne beschatten.

Es ist bekannt geworden, daß der auch privat schießwütige Polizeiobermeister Karl-Heinz Kurras, der 1967 dem Studenten Benno Ohnesorg bei einer Anti-Schah-Demonstration in den Hinterkopf schoß und gerichtlich freigesprochen wurde, als IM in Diensten der Stasi stand. Fühlt man sich als 68er vom DDR-Regime nachträglich noch mehr manipuliert? Nicht wenig zählt der Verdacht, der für ein höhnisches Ablenkungsmanöver der rechten Presse geeignete Sachverhalt unterstütze nur noch zusätzlich die damalige Vertuschung des genauen Ablaufs vom Abend des 2. Juni durch hiesige Polizei- und Staatsschutzkräfte.

Benno Ohnesorg trug einen Kopfkissenbezug bei sich mit der Aufschrift: »Autonomie für die Teheraner Universität«.

Im Nordosten ein dunkler Dunstwandhorizont. Verhang. Kein Zeig von Eos-Auroras Rosenfinger.

Fenster auf. Hellblauer Horizonthimmel im Nordosten, milchige, rosa Querstrukturen, schräg zueinander versetzt; steile milchigrosa Kondensstreifen, senkrecht und flacher ziehend, niedergehend. Große Unruhe. Am hohen, etwas matten hellblauen Himmel aufgelöste, fadige Wolken, aufgelöste Kondensstreifen, diagonal darübergelegt. Vogelgezwitscher, keine Arie, Verkehrsrauschen. Fenster zu.
　　Die Helligkeit schlägt sich in rosa Lichtflächen an den Zimmerwänden nieder. Spiegelung eines Teils der Fensterrahmen wie ein unterbrochenes Parallelogramm an der schrägen Wand gegenüber dem Schreibtisch. Innen rosa Lichtreflexe auf Weiß, draußen grüne Wucht vor Hellblau. Fenster auf. Milchiger Horizont, wirr, verfahren. Sonne steigt rotglühend aus der Kastanie zwischen den Birken. Fenster zu.
　　Goldene Lichtreflexe auf Weiß.

Ein tief hängender, flacher Himmel voller kleiner grauer Noppenwolken, durch die blendende Helligkeit hindurchschimmert; Matratzenhimmel. Dunsthorizont ohne Morgenröte. Immer noch liegt Sturm in der Luft. Der Holunder blüht und und hält die Flächen seiner grünlich cremeweißen Dolden in den Himmel; Licht- und Sonnensammler. Tagsüber und abends liegt ein zarter süßer Duft über dem Garten. Der Strauch ist stark gewachsen und reicht zur Weide und zur Esche hoch; die Seite zu den Bäumen hin verkahlt. Ein Schnitt im Herbst wäre nötig. Erinnerung an die Holunderbüsche der Kindheit: immer wurden Stecken benötigt, viel Holz wurde geschnitten, zurechtgeschnitten; die dickeren, geraden Äste des Holunders sind mit einem weichen, porigen Mark gefüllt.
　　Fenster auf. Gelblich-rosa ausgeschlagener Nordhorizont, gegen Osten hin schwimmen darin immer mehr Wolken: große Wolken-

bänke, kleine Wolkenstreifen in mattem Blau; darüber graue Fetzenwolken mit altrosa Durchwirkung, wie die feinen Kaschmirpullover
eleganter, betagter Damen mit zarten, knochigen Handgelenken und
silbergrauen Löckchen. Seit der Dämmerung um vier Uhr Konzert der
Amseln. Auf dem Dachfirst – durch das Schlafzimmerschrägfenster
zu sehen – sitzt ein Vorsänger und zwitschert lauthals mit offenem
Schnabel, aus den Wiesen schallt es Anwort. In den Bäumen weitere
Vorsänger und rund umher Antwortsänger. Rezitative und Chor. Dazwischen die mehr mechanischen Perkussionsstimmen und seriellen
Pfeifer. Fenster zu.

Durch die Räume zieht der zitronige Veilchenduft der tinten-
blauen Iris, von der inzwischen alle vier Blüten geöffnet sind. Die
Blüte an der Spitze ist bereits am Verwelken und zusammengesunken.
Schnitt. Da waren es nur noch drei. Erinnerung an die unerwartete
Wucht aufgeblühter blauer Schwertlilien beim Besuch im römischen
Garten der Villa Massimo. Hatten sie damals geduftet, die Tinten-
flammen?

Die Bäume vor dem Fenster regen sich nicht. Der heftige Nord-
ostwind der letzten Tage scheint abgeklungen. Doch die Wolken
schieben wie große Kulissen langsam von Osten nach Westen den
Horizont entlang. Der Osten fast wolkenfrei in einem opalisieren-
den Rosa, das in einen weißlichen Himmel übergeht, der nach oben
hellblau und blau wird. Das Ende der den Horizont entlangschie-
benden Kulissen hat inzwischen hibiskusrosa leuchtende Ränder, die
östlichsten der Wolken sind rosa, fast glühend angehaucht. Auch die
grau-altrosa Damenwolken ziehen – mit am Ostrand leuchtenden
Rändern – gegen Westen ab. Halbhoch parallel zum Horizont schwebt
eine Reihe kleiner blauer Gedankenstriche in hellem, milchigem Flieder, löst sich aber bald auf: in nichts. Was noch an Blauem schwebt,
wird hibiskusrosa überzogen. Von weitem tauchen neue Wolken auf,
blau gekräuselt, fiedrig. Als sie über das Areal des Sonnenaufgangs
ziehen, werden sie rosa bestrahlt und schrumpfen. Hinter der Birke
ein Glutpunkt.

JUNI

Mattrosa Horizont, wolkenlos bis auf eine dünne, langgezogene Reihe; Klammer auf, horizontparallel mattblau kraus, Klammer zu. Fenster auf.

Keine Arien, nur die Perkussionisten sind aktiv. Irgendwo in den Bäumen beim Gartenbau-Nachbarn knarrt – vermutlich mit geschlossenem Schnabel – eine Elster. Die langgezogene Wolkenreihe ist nach Westen abgezogen, nur noch ein etwas zerfaserter Rest des Krausen zeigt sich unter Beugen aus dem Fenster. Ganz im Osten, im Fliederrosa, bildet sich neues Gewölk; schlierig, noch formlos, noch indifferent zum Hintergrund. Der Sonnenaufgang hängt hinter der blickdichten Birke. Wenn sie sich bewegt, blitzt dunkelrote Glut hindurch. Fenster zu.

Seit fünf Monaten – bis auf wenige Ausnahmen – jeden Morgen der gleiche Ablauf im Dämmerlicht: Heruntersteigen der Treppe, Gang in die Küche, Wasserhahn aufdrehen, ins Arbeitszimmer, um den Rechner anzustellen, während er hochfährt, in der Küche ein bis zwei Gläser frisches Wasser trinken; auf den Wegen dahin und dorthin durch verschiedene Fenster in verschiedene Himmelsrichtungen schauen; zurück im Arbeitszimmer, vielleicht die Schreibtischlampe anschalten, das Schreibprogramm aufrufen und das Fenster öffnen oder umgekehrt; manchmal nur Blick durch das geschlossene Fenster; verzaubert im Sog der zu erwartenden oder aufziehenden Morgenröte.

Der Duft der Schwertlilie fehlt. Nun überwiegen wieder die Alltagsgerüche. Die Räume riechen noch nach der gebratenen Ente des Abendessens. Die frühen Conrad-Ferdinand-Meyer-Rosen in der schweren kleinen Glasvase sind verblüht, und die inzwischen erblühten Rosen duften kaum, sind aber herrlich anzusehen. Nachvollziehbar: das Entzücken, das sich in Cy Twomblys großformatigen Rosen-Bildern ausdrückt; Rosen des italienischen Südens.

Fenster auf. Wenig Vogelgezwitscher, mehr ein Grummeln in den Bäumen und Gebüschen. Wolkenloser, aber dunstiger Nordosthorizont: milchglasig rosa, mit weißlichem Verfließen hoch zu Hellgraublau. Nebel auf den Wiesen, Fetzen ziehen zwischen den Bäumen hindurch. Das Schrängfenster sagt nichts mehr über Morgentau und Frühnebel aus, da dort vor einigen Tagen ein Rollo installiert wurde, um die Blendung durch Sonne und helles Licht zu vermindern. Taubengurren, lautes, mechanisches Pfeifen, Kuckucksrufe, Fasanenschreie. Unveränderter, wolkenloser, mattdunstiger, glasiger Nordosthorizont. Allenfalls ein paar rosa Kondensstreifen, an- oder absteigend. Fenster zu.

Am Schreibtisch mit nackten Füßen ist es noch zu kühl; Strümpfe überziehen. Drei dickliche Tauben hocken in der Esche auf schwankenden Zweigen und picken an den inzwischen vollgrünen, aber noch nicht ganz zu voller Größe ausgewachsenen Blättern. Eine vierte Taube im Anflug, wendet kurz vor der Landung flügelschlagend ab, eine der Tauben aus dem Baum folgt ihr. Kurz darauf kommt sie wieder zurück. Gewoge im Laub. Fenster auf. Kondensstreifen im Bereich des Nordosthorizonts rosa-glühend; im Bereich darüber als lichtweiße Streifen. Fenster zu. Der Kalender notiert den Sonnenaufgang um 4.56 Uhr, vier Minuten vor fünf Uhr. Das Rosa zwischen den Birken ist glänzender geworden, weniger milchig. Rauschen im Himmel. Mehrere Flugzeuge in Auf- und Abwärtsbewegungen. Orangeglut zwischen den Birkenzweigen. Die Tauben, bis auf kleine Kopfbewegungen, unbeweglich auf den Zweigen, dann gemeinsamer Abflug. Fenster zu.

Rosa Lichtreflexe an der Schrägwand, dem Schreibtisch gegenüber.

Zu spät heute für die frühe Morgenröte, die jetzt schon kurz vor vier Uhr einsetzt.

Von Tag zu Tag vergeht die Zeit. Erstaunt, doch unfroh den entzückenden Morgenröten beiwohnend, die nach jeder Nacht, Tagesanbruch für Tagesanbruch, einen neuen Tag ankündigen, einen anderen hinter sich lassen. Alt werden. Von Tag zu Tag älter und älter werden; sich alt fühlen, verstärkt durch das Alleinsein.

Lars Gustafsson gelesen. Eine Geschichte erzählt am Ende vom Vogel in der Brust:

»Einige Tage später, oder waren es Wochen, oder vielleicht auch Monate, hörte sie zum ersten Mal den Vogel in der Brust.

Zuerst ganz leise, wie eine Flötenmelodie aus weiter Ferne an einem Sommerabend, wenn jedes Geräusch in der ganzen Landschaft widerhallt. Noch nie hatte sie eine so wunderbare Melodie gehört. Drei Tage lang kam sie immer näher, schwoll an, bis sie die ganze Welt zu erfüllen schien, wie der Gesang der Vögel im Juni.

Und da erkannte sie sogleich, daß sie selbst diese Melodie spielte, daß sie und der Vogel eins waren.«

Eisweißer Horizont, riesige mattblaue Wolkenmassen, die langsam von West nach Ost schweben. Der gesamte Himmel ist eine einzige schwebende Bewegung. Fenster auf. Lauter Vogelgesang: Amseln, Nachtigallen und viele unidentifizierbare Stimmen. Süßer, würziger Holunderblütenduft, schon morgens. Fenster zu. Die Bäume regungslos. In den letzten Tagen war es stürmisch, sehr böig. In der Nacht ruhte der Wind. Die Wolkenmassen schließen sich zu einer großen Wolkendecke, öffnen sich wieder mit bogigen Konturen, gleichwohl weiterziehend, gleichmäßig schwebend. Noch zeigt der eisweiße Horizont, inzwischen auch tief mit mattblauen Wolken verdichtet, keine Spur einer Morgenröte. Kaltes Weiß, kaltes Blau. Und dann doch: ein winziger Streifen im Weiß zwischen den Wolken, Eos-Auroras kleinster, zarter Finger, rosenblütenrosa, rosarot. Fenster auf. Dann ist er wieder verschwunden, der kleine, rosarote Finger. Nur kaltes Weiß, kaltes Blau. Gurren der Tauben, störend, den jubilierenden Vogelgesang dumpf verstopfend. Fenster zu.

Ein fast unscheinbarer quarzrosa Schimmer im Eisweiß des Horizonts, ein fast unscheinbar hinterlegtes Rosa an den Konturen der Wolken. Und dann ein rötlicher Fliederton, der sich wie eine aufsteigende und sich ausbreitende Rauchwolke über seine himmlischen Kollegen legt und ihr Blau zu einem Graurot überlagert. Das Eisweiß nimmt eine gelbliche Färbung an, erleuchtet, und zwischen der Birke blitzt gelbgold glänzend die Sonne. Kaum ist sie sichtbar, schiebt ein Wolkenmassiv mit grell erleuchteten Rändern darüber. Der graurote Fliederrauch zieht sich über den ganzen Himmel und verblaßt. Riesige Wolkenmassen schweben langsam von West nach Ost. Der weitere Morgen glanzlos.

Die ägyptischen Redakteure der Zeitung »Al Shorouk« (Die Morgenröte) trauen ihren Ohren nicht. Obamas Kairo-Rede in der Aula der Universität wird die islamische Welt nicht unberührt lassen. Da ist eine Kraft der Glaubwürdigkeit und der Integrität, die wahrgenommen und ihre Wirkung entfalten wird.

Zartblaues Wolkengebirge am Horizont, scharfkantig alpin gezackt. Darüber eine sehr helle, fast wolkenlose Sphäre, weißlich mit hellstem Rosa und hellstem Blau. Am Himmel riesige, flächige Wolken, die graublau und zerfetzt von West nach Ost ziehen. Die Wolkengebirge am Horizont verblassen von Nordost nach Ost, das zarteste, sehr helle Rosa darüber errötet leicht. Wolkenzug im Fenster. Darunter empfindet man sich sehr stationär, verharrend, unbeweglich; abgeschnitten von aller Flucht und Flüchtigkeit. Die Abstände zwischen den Wolken scheinen größer, heller zu werden, da kommt schon wieder eine riesige Fläche nachgerückt, mit durchsichtigen Ringelfransen, Fetzenfransen an den Rändern, die die behäbigeren großen Wolken zu überholen scheinen. Rostrot getönte Flecken an den Bauschungen. Am Horizont tiefere, kleinere Wolken, Abspaltungen des Wolkengebirges, die sich nicht bewegen. Die großen Wolken verlieren alle Tiefe, ziehen zusammen zu einer flachen blaugrauen Decke. Es regnet, trommelt auf das Dach. Kein Tropfen am Fenster. Fenster auf. Vogelgezwitscher trotz Regen. Fenster zu.

Am Horizont hat sich das verblaßte Wolkengebirge regeneriert, ist wieder blau geworden, hat starke Konturen angenommen, bewegt sich – ganz und gar ungebirgig – doch ganz leicht unter dem Weißlichen, hellen Rosa, hellen Blau, ebenfalls von West nach Ost. Der Regen trommelt nicht mehr. Erhellung, Morgenröte maximal als Andeutung. Die nachrückenden Wolkengebirge heben vom Horizont ab, bauschen auf, bevor sie beginnen zu schweben, geben ihre Bodenhaftung auf, verlieren ihre Schwere, ihr Gebirgiges, gewinnen Wolkiges. Die gefetzten Ränder einer großen graublauen Wolkenpartie über dem Osten und die mitlaufenden kleineren Fetzen erglühen wunderbarerweise plötzlich rosa, die nachrückenden ebenfalls. Rosa-graues Gebausche vor immer heller werdendem hellblauem Hintergrund. Die Zacken des Wolkengebirges im Osten ebenfalls rosa, dann rosa glühend hinterlegt. Wieder trommelt es einige Minuten auf das Dach. Wolkige Morgenröte bei Regen. Langgezogene blaue Bauschung am Horizont; abgehoben. Wo sie den Osten passiert, leuchten die Konturen auf. Darunter, dahinter ein unsichtbarer Sonnenaufgang. Lichthelle Durchbrechungen, dann eine gleißende Sonne umgeben von lichtreichem Barock. Am Himmel wird alles gut: graue Wolken werden fast weiß, das Rosa ist verschwunden; am Horizont Berge versetzt, levitiert, aufgebauscht, aufgelöst. Heller Tag mit den Spuren, den strahlenden Trümmern eines siegreichen Kampfes.

Im Gegensatz zu gestern völlig wolkenlos; durch alle Fenster gleich. Nebelschwaden über den Wiesen. Der Horizont im Nordosten ist von einem matten zartrosa Bisquit-Porzellan; mit einem milchigen Übergang zum gleichmäßigen Hellbau des gesamten Himmels. Die Nebelschwaden heben sich, ziehen – von den Wiesen, über den Fluß kommend – am Fenster vorbei, hängen zwischen den Bäumen wie Gespenster. Fenster auf. Einsamer Vogelgesang. Der Gartenbauer-Nachbar hat seine Zucchinipflanzen mit Vlies abgedeckt, und der

Wasserspenger läuft. Er hatte gestern davon gesprochen, daß Nachtfrost eintreten könnte; Schafskälte. Um seine schon reifen Erdbeeren hat er keine Angst, aber um seine Zucchini und um seine Kartoffeln. Fenster zu. Das zartrosa Bisquit-Porzellan wird zerkratzt von einem langen, quer verlaufenden Kondensstreifen, der sich aufbläht. Zwischen den Birken rötet es Zartrosa, Zartorangerosa; und erglänzt. Orangegoldene Sonne.

Blaugrauer Horizont, Dunst, Regen. Keine Spur von Morgenröte.

Blaugrauer Horizont, Dunst, Regen. Keine Spur von Morgenröte.

Blaugrauer Dunsthorizont. Aufbrechende Schlitze, aus denen dunkles Malvenrosa austritt und sich über den Nordosthorizont verbreitet. Riesige Holunderblütendolden leuchten hell in der Dämmerung, an manchen Stellen rucken sie plötzlich, um ebenso plötzlich wieder zu verharren. Eine visuelle Irritation, eine optische Täuschung im Zwielicht? Fenster auf. Laute Vogelstimmen. Ein Kastentransporter, der wie surreal durch das Morgengrau tost, Bremslichter leuchten vor der Kurve auf, verlöschen im schwarzen Grün. Ein noch matter Horizont, dessen dunkles Malvenrosa Raum gewinnt. Fenster zu. Horizontale Streifenschraffuren im Blaugrauen, leuchtendes Malvenrosa, Hibiskusrosa, weit in den Norden und Osten auslaufend und nach oben in den Himmel hinein sich hebend und das darüber blaugrau sich kräuselnde Gewölk erfassend. Großzügiger, etwas schräger Malvenstreifenhorizont, Hibiskusstreifenhorizont, dessen starkes Rosa über die heller werdenden wattigen Wolken des Himmels hochzieht und sie vor dem tiefen blauen Hintergrund erglühen läßt. Große Szenerie, allmählich im Dunst sich verzehrend; fliederfarben kippend, vom hellenden Blaugrau verschluckt. Kleine Malvenpartien, Schatten ihrer selbst, noch aufbegehrend um Hilfe blinkend, langsam ertrinkend im Dunst. Dann – bis auf wenige, tiefe rosa Horizontstreifen im Weißlichen – alles blaugrau und düster hell werdend. Breit zerfließende Lavaglut, kaum zu ahnen hinter der Birke.

Ein etwas zerfetztes, mattblaues Wolkenband am Nordosthorizont, hinterlegt von hellstem Rosa, wie das der zur Zeit blühenden New-Dawn-Rosen. Darüber eine große rauchblaue, wattige Wolke, die aussieht, als wolle sie sich in kleinere Wolkenflöße auflösen, wie sie auch ringsum schon beigeordnet sind, unbeweglich, aber allmählich, ganz langsam sich doch verformend. Im fast wolkenfreien Himmel steht halbhoch – über der Ulme – ein leuchtender einzelner Stern. Das New-Dawn-Rosa intensiviert sich, wird zu grellem, leuchtendem Malvenrosa zwischen dem Mattblau. Zwischen den graublauen Floßwolken darüber erscheint ebenfalls das grelle leuchtende Malvenrosa in Form einer kleineren, länglichen Beiwolke. Das mattblaue Wolkenband löst sich auf, das grelle Malvenrosa nimmt zu, bleibt am Horizont im Bandrahmen, ergreift aber da und dort die Unterseiten einiger fetziger Wolkenpartien, ergreift weitere Wolken, so daß ein großer breiter Wolkenstreifen diagonal über den Himmel rosa beglüht wird. Dazwischen Azurblau. Ein wunderbarer Himmel nur aus Blau- und Rosatönen. Ein wandernder, winziger Lichtpunkt, ein Flugzeug völlig ohne Kondensstreifen.

Das grelle Malvenrosa im Wolkenband verblaßt, wenn auch nicht wieder ganz zum hellen New-Dawn-Rosa, vermischt sich mit dem Mattblau; die Wolken am Himmel nehmen teilweise die Grellheit auf, da und dort schimmert noch Rauchblau hindurch. Hinter der Birke und um sie herum konzentriert sich ein glühenderes Rosa in einzelnen Streifen, die in der näheren Umgebung auch die Wolkenränder erleuchten. Leuchtendes Hibiskusrosa und mattes Blau ineinander verwoben, ein Fliederton kommt im Hintergrund dazu. Die ehemals rauchblauen Wolken am azublauen Himmel werden zu weißen Wolken, die rosa erleuchtet sind, teils gelblich strahlen. Der Stern über der Ulme scheint höher gestiegen zu sein, oder sind es nur die zarten, zerzausten weißen Wolken, die sich dazwischengeschoben haben und den Abstand größer erscheinen lassen? Sie ziehen, aus Südwesten kommend, am Stern vorbei. Am Horizont hinter der Birke im Mattblau und Fliederrosa, fast unsichtbar: Magma, glühendes Atmen.

Blaugrauer Dunsthorizont. Kaum eine Spur von Morgenröte. Das Fenster ist jetzt voller Regentropfen, nachdem es – trotz Regen der letzten Tage – immer trocken geblieben war. Winddrehung.

Blaues Horizontwolkenband im Nordosten mit fast ornamental ausgefransten Rändern zum weißlich-hellblauen Streifen darüber. Da ist wieder dieser Stern im Osten, direkt vor dem linken Flügel des Fensters. Der Himmel ist mit einer fast durchgängigen, wattigen blaugrauen Wolkenschicht bedeckt. Sie kommt über das Haus gezogen von West nach Ost.

Fenster auf. Blick nach rechts: im Süden steht noch der dreiviertelvolle abnehmende Mond, östlich davon ein weiterer leuchtender Stern, wenn auch nicht so hell wie der Oststern, der jetzt hinter einer großen Wolke verschwunden ist. Blick nach links: das Horizontwolkenband wird voluminös, quillt auf, wird von hinten gleichsam munitioniert. Fenster zu.

Während der Himmel sich leert, nur noch Wolken im Osten hängen und keine weiteren nachkommen, zieht am Horizont ein höhersteigendes Quellwolkenband ziemlich schnell von Nordwest nach Osten, wo sich die Formation zersetzt. Nach unten ist die riesige dynamische Quellung glatt abgegrenzt zu einem dunkelblauen, unbeweglichen Dunststreifen. Am Himmel ein paar rauchblaue Fetzen, darunter von noch durchsichtigeren, kleinen Fetzen überholt. Immer wieder große Ausreißer aus dem sich auflösenden Horizontwolkenband, die höher über den Himmel hinwegziehen. Hohe Geschwindigkeit. Großes Wolkentheater. Die Ausreißer lösen das Wolkenband auf, das sich in Windeseile über den ganzen Himmel verteilt, weniger voluminös, in Schlieren; hellgraublau. Und in all dem keine Spur von Morgenröte. Es wird wieder ein stürmischer, es wird wieder ein regnerischer Tag werden; vielleicht wird es hageln und im Garten die schon frisch geöffneten Rosen und wie festliche Ballkleider weit aufgeblühten purpurnen Päonien zerfetzen.

Quellwolkenband am Horizont. Stürmisch. Kaum eine Spur von Morgenröte. Alle Bäume in Bewegung, in ihnen wühlt der Wind. Unter den heftig wogenden unteren Zweigen der Esche blitzt Rosa auf. Die vor drei Wochen gepflanzte Kletterrose blüht; »Paul's Himalayan Musk« ist also angewachsen. Sie ist mit einem Tau zum Stamm der Esche geführt und soll – so der Plan, so der Wunsch – in sie und in die große Weide hineinwachsen. Romantische Durchdringung; gesteuerte Wildnis. Und was für unreflektierte Zeitdimensionen sind da im Spiel.

Fenster auf. Feuchte Kühle. In einem der unbeweglichen Bäume in der Nähe singt laut eine Nachtigall. Überall Vogelstimmen. Unten, auf den alten Bauschutthalden entlang der Auffahrt, blüht tomatenroter Klatschmohn. Ein Nordosthorizont matt und schimmernd wie Porzellan, milchig rosa und wolkenlos. Nicht nur der Horizont, der ganze Himmel wolkenlos: der abnehmende Halbmond im Süden, östlich daneben der Morgenstern Jupiter und der Morgenstern Venus im Osten sind klar sichtbar, uneingeschränkt von den riesigen, ziehenden Wolkenballungen der letzten Tage. Fenster zu. Durch die rosa Färbung kommen einige vorher unscheinbare, dünne, fadige Wolkenschlieren am ansonsten leeren Himmel zur Geltung. Nachdem ihnen das Rosa wieder abgezogen wurde, liegen sie in zwei dünnen weißen Streifen diagonal über dem Himmel. Hinter der Birke glühendes Blutorange, Geburtsblut des neuen Tages.

Physiologische Ermüdung morgens zwischen vier und fünf Uhr. Ermüdung am Thema Morgenröte. Unlust an der Beschreibung. Zu geringe Variation und die Tag für Tag zutage tretende Unfähigkeit, die zuweilen über längere Phasen nur minimalen Differenzen zu erfassen. Unlust an der Beschreibungsschreibe: narzißtische Kränkung des eigenmächtigen Realitäts-Komplotts; Unlust, kontingente Gedanken mit Morgen, mit Röte, mit Himmel- und Wettersensationen zu verknüpfen; Unlust, Analogien herzustellen; alle »wie«-Konstellationen sind verwerflich: Wolken wie Watte, ein Horizont wie Porzellan, wie Glas; eine Wasseroberfläche wie Quecksilber oder Blei; Unlust schon gar, die Morgenröte metaphorisch anzuwenden, politisch, kulturell, literarisch: Morgenröte der Sozialdemokratie; Aufklärung im Licht der Morgenröte; Morgenröte des auktorialen Autors; oder im Gegenteil: Autor-Dämmerung. Und Unlust beim zu Ende gehenden Leben am Leben, da es zu Ende geht. Beobachtung des eigenen Untergangs im Lichte der Morgenröte; nicht durch ein Paradox auszuhebeln.

Dunstgrauer, milchiger Porzellanhorizont, wolkenlos. Keine Spur von Morgenröte.

In Teheran: Demonstrantinnen gegen Wahlbetrug und Diktatur tragen Schleier und grüne Bänder an den Handgelenken oder im Haar sowie große dunkle Sonnenbrillen und halten Schilder hoch, die nachfragen: where is my vote? Demonstranten mit filmenden Handys, deren Ergebnisse sie ins Netz stellen, unterlaufen im kleinen Stil, aber massenhaft die Pressezensur des Regimes. Mediales Gezwitscher erhebt sich gegen Drohgebärden islamischer Autoritäten und die blutige, militarisierte Staatsgewalt. Wie Michel Foucault seinerzeit aus dem Iran berichtete, wurde die islamische Revolution des Ajatollah Chomeini ebenfalls mit modernen Kommunikationsmedien vorbereitet, per Telefon und mit Tonbandkassetten, als »Instrumenten der Gegeninformation«.

Der halbe Mond steht in der Spitze der großen Weide, rechts daneben – im Süden – Jupiter, in fast gleicher Höhe, doch ein bißchen
flacher – im Osten – Venus am irisierenden, wolkenlosen, türkisblau-
en Dämmerungshimmel. Noch sind die Straßenlaternen an, doch
die Nacht ist in der Jahreszeit der Sonnenwende kaum noch wirklich
dunkel. Fenster auf. Verschlafen verhalten zwitschern die Vögel im
Gebüsch. Jetzt um Viertel vor vier Uhr ein orangegelber Nordosthorizont unter vielstreifen dunkelblauen Wolkenanordnungen wie
Rippenknochen. Fenster zu.

Gestern abend glühte noch bis fast dreiundzwanzig Uhr der
Abendröte-Abschein des Sonnenuntergangs am ganzen Nordhorizont
nach. Kaum fünf Stunden später, nach einer kurzen Nacht, erscheinen
schon wieder die ersten Zeichen der Morgenröte.

Das Gelbliche am Horizont verblaßt, weicht einem Rosa, die
dunkelblauen Rippen lösen sich auf, verbinden sich, ziehen sich in die
Länge. Ein kleiner, abgerissener Teil der Rippen ist in Richtung Venus
gezogen und steht mit drei Waagerechten – diagonal versetzt mit dem
Umriß eines Parallelogramms – über dem Morgenstern. Fenster auf.
Vogelsoli in den Bäumen. Dunkle Krähen fliegen lautlos über den
hellblauen, verschatteten Himmel. Am Horizont eine kontrastreiche
rosa und dunkelblaue Schichtung. Unten setzen sich grelle, hibiskusrote Streifen durch, steigen auf, erfassen Partien der dunkelblauen
Schichtung, färben sie um, bringen sie zum Hibiskus-Rotglühen. Am
Himmel wieder eine – reorganisierte – vielstreifige Wolkenformation
vor hellem Hintergrund, die Streifen nehmen in ihrer Dicke nach oben
hin zu, leicht gefächert, diagonales Arrangement. Straßenlaternen erlöschen. Fenster zu. Das Hibiskusglühen steigt nicht nur auf, über
den Horizont hinaus und ergreift die Unterseiten der Wolkenrippen,
es ergreift auch horizontal Richtung Norden die Schichtungswolken.
Rauchblaue, schwebende Erscheinungen mit hibiskusrot glühenden
Bäuchen über dem gesamten Nordosthimmel. Auflösung der großen Rippen zu kleineren Einheiten unter Beibehaltung der Parallel-
struktur und des Streifigen. Dort, am Horizont, wo das Rosa zum
Hibiskus wurde, erblaßt das Hibiskus wieder, wird heller, wird zu
einem reinen Rosa, das die kleinen, niederen Streifenwölkchen in

der Umgebung erfaßt und in eine rosa schimmernde Weißglut versetzt.

Venus ist von graublauen, rosa angehauchten Wölkchen umringt, der halbe Mond hängt in einem weißen Wolkengespinst, Jupiter ist verschwunden. Der heller werdende Himmel ist fast leer. Nur noch einige graublaue, rot angehauchte Wolken über dem Horizont, wo Rosa und Weißglut im hellen, fast fliederfarben gewordenen Dunkelblau dominieren und wo, hinter der Birke – jetzt noch unsichtbar –, die Sonne aufgeht. Auch Venus ist jetzt verschwunden oder von einem der winzigen Wölkchen verdeckt. Altrosa-weiß marmorierte Wolken vor einem hellblauen Himmel. Die Birke steht als große Silhouette vor einem hellgelben Schein, von unten her bricht aufsteigend Goldglanz durch.

Noch drei Stunden zu früh für ein Martello-Tower-Breakfast, zu früh für gebratene Eier, Honigbrote, Tee mit Milch; während Mr. Leopold Bloom sein Haus verläßt und auf die Sonnenseite der Eccles Street wechselt. »Die Lider sanken ihm oft über die Augen, in aller Ruhe, während er in seliger Wärme dahinschritt. Boland's Brotwagen, der uns auf Platten unser tägliches anliefert, aber sie hat ja lieber welches von gestern, knusprige Törtchen, heiße Hefezöpfe. Richtig jung fühlt man sich davon. Irgendwo im Osten: früher Morgen: Aufbruch bei Dämmerung, dann rundum immer vor der Sonne herreisen, damit stiehlt man ihr einen ganzen Tag ab. Hielte mans ewig durch, würde man nie einen Tag älter, rein technisch.«

Zu früh auch für Mollys Frühstück: Tee mit Sahne, trockenes, dünnes Brot mit Butter; schon gar für Poldys gebratene Schweineniere, die er beim frettchenäugigen Schlachter Dugacz gekauft hatte, bevor er die Dorset Street, geschwächt von allerlei Überlegungen, wieder zurück nach Hause ging – »Morgenstunde, flau im Munde« – und den Tee aufbrühte und dann die Butter in die Pfanne gab.

Vor genau siebzig Jahren lud James Joyce seine Familie, seine Verlegerin und einige Schriftstellerfreunde in der Nähe von Versailles zu einem »dejeuner Ulysses«, der ersten Feier des Bloomsday, die in einem – für alle folgenden offiziellen Bloomsdays in Dublin und überall stilbildenden – Besäufnis endete, bei dem Samuel Beckett wortwörtlich auf der Strecke blieb und erst am nächsten Tag nach Paris zurückfand.

Trennung von der Joyce-Lektüre; zäsurierend unterstützt – nein, kein Tee – von einer großen Tasse Kaffee mit viel Sahne.

Weiter im Leseprogramm. Überraschender Titel: »Mein Schreibtisch am Fenster«, ein Buch von Peter Zeindler. Kapitelanfang:

»Ich hebe den Blick über den Rand des leeren Bildschirms meines Computers und erkenne Heldt an seinem unverwechselbaren Gang. Mit angezogenen Ellbogen geht er quer über den Platz. Er hat wohl aus den Augenwinkeln festgestellt, daß bei mir noch Licht brennt. Er hebt den rechten Arm.

Ich winke zurück. Heldt ahnt nicht, daß ich die Absicht habe, die Rolle von Loidls Ghostwriter zu übernehmen. Dieser Gedanke erfüllt mich mit Befriedigung.«

Ein zweitklasiger Autor sitzt am Schreibtisch, blickt aus dem Fenster direkt auf das Verlagshaus, sieht den Verleger und die Autoren kommen und gehen, erfährt von der attraktiven Geliebten und späteren Ehefrau des Verlegers, daß sie zuvor die Geliebte des Starautors war, des Platzhirschs des Hauses, von dem inzwischen jedoch das imageschädigende Gerücht umgeht, er sei, wie es heißt, »ausgeschrieben«.

Ein anderer Kapitelanfang: »Wenn die Tage länger und wärmer werden, sitze ich bei offenem Fenster am Scheibtisch. Ich kann auf den Garten hinübersehen, der zum Verlag gehört und in dem in ein paar Tagen das große Frühlingsfest stattfinden wird. Der Verleger allerdings wird zum ersten Mal fehlen. Loidl hat mir am Telefon erzählt, daß sich Heldt laut ärztlicher Verlautbarung am rechten Knie habe operieren lassen müssen. ›Das ist die offizielle Version‹, ergänzt Loidl zum Schluß mit einem schäbigen Lachen.«

Der Autor am Fenster beobachtet die Szenerie, begibt sich in das Geschehen im Dunstfeld des Verlagshauses und schreibt einen stilistisch überaus kitschigen Roman mit einem dazu passenden Titel: »Sternschnuppen der Liebe«. Ein Roman im Roman, in dem sich die Kapitel der beiden Ebenen Realitäts-Fiktion und Fiktions-Fiktion abwechselnd ergänzen, beleuchten, verfremden. Hinter der Doppel-

ebene steht die Dialektik von Realität und Fiktion am Modell des
»ready-made« in der Kunstgeschichte: was zu Literatur erkoren wird,
entscheiden die Verleger und die Kritiker der Szene, und Kunst und
Leben ersetzen sich gegenseitig: Leben bringt Kunst hervor, Kunst
dirigiert das Leben. Es geht um literarisch inszeniertes Leben und
um Bestsellerproduktion, um Selbstdarstellung und Konkurrenz,
Macht, Sex und Verrat. Der Autor am Fenster versucht nicht nur,
die Realität abzuschreiben, sondern auch die realen Figuren durch
Fiktion zu manipulieren. Zuletzt bleibt offen, ob er nicht selbst eine
manipulierte Figur in einem Spiel ist, das er aus seiner Perspektive
nicht erfassen kann.

Leider hat Zeindler die stilistische Differenzbildung nicht weit
genug in Spreizung gebracht; die Sprache der zweiten, der einge-
schachtelten Ebene des Romans ähnelt der Sprache der ersten oft nur
zu sehr. Und wenn auf der zweiten Ebene die Mittelmäßigkeit des
Autors im Schatten des Stars vorgeführt wird – wobei unverständlich
bleibt, daß der abgehalfterte Star bejubelt, wie sein Geisterschreiber
seine literarischen Intentionen zu treffen vermag –, fragt sich, ob
auf der ersten Ebene der Schriftsteller Peter Zeindler sich nicht allzu
routiniert den Mustern der gehobenen Unterhaltungsliteratur ergeben
hat, die er auf der anderen Ebene karikierend zu kritisieren scheint.
Oder hat er auch da noch eine ironische Volte eingedreht?

Venus-Mond-Jupiter-Konstellation am frühmorgendlichen Dämmerungshimmel. Eine große Wolke zieht gerade von Nordwesten nach
Südosten zwischen Venus und Jupiter hindurch, ohne Venus zu verdecken, und der leicht gesichelte Viertelmond wird nur kurz transparent beschleiert. Im Nordosten das fast schon gewohnte, mattblaue
Band mit dem irisierenden gelblich-rosa, hellblau-weißlichen Porzellanhorizont. Darüber rauchblaue, ziehende Wolkennomaden mit
flachen Unterseiten, gebauschten Oberseiten, die am Rand großer
Bauschwolkenflächen am Himmel zusammen zügig davonschweben.
Unentwegt Nachschub in größeren Dimensionen und langgezoge-

nen Gestalten mit und ohne Randbegleitung. Venus-Mond-Jupiter verschwinden unter der dicken Wolkenschicht, tauchen wieder auf, einzeln oder zusammen. Fenster auf. Kühle, feuchte Luft.

Ohne Strickjacke und ohne Strümpfe sind diese kalten Junimorgen am Schreibtisch nicht zu ertragen, was völlig den Sommererwartungen widerspricht. Schnell ziehende Wolken über unbeweglichen Bäumen, in denen die Vögel ihre Morgengesänge ertönen lassen. Der dicht beblätterte Ahorn hängt voller Büschel doppelgeflügelter Samen in Form von kleinen, hellgrünen Herrenkleiderbügeln. Fenster zu. Der Horizont über dem Wolkenband fast unverändert irisierend rosaweißlich, hellblau. Keine grellen Intensitäten, keine Verdichtungen, keine Erglühungen. Ein völlig entspannter Porzellanhorizont.

Die Orchidee am Rand des Schreibtischs in der hohen Vase vor dem Fenster, ein Geschenk und seit Monaten blühend, wirkt matt und durstig, läßt einige ihrer Blüten hängen; diese wunderbaren, hypnotisierenden weißen Blüten mit grünlichen, goldgelben Mittelpunkten, die an hohen, gebogenen Stengeln sitzen wie engelhafte Schmetterlinge. »Phalaenopsis-Hybride«, steht auf dem Schildchen, das in dem durchsichtigen Pflanztopf steckt, gefüllt mit Rindenstückchen, durch die sich graugrüne Wurzeln winden, die an manchen Stellen oben als Luftwurzeln aus dem Substrat hervorbrechen. Phalaenopsis: der Name verdankt sich den Schmetterlingsblüten mit dem Aussehen von Faltern. Neben einer Pflegeanleitung und der Beschreibung des idealen Standorts ist auf dem Schildchen – mit einem Ausrufezeichen nachdrücklich gewichtet – weiter zu lesen: »Pflanzen dürfen nicht verzehrt werden.« Seit es in Restaurants Mode ist und man sich wieder daran erinnert hat, Salatteller mit eßbaren Gänseblümchen, Rosenblättern, Borretsch- und Kapuzinerkresseblüten zu dekorieren, ist der Hinweis vielleicht nicht ganz und gar überflüssig. Ungeklärt ist aber, ob die Pflanze nicht zum Verzehr geeignet oder ob es nicht erlaubt ist, die Orchidee für eine kostbare Salatdekoration zu plündern. Wie auch immer, als erstes – auch vor dem eventuellen Verzehr – benötigt Phalaenopsis dringend ein vitalisierendes Tauchbad in leicht angewärmtem Wasser.

Und dann doch unterseits erglühte, graublaue Wolken, in dieser unbeschreiblichen, mattglänzenden Altrosa-Hibiskus-Grau-Melierung eleganter, alter Damen.

Die Straßenlaternen inzwischen erloschen; der Horizont zartrosa, das Wolkenband schmilzt, der Himmel hell; gelblicher Schein um die Birke. Goldglanz der aufgehenden Sonne, der das Zimmer erreicht, die Wände beleckt. Der Schattenwurf des Ergometer-Fahrradlenkers als archaisches Gehörn an der gemauerten Wand unter der Schräge; ein verchromter Tauros mit integriertem Messgerät im warmen Morgensonnenlicht. Die entglühten, weißer werdenden Wolken zerteilen sich in kleinere Formate, dazwischen hellblauer Himmel und ein verblassender Mond mit einer immer noch scharfen Sichelkontur.

Grauer Dunsthorizont. Geschlossene Wolkendecke. Keine Spur von Morgenröte.

Was gibt es für Optionen im Iran für die Regierung? Zurückweichen oder Niederwerfen der Opposition auf der Straße?

Grauer Dunsthorizont. Geschlossene Wolkendecke. Fenster auf. Ein Windstoß löst den Zerfall aus: von einem großen Strauß purpurfarbener Päonien rieseln einzelne Blütenblätter zu Boden und reißen immer mehr und mehr Blütenblätter mit sich, bis bei einigen Stengeln – nackt und entkleidet – nur noch die pudrigen Goldkränze der Staubgefäße aus der Vase ragen. Daneben weit verwelktere Blütenköpfe, die noch festhalten, Bestand wahren, bis auch sie der Zusammenhalt verläßt, und wieder rieselt und rieselt es mitreißend, und Blüten höchster Blüte und Blühkraft fallen innerhalb kürzester Zeit auseinander. Fenster zu. Eine Spur von Morgenröte, lange noch nach dem unsichtbaren Sonnenaufgang. Auf den Holzdielen ein Purpurteppich der Vergänglichkeit; gewellt. Blütenblatt um Blütenblatt, dunkler als je zuvor und lautlos aufschreiend in der Verdunstung; die goldgelbe Kehle erhebend, verengend, absinkend, die Blütenblattwölbung spannend, dann streckend; atemberaubend; dann ermattet und unwiderruflich ohne Turgor; herzzerreißend. Atemberaubend der Anblick des verschwenderisch Schönen; herzzerreißend, nichts davon festhalten zu können. Erinnerung an die sakralen Blütenteppiche der Kindheit: vor den Kirchen, vor den Altären am nicht enden wollenden Prozessionsweg; und an die unterdrückte Lust, sich in die Rosenblüten, Ringelblumen, Margeriten zu legen, darin zu versinken.

Mit Vergangenheit verwobene Gegenwart. Und gegenwärtig das Gefühl des uneinholbaren Verlusts, der Suche nach dem, was gesagt, erlöst, erblüht werden sollte. Homerische Lotophagen-Phantasie: überaus köstliche, frische Blütenblattsalate, die alles vergessen machen. Wunsch aller Ostasien-Reisenden.

Heller graurosa Dunsthorizont, völlig wolkenlos. Vier-Uhr-Nachrichten. Unruhen im Iran.

Die Konstellation des Mondes zu den Morgensternen ist verändert: der hauchdünne Sichelmond steht östlich von Venus und nicht zwischen Venus und Jupiter. Eine Herde Wolken wie auseinandergezogene Watteknäuel zieht langsam darüber hinweg. Fenster auf. Kühle, Unbeweglichkeit. Verschlafenes Gezwitscher, das in dem verhaltenen auf- und abwogenden Verkehrsrauschen mitschwingt. Fenster zu.

Am Nordosthorizont ein gleichmäßiges, milchig-weißliches Rosa, wie zeitlos und ohne Zeichen der Veränderung. In der Zeit bis zu den Fünf-Uhr-Nachrichten im Rundfunk singt ein Chor die Motette von Hugo Distler »Fürwahr, er trug unsere Krankheit«. Dann doch eine Intensivierung des Rosa, eine Errötung hinter der Birke. »Fürwahr. Fürwahr.« Der Kalender vermerkt den frühesten Sonnenaufgang des Jahres um 4.49 Uhr. Die wenigen Wölkchen am Himmel leuchten in einem Puderrosa vor dem hellen Himmel auf; blass geworden, die noch hauchdünnere Mondsichel; durch die Birke strömt Goldglanz. »Fürwahr. Fürwahr.«

Die für heute geplanten Demonstrationen in Teheran wurden vom iranischen Innenministerium verboten. Die Ansprache zum Freitagsgebet war eine Kampfansage des machthabenden Klerus an die Menschen im Iran. Die Wahl zwischen der Option Zurückweichen oder der Option Niederwerfen ist entschieden.

Zu spät. Die goldglänzende Sonne übersteigt schon den Horizont. Den morgengeröteten Morgenhimmel zum Sommeranfang verschlafen.

Eos-Aurora hat den Übergang der Nacht zum Tag bereits dem Tag überlassen. Der Göttin blasser, schon durchsichtiger Finger tippt im Abdriften gerade noch an die Stirn des schlaftrunkenen, sterblichen Menschen. Als bewußtseinstrübende Nachwirkung des Rieslingempfangs für den Sommer, in der vergangenen, wunderbaren Nacht hatte – möglicherweise – die das frühmorgendliche Aufwachen steuernde Gehirnprogrammierung ausgesetzt. Zu lange in der kurzen Nacht des Sommeranfangs der schönen Vorstellung gehuldigt, zum Anfang des neuen Sommers ausgiebig jenen Wein zu trinken, der in der Sonne des vorigen Sommers gewachsen und gereift war. Ergriffen vom Geist des Dionysos wie lange nicht mehr und sich traumhaft heimwehhaft erinnert an die großen Rieslingflaschen und an die zarten, mit Weintrauben und Weinlaub gravierten, grünhenkeligen Gläser, die bei den Großeltern an Sommerabenden auf dem langen Tisch im Wintergarten standen; mit den weit aufgeklappten doppelten Fenstern und den leicht im Wind wehenden, duftigen Vorhangschleiern. Und um den Tisch herum saßen wie olympische Götter lachende Menschen. Unter ihnen Großmutter, mit dem Blüten- und Morgenrötefarben-Vornamen Rosa.

Und jetzt: von allen Göttern und von allen guten Geistern verlassen; von allen verlassen, am schmerzhaftesten: von Dir.

Heller Dunsthorizont, nur eine Spur Morgenröte. Die Wiesen voller Nebelschwaden.

Der Wächterrat im Iran räumt Unregelmäßigkeiten bei der Wahl ein.

Hellrosa, blau hinterlegter Horizonthimmel. Ein Trio schleierdünner, schraffierter Wolkenbänder aus einem Punkt über dem Horizont kommend, fächernd über den Himmel gelegt; rosa behaucht.

Fenster auf. Verkehrsrauschen, durchflochten von Vogelgesang. Fenster zu. Das Hellrosa des Nordosthorizonts nimmt an Leuchtkraft zu, auch die Unruhe nimmt zu: zwei abgerissene Kondensstreifen, zwei Schrägen wie Accent aigu und Accent grave, dazwischen ein plastischer, weiß-rosa Wolkenwirbel. Morgenstern Venus einsam am Südhimmel, darunter ein paar graue Wolkenstreifen in Auflösung. Neumond und Jupiter bereits unsichtbar. Das Hellrosa des Nordosthorizonts nimmt weiter an Leuchtkraft zu, wird Malvenrosa, breitet sich aus. Der Wolkenwirbel wie in langsamer Bewegung, quillt auf, rührt sich, dreht sich; die Akzente der trapezförmigen Begrenzung quellen ebenfalls, nach außen Kontrast zum umgebenden Hellblau, nach innen in den Wirbel hineingezogen. Daneben Goldglanz hinter der Birke. Malvenrosa, Feuerrosa. Das Rosa des Wolkenfächers zurückgenommen, nur noch dünne Schleier in luftigem Weiß.

Der Wächterrat schließt eine Annullierung der vergangenen Präsidentschaftswahl aus. Geht es noch um Wahlbetrug oder schon um die Infragestellung der fundamentalistischen Machthaber? Bärtige alte Männer, die über ein junges Volk bestimmen, das nichts als Freiheit, Wohlstand und Entfaltung seiner Talente will. Die Drohungen der Polizei gegen die Protestierenden, die als Krawallmacher oder Terroristen bezeichnet werden, nehmen zu. Tote auf den Straßen Teherans. Gefangennahme von Oppositionellen, Intellektuellen, Journalisten und Internetaktivisten. Bahnt sich die Grüne Revolution an, vielleicht das Ende der Islamischen Republik, deren Name schon einen Widerspruch in sich enthält? Kein Gottesstaat kann ein Volk als Souverän akzeptieren. Nicht Souveränität, doch Gerechtigkeit wird gerade immer wieder von obersten Rechtsgelehrten eingefordert.

Der iranische Filmemacher Mohsen Makhmalbaf sagt in einem Interview mit der »tageszeitung«: »Vor 30 Jahren haben wir die Revolution gemacht. Und wir bedauern es.«

Flüssiges Rosarot, ausgegossen am Nordosthorizont, erstarrt zu einem zarten Gelee, Erdbeergelee, Johannisbeergelee, Rosenblütengelee; Gelee des frühen Morgens, auslaufend. Fenster auf. Die schwarze Katze der Nachbarin kommt den Straßenrand entlang, balanciert gleichsam auf der weißen Abgrenzungslinie, biegt ab, geht auf vorsichtigen Pfoten die Einfahrt hinunter, vorbei am tomatenroten Klatschmohn, biegt um das Haus zum Garten hin. Ob sie hier auch Wühlmäuse jagt wie zu Hause, oder ist für sie hier arbeitsfreies Erholungsgebiet? Brandung des Verkehrs von der Autobahn, Gepolter von Lkws und Anhängern, Zischen der Reifen, die unendlichen Wellen der modernen Geschwindigkeit, der Motoren. Rosa Gelee des Maschinenfetts. Gemischt in das Rauschen der Mechanik: das muntere Zwitschern, das Gurren, Piepsen. Wolkenloser, glasiger Horizont, in den sich langsam ruckend niedergleitend ein schäumender Kondensstreifen mit einer Art Bohrspitze frißt, den entstehenden Streifen hinter sich gleich wieder auflösend. Intensiver werdender Geleehorizont, rosa Konzentrat, mit kreisrunder Goldeinlage hinter der Birke.

Seit einem halben Jahr jeden Morgen erneut Sätze zur Morgenröte, Sätze zum Horizont, zum Himmel, zu den Wolken, zum Glanz der aufgehenden Sonne. Unterscheiden sich die Sätze von Morgen zu Morgen?

Aurora-Protokolle: Schreibprogramm einer Selbstvergessenheit. Was wurde am Tag zuvor geschrieben?

Aurora-Protokolle: Texte eines lethisch Schreibenden für lethisch Lesende, die kaum, daß sie etwas gelesen haben, gleich wieder vergessen. Lesen im Augenblick, das sich an den Moment zuvor nur noch vage erinnert. Lesen wie Fernsehen. Die Steigerung: Leben wie Fernsehen. Unablässiger Zeitverbrauch im Gegenwärtigen, dahinter Abblende, Dunkel, zusammenhanglose Ahnungen. Oder Schreiben und Lesen und Leben in der Abwehr des Schmerzes?

Lethisches Dasein im Modus Hölderlinscher Unsterblichkeit.

Es scheint so, als wären die alten Männer des Machtapparats untereinander zerstritten. Auf den Straßen Teherans wird jeder Protest brutal niedergeschlagen. Hat man Angst vor einem Systemwechsel? Mohsen

Makhmalbaf sagt zur Bedeutung des Oppositionsführers, der einst selbst dem Establishment angehörte: »Die Bewegung geht inzwischen weit über Mussawi hinaus. Er ist ein Symbol für Mindestveränderungen.«

Fenster auf. Wind. Die Bäume bewegen sich. Sonst war Sturm eigentlich nur am Tag. In den langfristigen Wetterprognosen der Name »Jetstream« zu lesen. Fenster zu. Hibiskusrosa Morgenröte, in die vom Wind zerfetzte blaue Wolken eingerührt sind. Hibiskus wird grell, und die blauen Wolken nehmen es an den Rändern und Unterseiten auf. Eine parallele, farbstarke Schichtung – Blau, Hibiskus, Blau, Hibiskus – vor dem weißlichen Nordosthorizont. Dann ist Hibiskus – bis auf vereinzelte Stellen – abgezogen. Die Skala der Blautöne herrscht vor.

Ein müder Morgen nach einer schlechten Nacht. Über der Tastatur für einige Minuten eingeschlafen; das Knacken der Heizung weckte. Das Jahr geht in die zweite Hälfte. Der Aufgang der Sonne wird heute zwei Minuten später als nach der Sonnenwende erfolgen; die bislang von Morgen zu Morgen früher einsetzenden Morgenröten und Sonnenaufgänge sind überwunden. Bewegter Horizonthimmel, aber die lähmende Müdigkeit nimmt überhand und unterbricht die Suche nach Nachrichten und neuen Informationen aus dem Iran im Netz.

»Ahmadinedschad spricht für die Ajatollahs sowie für deren Söhne, Töchter, Familien und für alle, die durch ihre Hilfe korrupte Millionen verdient haben. Ahmadinedschad spricht für die islamischen Revolutionsgarden sowie für deren Familien und Verwandte, die die teuersten Häuser, die schönsten Autos und die luxuriösesten Villen in Besitz genommen haben, alles durch das große Monopoly des Ölgeschäfts. Ahmadinedschad spricht für die Großhändler, die durch den Import von westlichen Waren Milliarden verdient haben, ohne dafür auch nur einen Pfennig Steuern zu zahlen. Ahmadinedschad spricht für eine mächtige islamische Mafia, die sich in den vergangenen dreißig Jahren herausgebildet hat. Und Ajatollah Chamenei ist zum Beschützer dieser theokratischen Machtclique

geworden«, schreibt der iranisch-niederländische Autor Kader Abdolah in der Online-Ausgabe der »Frankfurter Rundschau« und zollt der iranischen Jugend seinen Respekt für den Mut, für ihre Forderungen auf die Straßen zu gehen.

Blaugrauer Dunsthorizont, regnerisch. Keine Spur von Morgenröte.

Die zweite Grüne Revolution wird mit Gewalt zum Schweigen gebracht. Ende des persischen Gezwitschers. Grün, im Islam die Farbe zwischen den Extremen Weiß und Schwarz, symbolisiert die Farbe des Paradieses. Ist das Symbol aber nicht arabischer Provenienz und dem Persischen eigentlich fremd?

Blaugrauer Dunsthorizont. Keine Spur von Morgenröte. Der Bauernkalender nennt den heutigen Tag für die Wettervorhersage »Siebenschläfer«; danach wird das heutige Wetter in den nächsten sieben Wochen – also bis Mitte August – den Ton angeben. Die fehlende Morgenröte wirft kein gutes Licht auf den Sommer.

Ein Mullah im Iran fordert die Todesstrafe für die Anführer der Revolte. Fundamentalistische Rachephantasie, die hoffentlich Phantasie bleibt.

Blaugrauer Dunsthorizont. Keine Spur von Morgenröte.

Fenster auf. Der Horizont ist nach wie vor dunstig, aber das weißliche Graublau von hellrosa Schlieren duchzogen. Darüber eine langgestreckte blaue Wolkenbank. Dem Blick Richtung Autobahn zeigt sich dicker Nebel über den Wiesen und zwischen den Forsten.

Auch auf den Wiesen hinter dem Fluß liegt eine hohe Nebelschicht. Feuchter Duft nach Rosen und verblühendem Holunder steigt hoch, der am Südfenster noch intensiver wahrzunehmen ist. Von dort geht auch der Blick bis zum äußersten Rand des Grundstücks, wo am Ende des Sommerdeichs hinter dem Dach des Gartenhäuschens, umgeben von grünem Gebüsch, der Kopf der Steinskulptur sichtbar wird; vom südöstlichen Dachfenster aus ist sie fast in ihrer Gesamtheit zu sehen: eine Minotauros-Figur mit der Andeutung einer angewinkelten rechten Hand. Sie steht fest und schwer.

Am vorigen Sonnabend wurde sie enthüllt, das weiße Tuch weggezogen. Eine Einladung zur Apokalypse an Freunde und Freundinnen des Bildhauers war ergangen, und die Rede zum Empfang der Gäste und zur Ehre des Künstlers ironisierte »die Apokalypse als Enthüllung und Offenbarung von den letzten Dingen der Welt« durch »die Apokalypse als Enthüllung und Offenbarung von der ersten Skulptur dieses Gartens«. Zeitenwende nicht als Unheil und Katastrophe, vielmehr als Belebung und Inspiration.

Hellblau, Hellrosa; weiß erhellend der Nordosthorizont, die blaue Wolkenbank zerteilt sich in Einzelwolken, schmalere Bänder unter Wahrung des vorherigen Umrisses. Die Wolken noch mehr zerteilt, mit rosa Umrissen, weißlich-fliederfarbener Horizont. Durch die Birke schimmert dunkles Glühen. Fetzen von Nebelschwaden, die durch die Bäume Richtung Fluß ziehen. Goldglanz zwischen sachte schwingenden Birkenzweigen. Fenster zu.

Vom Fenster des Arbeitszimmers ist der Minotauros nicht zu sehen. Reflektiert er einsam und unbeobachtet im Gebüsch dort seine große Vergangenheit und Bedeutung in der griechischen Mythologie und schreibt insgeheim an seinen Memoiren? Unbeantwortet bleibt die Frage, ob man sich aus dem Labyrinth herausschreibt oder schreibt man sich ins Labyrinth hinein? Gibt es schreibend ein Entkommen oder im Gegenteil nur ein noch tieferes Eindringen ins Labyrinth der Wörter, ein Sich-Verlieren darin? Bestenfalls gibt Schreiben eine mehr oder weniger gewisse Richtung, minimal: von links oben nach rechts unten; schreibende Orientierung, kybernetische Suchbewegung, Navigation. Nicht mehr, nicht weniger.

In seiner klaustrophobischen Minotauros-Erzählung stellt der ungarische Schriftsteller Péter Nádas eine Beziehung her zwischen der Hand und dem Zurechtfinden im Dunkel des Labyrinths: die Schreibhand als relativen Fixpunkt und Hilfe zur räumlichen Orientierung. Doch welche Orientierung gibt die Schreibhand im Labyrinth wirklich? Ist sie eine Art Eselsbrücke, um eine Rechts-Links-Unsicherheit zu balancieren? Kinder verwenden diese Eselsbrücke, bis das Rechts-Links-Schema in einen körperlichen Automatismus übergegangen, sozusagen »eingefleischt« ist. Oder ist Schreibhand verantwortlich für unproduktive Umwege? »Die ausgestreckte Hand stößt gegen die Wand. ›Meine rechte Hand ist die, in der ich den Bleistift halte. Meine linke die, in der ich keinen Bleistift halte. Also linker Hand.‹ Die Hand ertastet die Wand auf der linken Seite, tastet sich links voran. Drei Schritte. Er kannte den Weg. Die ausgestreckte Hand stößt gegen die Wand. Die rechte Hand ist die, in der ich den Bleistift halte, also in Richtung der rechten vorwärts. Die Hand tastet sich rechts voran. Trifft dort auf den Spalt. Mit Leichtigkeit preßt er sich hindurch. In gähnende schwarze Leere. Deren Grenzen er noch niemals gesehen hat.«

Blaugrauer Dunsthorizont, Nebel. Keine Spur von Morgenröte.

Der Minotauros der griechischen Antike ist eine Hybridgestalt: ein männlicher Menschenkörper mit einem Stierkopf. Er ist der Sohn der kretischen Königin Pasiphae mit dem weißen Legitimations-Stier der Minos-Herrschaft von Poseidons Gnaden. »M. verdankt in der Sage seine Existenz der widernatürlichen Verbindung von Minos' Gattin Pasiphae mit dem Stier, den Poseidon dem Minos zur Bestätigung seiner Herrschaft gesandt, dessen Opferung dieser aber unterlassen hatte«, erklärt der »Kleine Pauly«. Aber warum heißt er Mino-Tauros, Stier des Minos, da er doch ein Sohn der Minos-Gattin Pasiphae und des Opferstiers ist? Wie die Namensgebung vermuten läßt, ist der Minotauros ein von König Minos angenommenes Kind, aber da es aus einer außerehelichen Verbindung hervorgegangen ist, ist es sehr wahrscheinlich ein ungeliebtes bis gehaßtes Kind. Minos deckt die Folge des leidenschaftlichen Verhältnisses seiner Gattin zu dem

weißen Stier, aber der verräterische Bastard wird in ein Gefängnis ver-
bannt, weggesperrt. Wer hat ihm die Jugend der von den königlichen
Truppen besetzten Gebiete zum Fraß versprochen?

Den Aspekt des traurigen Minotauros hat der viktorianische Ma-
ler George Frederick Watts überaus eindrucksvoll in seinem Bild einer
aussichtslosen Aussicht realisiert. Es gehört zur Sammlung der Tate
Gallery in London. Das Bild zeigt den Rücken des Minotauros, der
vom Dach des Layrinths einsam und sehnsüchtig in die Ferne einer
unbestimmten Landschaft blickt. Sein Standort ist eine gemauerte
Ecke, in die sich der nach vorn gebeugte Körper lehnt. Die nackten
muskulösen Arme liegen angewinkelt auf der mächtigen Balustrade auf, durch die schräge Haltung hat sich die Brust zwischen den
Armen auf die Mauer gesenkt, und das haarige Schwanzende hängt
hochgeworfen auf der Hüfte. Vor der Brust auf der Mauer die beiden
Hände, von der die vordere der beiden einen Fetzen in der Faust
hält, völlig vergessen, welcher menschenfresserischen Handlung das
Relikt entstammt. Aus dem athletischen Brustkob und dem massiven Rücken erwächst ein breiter Stiernacken. Auf dem faltigen Hals
sitzt ein Kopf mit einem kleinen, unentwickelt zurückgebliebenen
Gehörn und zwei abstehenden, aufmerksamen Ohren. Das Gesicht
des Stiers ist perspektivisch verkürzt, deutlich und höchst anrührend
jedoch ist das leere, tränenstarre Auge und das leicht geöffnete Maul
mit der fassungslos hängenden Unterlippe. In der gesamten Haltung
des Minotauros verkörpern sich Begehren und Resignation. Keine
Auflehnung, keine Revolte. Der Gestus des Wünschens verbindet
sich untrennbar mit dem Wissen um die Aussichtslosigkeit, Einsamkeit und Grausamkeit überwinden, Freiheit jemals erreichen zu
können. Ein Bild des Jammers. Ein Bild, das Mitleid erzeugt mit
der unschuldig schuldig gewordenen und mit einem grauenhaften
Schicksal bestraften Kreatur.

*Neuauszählung der Stimmen im Iran bestätigt laut Wächterrat die Rich-
tigkeit der Wahl. Neuwahlen abgelehnt. Der Präsident will den Tod der
Demonstrantin Neda untersuchen lassen, um das »makellose Bild der
islamischen Republik« nicht von Feinden beschmutzen zu lassen.*

JULI

Hellblau-weißer Horizont mit rosa Schimmer. Fenster auf. Der neue Monat beginnt mit trockener Atmosphäre. Keine Nebelschwaden mehr, nur ein Hauch Feuchtigkeit auf den Schrägfenstern, kein herablaufendes Wasser. Das Licht auf dem Schreibtisch zieht die Mücken an. Einige hängen schon in den Spinnweben, die sich vor den Scheiben im Oberlicht spannen, mit lauernden Spinnen, die wie in einem Feldversuch zu beobachten sind. Eigenartig fernes Vogelgezwitscher in den dämmrigen Gebüschen, kein Vogel zu sehen. Fenster zu. Blaue Wolkenmarmorierung am hellen Himmel. Der rosa Schimmer verschwindet, obwohl der Sonnenaufgang erst in zehn Minuten, für 4.54 Uhr, annonciert ist.

Wieder eine Rose auf dem Schreibtisch, die gestern abend im Garten beim Kappen der verblühten Blütenstände abgebrochen ist; eine Knospe und eine voll geöffnete gelbe Blüte der Bernstein-Rose, in der kleine schwarze Käfer aus den Tiefen der dichten Rüschen hochsteigen und an den Rändern entlangspazieren. Solange sie in der Blüte bleiben und sich nicht auf die Papiere herunterfallen lassen, widerfährt ihnen Toleranz.

Die blaue Wolkenmarmorierung zieht nach Südwesten ab, die hinteren Ränder erglühen rosa. Die Fünf-Uhr-Nachrichten im Deutschlandfunk ohne Mitteilungen zur Lage im Iran. Wie artikuliert sich der Protest? Aber auch auf Aljazeera.net kein neues Material. Ist die Gewaltoption des Regimes aufgegangen? Informationen aus Blogs oder über Twitterer zu holen ist noch nicht habitualisiert und setzt Sucharbeit und Lernen der Zugänge voraus. Was ist der Unterschied zwischen Blogs und Twitter? Die Organisation der Informationen oder der Grad der Öffentlichkeit? Das Hören offizieller Nachrichten, die prinzipiell alle hören können, hat etwas vertraut Normales; das individuelle Suchen wirkt verschwörerisch und akzentuiert einen Ausnahmezustand. Die blaue Wolkenmarmorierung wird zu einer hellgrauen, dann weißen Marmorierung auf hellblauem Grund; die

Färbung der Ränder, der Schimmer auf den Wolken in Rosa zieht tiefer. Hinter der Birke dunkles Glutrot. Der »IranBahanBlog« ist von der persischen Flagge überspannt und das Zeichen des goldenen, schwertlosen Löwen mit der Sonne im Rücken noch einmal vergrößert hervorgehoben. Der letzte Eintrag ist von gestern: »Mullahs Modus Operandi: Lügen und Gewalt.« »IranianFreedom« hat eine Videosequenz von YouTube eingestellt: »Joan Baez sings for the Uprising.« Mit ihren kurzgeschnittenen Haaren sieht sie sehr klar und frisch aus, auch wenn sie inzwischen schon fast siebzig Jahre alt sein müßte. Sie hat einen grünen Schal um den Hals geschlungen und singt ihren alten Protestsong der sechziger Jahre zur Gitarre: »We shall overcome.« Kommentar: »What a voice, what a conscience, what a lady!«

Großer, milchiger Porzellanhorizont in der Schichtung Hellblau, Rosa, Weiß, Hellblau. Keine Wolke, keine Verwerfung. Ein gleichmäßiger Dunst, der alles überzieht. Fenster auf. Laute Verkehrsgeräusche von der Autobahn, wie aus allernächster Nähe, gemischt mit aufgeregtem Gezwitscher und den Pfiffen der Vögel. Nebel lagert auf den Wiesen, steigt hoch. Hinter der Birke dunkles Glutrot. Später eine kreisrunde pulsiernde, blendend goldene Sonne am milchglasigen Dunsthimmel. Fenster zu. Augen zu.

Trockener Nordosthorizont: Hibiskusrosa und Flieder und Blau gemischt, querstrukturiert. Fenster auf. Verkehrsgeräusche wie aus einem Trichter im Osten; Vogelgezwitscher überall im dunklen Gebüsch und in den düsteren, unbeweglichen Bäumen. Venus direkt vor dem Fenster; Jupiter zu sehen beim Hinausbeugen; kein Mond. Das Hibiskusrosa am Horizont feuert nach, wird intensiver, greller; Hibiskusrot. Ein kraftvoller Eos-Aurora-Auftritt.

Düsteres Zimmer, alles schematisch, unplastisch, kein Licht;

keine Lampe auf dem Schreibtisch angeknipst. Nur das weiße Leuchten des Screens mit den schwarzen Linien. Kühle Luft dringt durchs Fenster in den Raum, Verkehrsrauschen im linken Ohr, Ruhe der Wohnung im rechten Ohr. Aufstehen, zwei Schritte zum Fenster gehen, Brille abnehmen, hinausbeugen, Aufstützen der Hände auf dem Fensterrahmen, zurück zum Schreibtischstuhl, Brille aufsetzen, schreiben: der Horizont dunkel in den schönsten Blütenfarben, quergeschichtet verwoben in Hibiskus-, Malven-, Flieder-, Rosentönen. Zum Fenster gehen, Brille abnehmen, hinauslehnen, den Horizonthimmel bestaunen. Ein undefinierbarer, rosaglühender Schrägstreifen am unteren Horizont, wie eine überdimensionale Leuchtreklame oder ein aufsteigendes Flugzeug mit illuminiertem Kondensstreifen. Der Horizont nimmt Licht auf, die grelle Intensität nimmt ab, blaue Querwolken vom Süden ziehen ein. Ein fast unmerkliches dunkles Glühen erfüllt den Raum, spiegelt sich auch auf der geöffneten Tür des Nebenzimmers, die das Licht der Nordfenster reflektiert.

Ein Umlichtet-Sein, fast vom Kosmos verzehrt, absorbiert. Mystische Todesphantasie: Auflösung in Morgenröte.

Ein Motorrad jagt mit großem Getöse, hochgedrehtem Motor über die Deichstraße. Was so ein Fahrer wohl empfinden mag, wenn er an Häusern vorbeizieht, deren Bewohner sehr wahrscheinlich noch im Schlaf liegen, ungeschützt, verletzlich, dem einfallenden Schrecken ausgeliefert. Das allgemeine Glühen ist vorbei, ein punktuelles Glühen durch die Ausweitung der rosaglühenden, vermeintlichen Leuchtreklame am unteren Horizontsaum setzt ein. Kratzende, donnernde Verkehrsgeräusche.

E-Mail-Liste aufrufen: die Nacht hat fast nur unerwünschte Spams gebracht; die Rate steigt in letzter Zeit. Fast ein Grund, auf E-Mails zu verzichten. Es scheint, als beschäftige sich die Menschheit vorwiegend mit Erektionsstörungen, pharmakologischen Billigprodukten, Spielcasino-Mitgliedschaften, Sex-Dates usw. Dazwischen, ohne Spam-Warnung, die Mitteilung einer nachtaktiven Freundin, die einen Text schicken will und nach dem Format fragt. Kurze Antwort mit selbstironisierender Beschreibung des momentanen Schwebens im Morgenlicht.

Draußen schaukeln sich Verkehrsrauschen, -rumpeln, -peitschen und Vogelgezwitscher mit Pfiffen, Trillern gegenseitig hoch, ballen sich zu einer Lärmverdichtung, die sich schmerzstreifig über Kopf und Nacken legt. Rosa Horizont, Helligkeit, darüber eine dichte, langgestreckte Wolkenbank. Fenster zu. In der Bibliothek legt sich die Morgenröte über die Nordfenster in die Kannelierung der Türrahmen.

Große Müdigkeit. Erleichterung angesichts des blaugrauen Dunsthorizonts. Fenster auf. Keine Spur von Morgenröte. Repetierte Feststellung; Formel, die weitere Sätze erübrigt.

Gestern: den ganzen Tag bis in die Nacht politische Lektüre; kaum Schlaf vor Erregung und zusammengezogenem Herzen. Was schmerzt mehr, die Dummheit und Unfähigkeit oder die Eigensucht der politischen Elite, die unser Gemeinwesen bestimmt? Fassungslosigkeit, Ungläubigkeit. Wenn nur ein Teil davon stimmen sollte, muß eine Neubestimmung des Verhältnisses zur politischen Klasse erfolgen, die offenbar ihre Aufgabe nicht nur nicht erfüllt. Neue Sicht auf bewußt Nichtwählende; Frage, ob das politische System durch Wahlen noch zu verändern ist; andere Sicht auf das Phänomen Terrorismus.

Blaugrauer Dunsthorizont. Keine Spur von Morgenröte.

Morgenröte, aber die Müdigkeit gewährt kein Protokoll.

Morgenröte, aber die Müdigkeit gewährt kein Protokoll.

Morgenröte, aber die Müdigkeit gewährt kein Protokoll.

Morgenröte, aber die Müdigkeit gewährt kein Protokoll.

Morgenröte, aber die Müdigkeit gewährt kein Protokoll.

Morgenröte, aber die Müdigkeit gewährt kein Protokoll.

Morgenröte, aber die Müdigkeit gewährt kein Protokoll.

Morgenröte, aber die Müdigkeit gewährt kein Protokoll.

Ein kurzer Lichtblitz des Bildschirms in die Dämmerung. Nach über einer Woche Abwesenheit wieder am Platz der täglichen Beobachtung; Fensterblick. Fenster auf. Fast dunkler Nordosthimmel um 4.15 Uhr, mit noch brennenden Straßenlaternen; ein magisches Arrangement.

Dunkles Hibiskusrosa, breit von West nach Ost, darüber Schichtungen von gelblichem Rosa, rötlichem Gelb und bläulichem Gelb, bis die riesige Wolkenschicht einsetzt, flach und plastisch, in einzelne Wolken gegliedert, aber als Ganzes im Raum schwebend wie eine abgehängte Decke; graublau mit weißen Tupfen, Strichen. Da und dort eine Öffnung, wie in ein barockes Wolkenillusionsgemälde; nur die Götter und ihr bewegtes Treiben sind noch nicht hineingemalt.

Die kleingewordene Venus blinkt gerade noch in einem östlichen Wolkenloch; der halbe Mond im Süden, von Fetzen umweht; Jupiter unsichtbar oder gerade von Wolken verdeckt.

Lautes Morgenkonzert vieler Vogelstimmen, durchdrungen von den Wellen des Autobahnverkehrs. Kaum ein Auto unten auf der Deichstraße. Fenster zu. Schreibtischlampe an. Ein nur noch winziger Sprung vom Schreibsystem ins World Wide Web. Blick in die Wetterseite, die neben Grillwetter und Badewetter auch die Zeit des Sonnenaufgangs präsentiert, die inzwischen schon nach fünf Uhr liegt; für die Zeit der Morgenröte scheint es keine Interessenten zu geben.

Im Vorgarten an der Einfahrt des Nachbarn gegenüber blühen bereits die ersten Sonnenblumen. Das Erdbeerbeet wurde gestern früh mit dem Rasenmäher dem Erdboden gleichgemacht, ein Teil des Gartens ist schon umgepflügt und neu bepflanzt. Der Sommer ist angekommen, das Grün der Bäume ist so dunkel, wie es nur werden kann: Sommer-Höhepunkt. Das dunkle Hibiskusrot und die gelblichen Schichten am Nordosthorizont sind einem zarten hellen Rosa gewichen. Der Wolkenhimmel zieht vom Süden her wattiger zu, es riecht nach Regen. Überwältigend laut: die großen, landwirtschaftlichen Fahrzeuge, die schon früh den Deich entlanggrasen. Fenster zu. Ein Fliederschleier überzieht den Horizont, überzieht Rosa und die graublauen, unteren Wolken. Da und dort am Himmel ein greller Rosa-Akzent an Rändern der Wolken. Der Schleier schwebt, weht sich fliedern auch weiter Richtung Osten vor. Doch sogleich entschwindet der Blauton im Flieder, Hyazinthrosa bleibt; unzeitgemäße Frühlingsblumenfarben am reifen Sommerhimmel. Ein Moment des Erleuchtens tritt ein, ein orangerotes Glühen hinter der Birke. Der Vogelgesang hat abgenommen, das Verkehrsrauschen nimmt zu. Glutrotes Licht fällt in den Raum. Fenster zu. Lampe aus.

Die Orchidee hat alle Blüten fallen lassen. Die ehemals wunderbaren, hypnotisierenden, weißen Büten mit den grünlichen, goldgelben Mittelpunkten, die an hohen, gebogenen Stengeln saßen wie engelhafte Schmetterlinge, liegen spannungslos ermattet, abgestürzt neben dem großen weißen Porzellankolben mit den stilisierten Nähten, der den Pflanztopf gefaßt und wie ein Sockel erhöht hatte. Sind sie vertrocknet oder ist ihre Blütezeit zu Ende? Beschluß: mit gekappten Stengeln geht Phalaenopsis in die Ruhepause.

Fatwa (Rechtsgutachten): Großajathollah Hussein Ali Montazeri delegitimiert die weltliche und geistige Führung des Iran.

Der Regimekritiker war einst als Nachfolger von Chomeini eingesetzt, der dann aber von Chamenei abgelöst wurde, der Montazeri unter Hausarrest stellte, was nichts an seinem breiten Rückhalt in der Bevölkerung änderte.

Fenster auf. Schöne quellende, aber flache Blauwolken am Himmel vor hellem Hintergrund bis an den Horizont. Dort – vom Norden bis in den Osten – ist der helle Hintergrund zwischen den Wolken von hellrosa bis dunkelhibiskus gefärbt, was sonst hellblau bis weißlich ist. Morgenröte als Hintergrundbeleuchtung. Feuchtwarme Luft, leichter Nebel über den Wiesen, Modergeruch des milden Regenwetters. Ein Vogel trillert in der großen Weide, von überall Gezwitscher; von der Autobahn jaulen die Pneus. Dann ein konkurrierendes Getriller vom Baum daneben, das bald wieder eingestellt wird, dann aber von weiter her wieder zu hören ist; dazwischen das nervtötende Gurren der Tauben. Alarmgetöse der Amsel. Keine Katze zu sehen. Die Wolken kommen aus Richtung Südwesten als hellgraue bis weiße Schäfchenballungen, die schleierhaft dünn über den Halbmond hinwegziehen. Im Norden und Nordosten werden die Schäfchen zu massiven, blauen Wolkenvereinigungen, deren Öffnungen und Hintergründe hochziehend zunehmend Rosatöne annehmen, die dann nach und nach wieder verblassen und einer allgemeinen Helligkeit weichen. Dunkelgrün gesättigt, matt und noch unerleuchtet die Sommerbäume, unbeweglich im feuchten Morgentau. Bleigrau schimmert das Wasser durch die Baumreihe am Ufer, diese dunkel spiegelnd. Immer noch kein Glutrot hinter den Birken. Fenster zu.

Auf dem Schreibtisch eine kleine, flach gewölbte Vase; das letzte Geschenk eines im letzten Sommer gestorbenen Töpferfreundes; in der oberen Hälfte, nach unten fließend mattglänzend keramikblau glasiert; in der Seite der oval ausgestülpten Gefäßöffnung hängt ein einzelner Gartenmargeritenstengel; wie viele Rosen auch er ein Opfer von abendlichen Unkrautjägereien, Staudenschnitten im Halbdunkel. Jede noch so kleine Bewegung am Schreibtisch beantwortet die Blüte mit einem heftigen, langsam zittrig auslaufenden Schütteln des übergroßen Kopfes: innen Gelb, außen Weiß; wie man weiß, wie man sie kennt. Aber daß die Margerite zuweilen zittert, wußte bisher niemand. Erinnerung an einen heißen Sommer in Dänemark: treiben lassen, dahin und dorthin, kleine Hotels abseits, das Margeritenzeichen entlang der Straßen; Mähdrescher überall, Staub in der Luft; Fahrt mit geschlossenen Scheiben und geschlossenem Dach bei großer Hitze. Margaritenroute im Hochsommer.

Nach Anna Politkowskaja – und ihrem Anwalt Stanislaw Markelow und Mogomed Jewolew – wieder eine russische Journalistin und Menschenrechtlerin ermordet! Wie auch bei Anna Politkowskaja wird vermutet, daß der tschetschenische Präsident Kadyrow hinter dem Tod der fünfzigjährigen Natalia Estemirowa steht, die seit 2000 für die Menschenrechtsorganisation Memorial arbeitete und Mord und Folter in Tschetschenien aufgedeckt hat. Sie wurde in Grosny entführt und durch mehrere Schüsse in Brust und Kopf ermordet.

Blaue Wolken am Nordosthimmel, unterlegt von horizontalen Streifen in Dunkelhibiskus. Einzelne Wolkenpartien flächig wie aquarelliert, andere bogig oder schräg nach unten gekämmt. Fenster auf. Zwitscherer und Pfeifer zwitschern und pfeifen mit größeren Pausen, in denen der Verkehrslärm unverstellt dröhnt. Das Hibiskusdunkel am Horizont hellt auf, nimmt dann ab, aber am Himmel färben sich die Wolken rosa: durchdrungen von Rosa, überzogen von Rosa, umrandet von Rosa. Einzelne, fast immaterielle Schlieren sind völlig rosa, eine große, wie aquarelliert flächige Wolke hat plötzlich zarte Striche – wie mit einem feinen, trockenen Pinsel nachgearbeitet –

schräge rosa Pinselstriche auf der flächig graublauen Wolke. Beim nächsten Blick aus dem Fenster ist alles Rosa gleichsam abgeschaltet. Nur Graublau auf weißlichem Hellblau. Fenster zu.

Vor dem Oberlicht an der Außenseite des Fensters hängt eine fette Spinne in einem gegen das Licht unsichtbaren Netz und wartet auf Beute. Hin und wieder bewegt sie sich, das unsichtbare Netz mit einigen Partikeln an den Rändern vibriert. Sie verleibt sich die Partikel ein, kehrt zum Zentrum zurück, hockt dort kurz mit untergezogenen Beinen, um dann wieder unbeweglich, kopfüber diesmal, zu warten, was sich in ihr Netz verirrt.

Die streifige Struktur am Horizont verschmilzt zu einer milchig-blauen Wolkenbank mit leicht schaumigen weißen Rändern, einige gepinselte, gekämmte Partien bleiben erhalten. Die Helligkeit nimmt zu. Ränder färben sich da und dort leicht rosa oder gelblich. Aus einem tiefen Schlitz hinter der Birke tritt mattes Glutorange aus, das langsam zu glänzen beginnt.

Rest vom Glanz der Nacht in Form eines kleinen, weißleuchtenden Mondhörnchens im Oberlicht des Fensters vor schräger Himmels-schraffur. Fenster auf. Noch herrscht Düsternis und – neben dem allgegenwärtigen Verkehrslärm – schallen einige Dämmerungspfeifer aus dem Dunkel. Eine schnell fliegende Motte um das Licht der Schreibtischlampe. Hektische Jagd, der Staub ihrer Flügel steigt schon im Schlagkampf auf, bis sie komplett niedergestreckt, zerstäubt, zer-quetscht auf dem Lampenfuß liegt. Am Nordosthimmel eine hori-zontale Schichtung, auf die eine schräge Südost-Schichtung ansetzt, einen schwachen Winkel bildend. Düstere Morgenröte, wie ein Schat-ten zwischen den blauen Wolken, allmählich Leuchtung gewinnend. Dämmerungspfeifer mit Echo. Der schwache Winkel am Himmel quillt zu einer großen Kehre aus. Nacht- und Nebelaktion eines Ufos, frühmorgendlich die Kurve gekratzt? Fenster zu.

Das zweite Glas Wasser in der dunklen Küche. Sommermorgen-durst. Sommermorgenmüdigkeit. Die Margerite nickt.

Ramsan Kadyrow kündigt an, den Chef der Menschenrechtsorganisation Memorial wegen übler Nachrede und Ehrabschneidung zu verklagen, da Oleg Orlow in einem Interview den tschetschenischen Präsidenten mit der Ermordung von Natalia Estemirowa in Verbindung gebracht hat. Besinnen sich Kläger wegen Ehrabschneidung erst auf ihre Ehre, wenn sie in Frage gestellt wird?

Dunst. Regen. Keine Spur von Morgenröte.

Hat nun die Rede zum Freitagsgebet des Herrn Rafsandschani den Präsidenten der Islamischen Republik wirksam in Frage gestellt oder nicht?

Dunst. Keine Spur von Morgenröte.
    Nachtrag vom Morgen danach: vielleicht auch nur eine Viertelstunde zu früh aufgestanden und zu schnell wieder ins Bett gegangen.

Fenster auf. Frühe Morgendämmerung. Tau auf den Schrägfenstern, große Wasserblasen, wie nasser Schaum, wie eine dünne großporige Schneedecke. Ein Nordosthimmel wie mit braunen Schmutzrändern am Horizont. Über den Bäumen im Osten ein leuchtendes Türkis, klar und wolkenlos, das in ein orientalisches Blau übergeht, klar und wolkenlos, in dem Venus schwimmt; links daneben eine dünne Mondsichel. Auch der Himmel über den Schmutzrändern leuchtet türkis. Leise murmeln die Vögel in den Gebüschen. Am Horizont bilden sich einige blaue Wolken aus, die bräunlichen Schmutzränder wandeln sich in ein mattes, noch verunreinigtes Rosa. Es ist kurz nach vier Uhr. Die Wetterseite im Netz zeigt 5.16 Uhr als Zeit des Sonnenaufgangs an. Vermutung zum Tag zuvor und kurzer Nachtrag.

Aus dem allgemeinen Vogelgemurmel hebt sich ein lauteres Gezwitscher in der großen Weide ab. Das verunreinigte Rosa im Klärungsprozeß; nach Norden begrenzt durch eine große blaue Wolke, deren Blau sich in kleinen horizontalen Stücken bis zu den Birken und dazwischen wiederholt. In einer der Birken eine Krähe, die ein paarmal laut kräht und dann weiterfliegt. Plötzlich kraus strukturierte, graumelierte Wolken am Himmel; eine fast runde, eine große längliche, weitere fetzenartige. Über dem rosa-blauen Nordosthorizont schwebt diese graublaumelierte, krause Wolke in Form eines dicht gehäkelten Baguettes. Auf ihrer langsamen Schwebefahrt nach Osten teilt sie sich in drei noch luftig miteinander verbundene Segmente. Das Türkis hat sich in ein weißliches Hellblau erhellt. Das vom schmutzigbraunen Rosa zum klaren Rosa gewordene Rosa ist noch klarer geworden: ein helles, überaus klares Morgenröte-Rosa mit einem kleinen Lavendel-Stich. Alle noch am Himmel verbliebenen Wolken sind zu krausen, graublaumelierten länglichen Wolken geworden, zum Teil luftig zu noch längeren Wolkenketten verbunden. Der Mond, noch sicheliger, noch durchscheinender, leicht auf den Rücken gekippt. In der großen Weide agiles Gezwitscher. Von weitem kräht die Krähe. Ein Taubenpaar fängt an zu gurren. Fenster zu. Das Rosa am Horizont wird von der sich weiter vom Norden einschiebenden, hellblauen Horizontwolke bedrängt, die sich wie eine große scherenschnittartige Kulisse von West nach Ost bewegt. Die krausen Wolken am Himmel in Gekräusel aufgelöst. Die Kulisse schiebt sich über Rosa bis hinter die Birken. Rest-Rosa, das noch verbleibt, erbleicht zum leichten Blaßrosa Briefpapiers.

Vor dem Fenster vermehren sich die Spinnen, ziehen ihre Fäden von Rahmen zu Rahmen. Gestern mit einem Besen gegen die Spinnweben hoch in den Laibungen vorgegangen und dabei einen reifen Kokon geöffnet, der geradezu explodierte mit Tausenden und Abertausenden winziger Spinnen. Der Besen liegt immer noch dort unten, wohin er vor Schreck geworfen wurde.

Wolkennachschub kommt über das Haus gezogen, eine gekräuselte größere Wolkendecke mit rosa getönten Kräusellocken. Die Ränder der Scherenschnittkulisse zwischen den Birken in rosa Weißglut, die Ränder der Wolkendecke darüber auch in rosa Weißglut, aber weniger prägnant, weniger glühfadenhaft, sondern in die Fläche diffundierend. Das Briefpapierrosa zwischen Scherenschnittkulisse und Wolkendeckenrand mit einem vitalen Erröten, einem kalten Erglühen. Dann die große Glut der alles überstrahlenden Sonne, Orangeglut, Goldglut bis zur Blendung. Lange noch pulsiert ein dunkelblauer, runder Fleck mit einem roten Mittelpunkt hinter den Augen tief im Kopf.

Gestern am späteren Morgen der Gartenbau-Nachbar: Hosen in den Gummistiefeln; in gegürtetem, gemustertem Hemd; mit Mütze über den Ohrenschützern und röhrender Motorsense am Schräghang des Deichs. Mit ausgestrecktem Arm und dem ausladenden Gerät und dem Motor am Körper, sich zu den Seiten drehend, einen Radius beschreibend, lief er gemächlichen, gleichmäßigen Schrittes die Ränder des Rasens und den Seitenstreifen der Straße ab; die Grasnarbe, ohne zuvor Wunden gerissen zu haben. Ein moderner Samurai im agrarischen Kleinkrieg gegen Unkräuter und vegetabile Grenzübertreter.

Für den Abend hat sich ein Freund angekündigt: mit einer besonderen Flasche, wie er verschwörerisch sagt; vermutlich Whisky. Was benötigt er für eine Basis? Vielleicht Bärenschinken? Oder Schillerlocken?

Braune Schmutzränder am Horizont, hellblaue Horizontwolke; wieder die große scherenschnittartige Kulisse, die sich von West nach Ost bewegt. Die braunen Schmutzränder veredeln sich zwischen dem Scherenschnittartigen zu Kinderbuchrosa auf dickem, lackiertem Karton. Und dann wieder die große Glut der alles überstrahlenden Sonne und Blendung bis zur Zerlöcherung der Netzhaut.

Dunkelblaue Wolkenschichtungen mit kontrastreich eingelagerten, dunkelhibiskusfarbenen Streifen am Nordosthimmel. Oder umgekehrt: dunkelhibiskusfarbener Horizont mit vorgelagerten dunkelblauen Wolkenschichtungen, durch deren Streifen kontrastreich der Hintergrund schimmert. So oder so: düsterer, aber greller Unterweltsduktus. Fenster auf. Fernes Rauschen, nahes Zwitschern. Mal dröhnt ein Kastenwagen oder ein Marktbeschicker mit Anhänger vorbei, oder ein Moped quält sich röhrend durch die Dämmerung. Die Hibiskus- und Malvendüsternis hellt auf; wird rosa, an manchen Stellen weißlich bis gelblich. Hoch oben über den Birken zwischen taubenblauen Kräuselwolken eine Kräuselung, die plötzlich blauhellrosa aufleuchtet. Da und dort noch weitere, kurzlebige rosa Erscheinungen, kleine Fetzen, Schlieren, in Höhe der großen taubenblauen Überlandwolken. Der düster-grelle Unterweltsduktus weicht einer hellen, frischen Morgenstimmung; noch etwas matt zunächst, aber allmählich Glanz sammelnd.

Auf dem Schreibtisch ein Buch von Claudio Magris über die Donau. Hier lag vor einiger Zeit auch ein Buch über die Themse von Peter Ackroyd. Grandiose Bücher über eindrucksvolle Flußlandschaftskulturen. Das Flußthema reizt immer wieder. Aber da die Bücher ohne wirklichen Bezug sind, wandern sie ungelesen in die Bibliothek zurück: weder Donau noch Themse speisen, nicht einmal mit ihren Quellflüssen, ein wenig die Dove Elbe; Themse und Elbe immerhin münden in ein gemeinsames Meer. Daneben Juli Zehs fesselndes Buch über das Nachkriegs-Bosnien, das sie – mutig – allein mit ihrem Hund 2001 bereist hat. Ebenfalls ohne Bezug, kehrt es aber nicht ungelesen in die Bibliothek zurück. In weiteren Stapeln Abhandlungen zum Labyrinth, literarischen Altertum; der Minotauros spukt nach wie vor herum. Er drängt sich in Träume und ist nach wie vor präsent im Lesen und Schreiben.

Vielleicht ist die Form des Hörspiels geeignet, eine Art platonischen Dialog über das labyrinthische Thema mit all seinen unvereinbaren Aspekten zu führen. Die erste Fassung überzieht den Tisch in der Bibliothek, Titel: Der Minotauros-Komplex. Nicht die Bestialität, vielmehr die Einsamkeit des Minotauros ist der Punkt, auf den das

Gespräch hinausläuft. Minotauros ist das Produkt einer außerehelichen Affäre und somit gesellschaftlich geächtet, dessen Symbol das Versteck, die Verbannung ist. Das Kind büßt für das Vergehen der Mutter Pasiphae, aber auch für das Fehlverhalten des involvierten Mannes von Pasiphae, Minos, des Stiefvaters des Minotauros. Durch ihn wird er zur Projektionsfigur des Bösen, Aggressiven, Verdammenswerten. Für die Zuschreibung des Menschenfresserischen ist Minos verantwortlich, der den Ausgestoßenen politisch funktionalisiert. Minotauros erleidet unschuldig die Schuld der Eltern und deformiert in der Einsamkeit. Eine mythologische Tragödie der hochnormierten, dabei lasterhaften und verlogenen Kleinfamilie.

Ist nicht der gesellschaftsabgewandte Künstler ein Minotauros-Typus? Zieht er nicht unentwegt seine Schleifen der Einsamkeit durch das Labyrinth, formt sie zu Tänzen und Gedichten, speist sie in Klänge, meißelt sie in Skulpturen? Überdies sind Minotauros und Labyrinth universelle, unhistorische Chiffren des Grauens, nach wie vor aktuell, nach wie vor geeignet, immer neuen Schrecken ein Bild zu verleihen.

Zufälligerweise aus dem offen zugänglichen Regal der Neuanschaffungen in der Staatsbibliothek ein Buch von Christa Wolf in der Hand: der Bericht eines Kampfes gegen eine lebensbedrohende Herzstörung. Im »innersten Innern dieses Hauses«, so phantasiert die an Schläuche angeschlossene, unbeweglich auf dem Rücken liegende Kranke, lauert die eigentliche Tortur, »die Maschine«, der »Minotaurus im Labyrinth«. Christa Wolf hat zwei Bücher zu Frauengestalten aus der griechischen Mythologie geschrieben, »Medea« und »Kassandra«; scheint schreibend die Nähe zur griechischen Antike zu pflegen. Daher ist es verwunderlich, daß sie die latinisierte Schreibweise verwendet, statt der griechischen: »Minotauros«.

Fernes Rauschen nimmt zu, nahes Zwitschern ab. Tönernes Gurren der Tauben. Die glatte Horizontschichtung löst sich zwischen den Birken kleinteilig auf, zerfasert, schäumt in heller, weißgelber Vorglut. Zwischen höheren Wolkenschichten blitzt Helligkeit durch. Von unten auf steigt zunehmender Glanz; Weißglut, Goldglut. Konkurrenzveranstaltung westlich davon: aus dem Horizont heraus fast senkrecht ein quellender Kondensstreifen, dessen Anfang wellig verweht und dem Start nachträglich etwas Unsicheres verleiht. Langsamer Zerfall des riesigen, sich über den Himmel wölbenden Wellenbandes. Das anfänglich auslaufende Gold hält ein, entfaltet seinen Glanz vielleicht hinter den Wolken.

Schreibtischlampe aus, Fenster zu.

Dunkelblaue Wolkenschichtungen am Horizont. Verwischtes Grau. Himmelsgewölk, im großen Stil gitterförmig. Auf den ersten Blick keine Morgenröte. Aber ganz unten, gleichsam hinter dem Saum der Bäume, glüht es purpurfarben, minimal auslaufend ins Dunkle. Düsternis mit Gezwitscher, Verkehrsrauschen und Krähengekräh.

In den letzten Tagen waren die Graugänse auffallend nervös, flogen in kleineren Formationen trompetend, kreischend den Fluß entlang oder höher, über das Haus, bis in den späten Abend. Heute morgen sind sie noch nicht unterwegs.

Zwischen den Birken aufhellendes Dunkelblau; Purpur steigend.

Noch dunkle Dämmerung. Fenster auf. Beim Hinauslehnen in die Dunkelheit das Gesicht in Spinnweben getaucht. Erschrecken. Empfindungen des Ekels ziehen gleichsam die Haut elektrisierend den Nacken hoch, in Erinnerung an das Platzen des Jungspinnenkokons.

Ein Pkw fährt in die Einfahrten der Nachbargrundstücke vor die Häuser: Zeitungsdienst. Am Nordosthorizont blaue Wolken und schmutzigbraune Schlieren. Schreibtischlampe an.

Keine Morgenröte in Sicht. Fenster zu. Geschrei in der Luft. Schwärme von Graugänsen fliegen in kleineren Gruppen über das Haus oder den Fluß entlang. Ist es schon wieder so weit, daß sie für die große Reise üben? Oder sind die Junggänse flügge und können nicht genug bekommen vom neuen Element und davon, den Himmel kreischend zu durchpflügen? Die Luft ist erfüllt von ihrem Trompeten. Frühnachrichten. Inzwischen auch: systematisches Aufsuchen von Blogs im Netz. Der Horizont erhellt sich, hellblaue Wolken. Eine Spur Morgenröte dazwischen. Nebel steigt in den Wiesen auf, der Dunst nimmt zu, die Spur Morgenröte verschwindet im Nebel.

IranBahamBlog berichtet über Nokia- und Siemens-Boykott, da die Unternehmen NSN-Überwachungstechnologie an das Mullah-Regime geliefert haben. Dort ist auch von Massenhinrichtungen die Rede. Teheranbureau veröffentlicht in alphabetischer Reihenfolge die Haltung einiger Großajatollahs in Bezug auf die Proteste: unterstützen die Proteste, geben relativ neutrale Statements ab, sind gegen Proteste eingestellt. Die Liste der Unterstützer und der Neutralen ist länger als die der Gegner der Proteste. Auf Iranian Riots eine Auseinandersetzung, ob die Protestler gegen den Islam protestieren, wie es teilweise im Westen rezipiert wird, oder nicht, wie Iranian Riots darstellt: Protest gegen Ungerechtigkeit, nicht gegen Islam. Als Beleg dient ein Foto, auf dem mehrere Frauen abgebildet sind, die im traditionellen Hijab auf Sicherheitskräfte einwirken, die auf einen liegenden Mann einschlagen.

Dunst am Horizont; Regen. Keine Spur von Morgenröte.

Dunstiger Horizont. Keine Spur von Morgenröte.

Fenster auf. Hellblauer Himmel, hellblaue Bewölkung. Am Nordosthorizont tiefliegende, hibiskusrosa Streifen. Im dichten Gewölk kein Mond, keine Venus, kein Jupiter zu sehen. Rauschen des Verkehrs, Zwitschern der Vögel, eine entfernte Krähe schreit immer wieder in das gleichmäßige Rauschen und Zwitschern hinein. Die ersten Graugänseformationen sind wieder unterwegs. Sie sind schon von weitem zu hören, denn sie fliegen nie ohne flugbegleitendes Geschrei. Fenster zu. Das Rosa versickert im Hellblau, verblaßt zu noch hellerem Hellblau, streifenweise.

Eine Rede von Peter Schneider zum Iran-Aktionstag vorgestern; zieht Parallele zu dem Aufstand gegen das Schah-Regime vor dreißig Jahren nach über fünfundzwanzig Jahren seiner Herrschaft: »Die tragische Geschichte des Iran seit 1953 ist wesentlich durch jene ideologische Blickverengung bestimmt worden, die in jeder Freiheitsregung immer nur ein Manöver des Erzfeindes erkennt. Die westlichen Beobachter und Sympathisanten werden gut daran tun, die neue iranische Demokratiebewegung genau anzuschauen und für das zu nehmen, was sie ist und selber sein will, statt sie für eine der neuen oder alten Heilslehren in Dienst zu nehmen…«

Ein Himmel voller schwerer, schnell ziehender Wolken, der über dem Nordosthorizont von einem schmutzigbraunen Schimmer überzogen ist. Fenster auf. Die Bäume rauschen, und ihre dunklen Silhouetten bewegen sich heftig in der Dämmerung vor dem helleren Himmel. Fenster zu.

Wieder ein Morgen ohne Morgenröte? Wieder ein Morgen, in dem die Morgenröte im Dunst versinkt oder erst gar nicht in Erscheinung tritt? Wieder ein Tag, wie so viele in diesem Sommermonat, der von Regen und Sturm durchzogen ist? Tiefhängende Wolken über dem Horizont, der allmählich in einem flachen, zerfetzten Streifen weißlichen Eisblaus erhellt; kaum eine Spur von Morgenröte.

Und plötzlich ein Vogel am Fenster, vielleicht ein Sperling, vielleicht ein Fink, der – Kopf und Schnabel weit vorgestreckt – mit senkrechtem Körper rudernd flatternd vor der Scheibe schwebt und voyeurhaft angestrengt durch das Glas zu starren scheint. Doch sein Blick reicht nicht durch die Glasscheibe, er interessiert sich nicht für das, was dahinter geschieht. Er fixiert ausschließlich die Spinnen im Winkel des Fensterrahmens; und dann ist der Moment gekommen: der Schnabel pickt zu.

Vorhang beiseite, Fenster auf. Ein Nordosthorizont mit langgezogenen Kräuselwolken, wie ein altmodisches Web- und Wellenmuster, wie es die Tante vor einem halben Jahrhundert auf ihrer Strickmaschine erzeugte; hellblau-flieder-rosa-meliert. Über dem Horizont luftige Fetzenwolken, von diagonal durchschießenden, aufgequollenen Kondensstreifen, rosa behaucht, in einen dynamischen Expressionismus versetzt. Über den schon hellen Himmel schwirren in der Ferne immer wieder größere und kleinere Wildgansgruppen, deren heiseres Kreischen im allgemeinen Verkehrslärm untergeht. Fliegen sie flach über das Haus, ist eine rotierende, wabernde V-Form zu erkennen. Und zu den oberen Dachfenstern hinauflaufend, sie kippend und hinausschauend, überkommt einen der Wunsch, ihnen an die Bäuche fassen zu können.

Aus dem näheren, unbeweglichen Gebüsch ein mechanisch anschlagendes Vogelgezirpe. Die gestrickte Wolkenmelange quillt auf. Rosa und Flieder ermatten, das Hellblau in einem klaren Wolkenhof zwischen den Birken wird Azur, fließt aber schnell wieder zu. Die rosa Wolken werden weiß, dann rosa, in dem Bereich zwischen den Birken dann auch golden behaucht. Dort erhebt sich glutorangerot die Sonne. Fenster zu.

Vorhang beiseite. Dunst, Regen, Sturm. Keine Spur von Morgenröte.

Der neu installierte alte Vorhang vor dem Arbeitszimmerfenster ist nicht wirklich nützlich. Für die Abwehr der blendenden Sonne ist er zu duftig, zu transparent. Er wird wohl nicht mehr ersetzt werden. Überdies und universell: nichts hält so lange wie ein improvisierter Zustand.

Vor längerer Zeit schon hat der Handwerker ein straffes Stahlseil gespannt, an dem Hakenringe aus Messing hängen, an denen – zwecks Beschattung der grellen Morgensonneneinstrahlung – dann sentimentalerweise doch ein zu lockeres Gewebe angebracht wurde: ein historisches Gewebe; erstaunlich gut erhalten, aus dem Haushalt der

Großeltern, mindestens einhundert Jahre alt, vielleicht zu deren Zeit schon ein Erbstück.

Wie sich bald herausstellte, war es doch reichlich mürbe. Das Hängen nach dem langen Liegen in der Truhe hat es nicht verkraftet. Und die Jagd nach einer großen schwarzen Fliege, die in enervierender Weise immerzu brummend gegen die Scheibe flog, endete mit einem Riß. Doch die Aura ist nicht so leicht zu zerstören: Der dumpf-trockene eierschalfarbene Gitterstoff ist bestickt mit seidigen, goldfarbenen Blüten, Blättern, Ornamenten und an den Linien des Gitters entlang opalisierend geometrisch rundend verstärkt. Der Basisstoff scheint ein frühes, erstes Industrieprodukt gewesen zu sein, an das eine kunstfertige Stickerin nachträglich Hand angelegt und ihm einen individuellen Charakter verliehen hat. Der Stoff ist sehr viel länger als breit, reicht gerade über das Fenster innerhalb des Rahmens und nicht über die Fensternische hinaus. Vielleicht hatte er früher als Bettüberwurf gedient; oder mit einem weiteren Stück doch als Vorhang – in der Mitte geteilt – für ein größeres Fenster.

Fenster auf. Feuchtkühle Luft. Leises Zwitschern in der Dämmerung. Am Nordosthorizont ein schwaches, mattes Rosa, in dem einige volumenlos flache, hellblaue Wolkenscheiben schwimmen. Ansonsten wolkenloser Himmel. Jupiter ist da, Venus ist da. Eine erste, kleine Wildgänseformation zieht vorbei, drei dunkle Silhouetten vor dem hellen Himmel, die abwechselnd heiser trompeten, fast bellen.

Langsame Erhellung und Erblassung des Rosa, aber sonst lange Zeit keine Veränderung. Dann öffnet sich ein horizontaler Schlitz, in dem es geheimnisvoll purpurrosa glüht. Eos hat unerwarteterweise noch einmal ganze Göttinnenarbeit geleistet. Der Wolkenrand ringsum schimmert krokusrosa, und opalweiß wie kleine Schaumkronen auf Meereswellen.

Marie Luise Kaschnitz beschreibt das Bild von Eos in der griechischen Sage als »wunderbar farbenreich, schimmernd in allen Reizen sinnlicher Freuden«, und sie betont besonders den gefährlichen

Aspekt von Eos für die irdischen Männer, für die die »Tauspenderin«
zur »blutsaugenden Verführerin« wird. Für die irdischen Frauen wird
sie zur gefährlichen Nebenbuhlerin, die ihnen die Männer raubt.
Von den Frauen wird die Morgenröte überhaupt verflucht, denn zu
ihrer Stunde weicht die Nacht, und die Liebenden müssen einander
verlassen. Der neue Tag bewirkt, daß die Gatten sich trennen: die
irdischen Helden verlassen das Liebeslager und streben hinaus aus
der bürgerlichen Umgrenzung. Die modernen bürgerlichen Helden
jedoch, wäre Kaschnitz zu ergänzen, ziehen nur noch an Schreib-
tische zu meist abstrakten Abenteuern; oder gleich zu den virtuellen
an die Spielkonsolen der Investmentbanken; die wenigsten ziehen in
morgenrötender Frühschicht zu seriöser Hand- und Denkarbeit, mit
der in dieser Welt kein Geld mehr zu verdienen ist.

Fenster zu. Erhellung, Verblassung. Eine knappe Stunde pur-
pur- und krokusfarbener Morgenröte geht zu Ende, und der letzte
Sonnenaufgang des Monats wird gleich – um 5.33 Uhr – erwartet.

*Gestern Verbot der Trauerfeier für die in Teheran umgekommenen De-
monstranten. Vor vierzig Tagen, am 20. Juni, starb Neda, erinnert der
IranBahanBlog. Es wird weitergehen mit den seit eineinhalb Monaten
währenden Unruhen, die mit der Anklage gegen eine vermutete Wahl-
fälschung begannen und heute mit der Forderung nach einem demokratischen Iran auftreten. Teheranbureau präsentiert die Fotomontage einer
demonstrierenden Menge, in der jede Person ein Plakat mit dem Namen
über dem Porträt Nedas vor das Gesicht hält; Illustration zu dem Gedicht
von Sholeh Wolpé: »I am Neda.«*

AUGUST

Fenster auf. Kühle Morgenluft. Flieder-, Krokus-, Hyazinthen-, Malven-, Hibiskus-, Rosentöne in matten, ineinander übergehenden Streifen am Nordosthorizont, allmählich nachdunkelnd, tiefer, intensiver werdend. Kleine Wölkchen am Nordosthimmel, die von dem Spektrum der Blütenfarben erfaßt werden. Lichtrosa Wölkchen, schattenrosa Wölkchen am fast wolkenlosen Himmel, nur da und dort noch etwas duftig Rauchgraues. Am Horizont lodern die Flieder-, Krokus-, Hyazinthen-, Malven-, Hibiskus-, Rosentöne auf. Die zartrosa Wolkenschlieren und zartrosa angehauchten ausgelaufenen Kondensstreifen auf dem überaus hellblauen Himmel wirken wie die Corporate Identity einer amerikanischen Babyausstattungs-Ladenkette oder wie der farbliche Hintergrund eines Schaufensters für Kleinkinderwäsche. Fehlt nur noch ihre Umwandlung und filmische Animation in rosig schimmernde Babygesichter, die spöttisch lächelnd auf die Erwachsenenwelt herunterblicken. Eine schwarze Krähe quer durchs marzipanrosa und bonbonblaue Babyareal, an der Straße entlang die schwarze Nachbarskatze; dunkle Vertreter des Irdischen. Noch mehr vertreten durch die vorbeifahrenden Autos mit nassen Morgentauscheiben. Fenster zu.

Die intensiven Blütenfarben verblassen mit der Erhellung, Weißlich schiebt sich dazwischen, Fliederblau bleibt, Lavendelblaugrau kommt hinzu. Nur zwischen den Birken ein dicker Strang glühenden Rosas, durch den immer wieder die Silhouetten ausgreifender, jagender Krähen zu toben scheinen. Von weitem kündigen sich die Wildgänse an, die von ihrer Stammwiese auf einer kleinen, sicheren Insel zu einem ersten Morgenflug aufgestiegen sind. Die Magie der Morgenröte beginnt zu schwinden, Orangeglut steigt zwischen den Birken auf; der Pastell-Babyhimmel von weißen Wolkenschleiern zugezogen.

Fenster auf. Ein weiterer Blütenfarbenmorgen, der das Spektrum von bläulichen Fliedertönen bis zu zartrosa Rosenschimmer durchdekliniert, bis die Erhellung durch die aufsteigende Sonnenglut alles zum leblosen Befahlen, Erblassen und dann noch einmal kurz zum Aufglühen bringt.

Kalte, nackte Füße unter dem Schreibtisch und der Wunsch, warme Südseewellen mögen sie und ein weiteres Paar umspülen und den Sand einer sich unendlich langsam auflösenden Wasserburg durch die Zehen rinnen lassen. Fenster zu.

Radionachrichten berichten von der Anklage gegen Oppositionelle im Iran. Kritik des früheren Staatschefs Chatami an den Vorwürfen.

Fenster auf. Blauer Horizont, bedeckter Himmel. Keine Spur Morgenröte. Tiefhängende Quellwolken. Fenster zu. Im Rahmen ein matter Tagesanbruch, ohne sichtbaren Sonnenaufgang, mit mattgrünen Bäumen, die partienweise im leichten Westwind wogen, überlagert von der Spiegelung des Schreibtischs in der Scheibe: mit erleuchteter Lampe und goldgelbem Licht, den Utensilien des Schreib- und Lesealltags, wie Behältnis mit Stiften, Zettelblock, Mappen, Bücherstapel, Händen auf der Tastatur; darüber ein mürrisches Halbprofil. Sprung in die Szene. Vorhang zu. Ende der Verdoppelung.

Die Morgenröte hat es schwer, sich gegen den blauen Dunst der Frühe durchzusetzen; viel Tau, wenig Horizontalrosa. Nur ein heller Schimmer kommt hoch, kurz bevor die Sonne orangenrot glänzend aufsteigt und die zarte Andeutung von Eos-Auroras rosigen Armen gleich wieder verdrängt. Enten schreien hart und laut vom Wasser her; es klingt ärgerlich, nach Streit. Und dann kommen schon wieder die ersten Schwärme Windgänse angerauscht, kreischend heiser trompetend. Zuweilen klingt ihr Fluggeschrei wie schweres Atmen, Husten, manchmal wie Hundebellen.

Fenster auf. Laut brandet mit dem Ost-Nordost der Autobahnlärm heran, der sich wie ein Gemisch aus Eisenbahn-, Schnell- und Schwerlastverkehr anhört: Rattern auf Schienen, Jaulen der bedrückten Reifen, Rumpeln der Lasten, Rasen der Motoren. Und in den Lungen der Menschen die verbrauchte Luft, die durch die Kolben der Motoren gepreßt wurde. Ob es noch eine Zeit geben wird, in der sich eine strengere Norm der Geräuschpegel durchsetzt, in der die Menschen vor dieser dantesken Lärmhölle in Schutz genommen werden? Ein leichtes Beugen aus dem Fenster – nicht ohne neu geknotete Spinnweben im Gesicht. Eine Schneise zwischen Gewächshäusern und Baumgruppen, hinweg über Glasdächer und nebelbelegte Wiesen, gibt einen schmal begrenzten Blick frei auf die Autobahn und das Flitzen der Fahrzeuge. Schon um fünf Uhr ein unablässiges Fahren, eine unablässige Folge von Automobilen, eine dauernde Bewegung. Darüber liegt – unterbrochen von Bäumen, Strommasten, einem Fernseh- oder Antennenturm und kleineren Architektursilhouetten – der unbeweglich geschichtete Nordosthorizont: Blau, Rostrot, Blau, Gelblich-Weißlich, Hellblau. Der Himmel ist schon leicht erhellt, wolkenlos. Die Lichter der Straßenbeleuchtung gehen aus; es ist 5.29 Uhr. Zwischen den Bäumen – etwas weiter entfernt sichtbar – diesige Schwaden. Fenster zu. Dunkelgrün, die Bäume. An dem kleinen Apfelbaum hängen grüne Zieräpfelchen, die jedes Jahr wieder für Überraschung sorgen: weil sie so gut schmecken. Also doch nicht nur Zieräpfelchen, sondern eßbare Zwergäpfelchen, zwergige Speiseäpfel, Genußapfelminiaturen, die aufgrund ihrer wohlgeformten und schönfarbigen Kleinheit fälschlicherweise verkannt, für Dekoration, für botanischen Zierat gehalten werden. Warum nicht ein nach diesem Irrtum benanntes Zierapfelgelee zum Verschenken herstellen? Das gibt es wahrscheinlich nicht zu kaufen in dieser Welt der ubiquitären Käuflichkeit. Über dem Dach schon wieder die Graugänse. Wie lang werden diese Flugübungen des Nachwuchses andauern? Wann sind die Jungen eingeführt in die umfassende Flugtechnik und Navigation, in die Wildgans-Kybernetik einer kompetenten »Anser anser«?

Fenster auf. Der Horizont ist pastellfarben erhellt, milchighellrot, milchighellblau. Vor dem hellen Himmel die geraden Linien oder exakten Winkel der Graugänse. Fenster zu. Zwischen den Birken spielt sich nichts mehr ab. Aber hinter der rechten, südlich-östlichsten der Birken schimmert eine dunkelrote Sichelglut. Längst haben sich die Orte des Aufgangs fast unmerkbar wieder nach Süden verrückt. Vorhang zu. Keine Lust auf Nachrichten, keine Lust auf noch mehr Welt, Welt von weit draußen.

Morgenmüdigkeit greift um sich, Hände ermatten. Doch selbst beim Einschlafen wird der Kopf weiter Sätze produzieren, obwohl der übertragende Automatismus der Hände auf die Tastatur längst zur Ruhe gekommen ist. Und Wörter und Sätze werden wie Wolken lange noch durch den Kopf ziehen, auf denen wie auf den Bildern René Magrittes geschrieben steht: »le ciel« und: »c'est ne pas un ciel« und in weiter quellenden Variationen: »das ist ein Wort genannt Wolke« und: »das ist eine Wolke genanntes Objekt«. Und Wörter und Sätze werden durch den Kopf ziehen, bis das Bewußtsein kippt, in Schlaf fällt und der Nachschub versiegt.

Zartrosa Nordosthorizont, über dem ein dünner weißer Wolkenfaden schwebt, darüber – halbhoch am Himmel – ein schräger weißer Wolkenbogen in hellblauer Höhe. Der Rest eines Kondensstreifens? Eine natürliche Wolke, vom Wind gestaucht? Langsam verliert der Bogen auf der Stelle seine Konturen, während der zartrosa Nordosthorizont heller und heller wird, ohne die kleinste Bewegung. Leichter Ostwind, Lärm schwappt in das offene Fenster, Taubengegurre. Hinter der Birke erglänzt das rosa Rosa zu Orangerosa, und dahinein drückt sich von unten ein schnell wachsendes Goldglutscheibensegment.

Die Prozesse gegen Oppositionelle im Iran lassen Schlimmstes befürchten. Es war nicht nur die Rachephantasie eines Mullahs, der sie bereits Ende Juni geäußert hatte, sondern eine Absichtserklärung. Die Vereidigung Ahmadinedschads als wiedergewählter iranischer Präsident macht alle Hoffnungen der Protestierenden zunichte, daß die Wahl für ungültig erklärt würde. Der Gedanke an eine zweite, vierjährige Amtszeit des

populistischen islamistischen Despoten wird die Bewegung lähmen und
die Angst vor Verfolgungen verstärken.

Zarte hellblaue und rosa Gebilde am Horizont, die wie Glieder in
einem feierlichen Fries ineinandergreifen. Unbewegliches Tanzen,
atemloses Atmen. Langsames Auflösen der Fügung, Zerfließen der
Formen, bis sie nur noch Wolken am tagtäglichen Himmel sind.
Und dann wieder dieses intensive, dieses schnell wachsende Goldglutscheibensegment.

Nach Regen in Abwesenheit ein Horizont im blauen Dunst; ohne
eine Spur Morgenröte.

   Zurück von einer Wochenendreise ins Osnabrücker Land zur
Ausstellung: »COLOSSAL, ein Kunstprojekt anläßlich 2000 Jahre
Varusschlacht«. Die Schlacht im Teutoburger Wald, benannt nach
dem Verlierer der Schlacht. Römische Schriftsteller nannten sie die
Varusniederlage, »Clades Variana«. Wie auch immer, ein Ereignis
unvorstellbaren Tötens. Ein Großereignis für männliche Gewalt-
phantasien, ein Großereignis für einen Dialektiker der Aufklärung.
Wie Schlachten so beginnen, so begann die »Hermannsschlacht«
laut Heinrich von Kleists bluttünstigem Vaterlandsdrama am frühen Morgen: »Wenn nun der Tag der Nornen purpurn / Des Varus
Zelt bescheint.« Der illoyale Verräter Arminius wird als listenreicher,
die Fronten wechselnder Heerführer und Sieger Hermann gefeiert,
dessen ehrgeiziges Ziel es ist, die zerstrittenen Germanen – gegen die
römische Besatzungsmacht unter dem Statthalter Varus – zu einen.
Seine Frau Thusnelda – von ihm »Thuschen« genannt – wird als män-
nerdefinierte und naive Frau dargestellt, die als Düpierte grausam bar-
barische Rache übt. Seitdem ist Thusnelda ein Inbegriff der irrational
beschränkten Weiblichkeit; anderthalb Jahrhunderte später wird sie
umgangssprachlich zur »Tussi« verknappt und komplett verharmlost.

Osnabrücker Land: Landschaft voller Geschichte; irgendwo ein Kampfplatz von Römern und Germanen, dessen genauer Ort und dessen Bedeutung uneindeutiger sind als der Deutsch-Mythos es will. Widersprüchliche Themen von Macht und Gewalt, Zivilisation und Loyalität. Um so mehr auch ein Schlachtfeld anmaßender Deutungsansprüche: Spannung zwischen widersprüchlicher Geschichtsschreibung, Interesse an nationalen Helden, identifikatorischer Propaganda; und Kunst.

Bezüge zwischen Gegenwart und Vergangenheit in Bazon Brocks Thesen-Container »Der 20. Juli des Arminius«, der eine Verbindung zwischen den Römern und den Nationalsozialisten behauptet; und in Wilfried Hageböllings Rekonstruktion eines amerikanischen Gefängniskäfigs aus Bagdad, »Abu-Ghureib 2003/2004 – Friedrich von Spee 1631/1632«, der mit der provokanten Titelverknüpfung die Kontinuität der Folter aus der Zeit der westfälischen Hexenverbrennungen bis zur peinvollen Erniedrigung von irakischen Kriegsgefangenen durch die Großmacht USA thematisiert. Als der Gefängniskäfig 2004 zum ersten Mal gezeigt wurde, entstand ein Text, der die Titelparallele versucht zu ergründen:

Künstlerische Intervention gegen Folter

Mit einer künstlerischen Ad-hoc-Intervention im öffentlichen Raum setzt der Bildhauer Wilfried Hagebölling ein Zeichen gegen Folter. Am 30. Oktober plaziert der 1941 in Berlin geborene Künstler seine Skulptur mit dem komplexen Titel »Abu-Ghureib 2003/2004 – Friedrich von Spee 1631/1632« vor dem ehemaligen Jesuitenkolleg im westfälischen Paderborn. Die Skulptur stellt eine nach authentischen Maßen gebaute Isolierzelle aus Stahlgittern nach, wie sie von den US-Besatzungstruppen im Gefängnis Abu-Ghureib in Bagdad verwendet wird – wobei der Name Abu-Ghureib stellvertretend für Menschenrechtsverletzungen in aller Welt steht. Wilfried Hagebölling hat den Platz für die Skulptur in seinem Wohnort Paderborn bewußt gewählt, denn im siebzehnten Jahrhundert ereignete sich im Jesuitenkolleg ein bedeutender Akt des Widerstands. Friedrich Spee von Langenfeld, Theologe und Dichter geistlicher Lieder, verfaßte hier seine »Cautio Criminalis«. Mit dieser bedeutenden Mahnschrift erhob er seine Stimme gegen die grausame Hexenverfolgung, die in Paderborn wie im ganzen christlichen Europa des fünfzehnten bis achtzehnten Jahrhunderts wütete und der Hunderttausende unschuldiger Frauen und Männer zum Opfer fielen. Unter dem Zugriff der Inquisition wurde den Angeklagten unter schrecklichsten Folterungen Denunziationen und Geständnisse abgepreßt. Spees Mitgefühl mit den Gequälten und seinen Protest gegen Marter und Scheiterhaufen konnte er bezeichnenderweise nur anonym publizieren. Er wäre sonst selbst in Gefahr geraten, der Hexerei oder Ketzerei bezichtigt zu werden. In der »Cautio« heißt es: »Es wird nämlich niemandem ein Advokat und eine unbeschränkte Verteidigung bewilligt, da man schreit, es sei ein Sonderverbrechen, und da jeder, der die Verteidigung übernehmen, als Rechtsbeistand auftreten wollte, selbst des Verbrechens verdächtigt wird. Gerade so geht es ja auch jedermann, der zu diesen Prozessen etwas zu sagen und die Richter zur Vorsicht mahnen will, denn sogleich heißt man ihn Beschützer der Hexen.« An dieses Licht der Aufklärung, zu Zeiten größter Finsternis in Spätmittelalter und Neuzeit, knüpft der Bildhauer Wilfried Hagebölling mit seiner Intervention an. Im Geiste Spees klagt er Folter – wie in Abu-Ghureib – an und appelliert an seine Umgebung und an die Weltöffentlichkeit, selbständiges Denken mutig aufrechtzuerhalten und gegenüber Menschenrechtsverletzungen nicht die Augen zu verschließen.

Irgendwo in einem Wäldchen um Schloß Ippenburg hängt, scherenschnittig zwischen Bäumen vertäut, »Thusneldas Locke«, die Stahlskulptur des portugiesischen Künstlers Rui Chafes. Sie spielt auf den römischen Charmeur und Spitzel in Kleists »Hermannschlacht« an, der seiner Kaiserin Livia eine Haarsträhne der blonden Germanenkönigin als Trophäe in Aussicht gestellt hatte. Blond? Die Lockenskulptur von Chafes ist nicht golden, nicht seidenweich, wie das Drama evoziert, sie ist dunkel, schwer und klingenscharf. Waffe der Frau im Krieg der Geschlechter? Das Motiv Sieg und Niederlage, Überlebende und Gefallene reflektieren auch die in Bronze gegossenen, abgeknickten jungen Bäume des spanischen Künstlers Fernando Sánchez Castillo. Der Assoziationszusammenhang kriegerischen Verderbens kann mühlelos erweitert werden: um die aktuellen ökologischen Konfliktpotentiale, deren modern marodierende Gewalttätigkeit Bäume zu Fall bringt, wie auch die jungen Männer, die in die Schlacht um die nachwachsenden und vor allem um die nicht nachwachsenden Rohstoffe in allen Winkeln der Welt gezwungen werden.

Am Fuße des Wiehengebirges, abgelegen, in Nachbarschaft zu

einem eichenbestandenen, von einer flachen Natursteinmauer umge-
benen Fachwerkgehöft eine Monumental-Skulptur des westfälischen
Bildhauers Wilfried Hagebölling aus drei Meter hohen Stahlplatten,
deren beide sich kreuzenden, ideellen Gundlinien, in denen die Stahl-
stifte für die Platten angeordnet sind, in vier Richtungen weisen,
wobei sich jede der vier Platten um die eigene Achse drehen läßt:
bewegliche, variable Kolossal-Ordnung. Achsendrehungen lassen Au-
ßenwände zu Innenwänden werden oder umgekehrt, formieren einen
Schacht, umschließen einen Raum oder lösen ihn auf, öffnen Fenster
in die Umgebung; in die Landschaft, zum Horizont, zum Himmel:
»Sinnliche Erfahrungen im Raum kommen ins Spiel, Nähe und Ferne, Statik und Dynamik, Öffnen und Blockieren«, kommentiert der
Künstler seine kinetische Skulptur. Fenster auf. Fenster zu. Auf der
Oberfläche der Plattenkörper bereits das orangegelbe Rostrot der Cor-
tenstahloxydation, eine Färbung wie die eines frühen Morgens. Doch
trotz Drehens und Wendens keine Möglichkeit, zum Tagesanbruch
vor Ort zu sein, die Flügel der Skulptur gegen Osten zu öffnen und ab
Viertel vor fünf Uhr in der Hügellandschaft Eos-Aurora zu huldigen.

Ein Horizont im blauen Dunst; ohne eine Spur Morgenröte.

*Die Morde an russischen Journalisten oder Menschenrechtsaktivisten in
Tschetschenien nehmen kein Ende. Nach Anna Politkowskaja – und
Ihrem Anwalt Stanislaw Markelow und Mogomed Jewolew – und Na-
talia Estemirowa sind die Mitarbeiterin einer Kinderhilfsorganisation,
Sarema Sadulajewa, sowie deren sie unterstützender Ehemann tot auf-
gefunden worden; erschossen. Immer wieder sind es Frauen, die dem
tschetschenischen Präsidenten öffentlich widersprechen und ihn bis aufs
Blut reizen. Ein strenger Moslem wie Ramsan Kardyrow kann sich keine
Widerrede und Kritik von oppositionellen, frechen Frauen gefallen lassen.
Ehrensache.*

Graublauer Horizonthimmel, Dunst, Verhangenheit; ohne eine Spur Morgenröte.

Friedrich Spee war nicht nur Jurist und Verfasser der »Cautio Criminalis«, sondern auch Dichter und Verfasser geistlicher Lieder, u. a. des Adventsliedes »O Heiland reiß die Himmel auf«. In seinem »Güldenen Tugend-Buch« liest sich ein Gedicht wie ein Zwiegespräch zwischen dem zum Tode verurteilten und gefolterten Jesus und den ihn ans Kreuz fixierenden Befestigungen: »Ach ihr vil zu rauhe nägel, / Ach der starken marter mein! / Meine glider zart und haigel / Füllet ihr mit höchster pein.«

Kreuzigung: ein blutrünstiges Bild des Grauens, sinnstiftend für eine monotheistische Religion und für eine Kirche, die selbst eine lange, nicht enden wollende Geschichte der Folter und Hinrichtungen zeitigte.

Graublauer Horizonthimmel, Dunst, Verhangenheit; ohne eine Spur Morgenröte, aber mit einer Reihe wunderschöner quadratischer, heller Wolken, wie üppig aufgeschlagene Kopfkissen.

Graublauer Horizonthimmel, Dunst, Verhangenheit; ohne eine Spur Morgenröte.

Graublauer Horizonthimmel, Dunst, Verhangenheit; ohne eine Spur Morgenröte.

Die Morgenröte ist zurückgekehrt. Das »Siebenschläfer«-Programm scheint zu Ende zu sein. Malvenfarbener Horizonthimmel mit vielen, kleinen blauen Wölkchen, geformt wie Oktothorps oder Hashtags; Muster einer altmodischen Fünfziger-Jahre-Tapete. Nicht mehr so viel Tau auf den Schrägfenstern. Glanzvoller Sonnenaufgang. Die Luft ist erfüllt von einem köstlichen Duft nach frischem Heu.

Fenster auf. Kurz vor fünf Uhr ist der Horizont im Nordosten noch lichtlos. Fenster zu. Die dünne Mondsichel am Osthimmel, seitlich über der Venus, liegt leicht nach hinten gekippt bequem in der Dämmerung des entspannten Tagesanbruchs. Darunter ein in dunklem und hellerem Blau gestreifter Horizont, wie ein ruhig wogendes Meer. Fenster auf. Schwarze Baumsilhouetten. Windstille. Nichts bewegt sich. Keine Vogelstimme. Nicht einmal die Stechmücken scheinen aktiv zu sein. Nur der Autoverkehr gibt aus der Ferne seine Motorenlaute von sich. Die Meeresstreifen setzen sich Richtung Nordosten fort, dort inzwischen mit matt seetangroten Schichten versetzt. Über dem Horizont hängt eine etwas zerzaust wirkende seetangrot-meerblau wirbelig melierte Wolke, die die Streifen- und Gegenstreifenstruktur des Himmels konterkariert. Vom Wasser her schreit eine Ente. Am Nordosthorizont wandelt sich das Meerblau in ein dunkles Himmelblau, und das dunkle Seetangrot wandelt sich in ein helles, lichthaltiges Morgenrot, das zwischen Himmelblau und Meerblau brandet. Streifen wogen über den gesamten Himmel, lösen sich auf und formieren sich in luftigen Winkeln zueinander. Venus verschwindet hinter Wolken, der Mond hängt zurückgelehnt, umgeben von einem mull-milchigen Schleier, wie von einem Moskitonetz; der Himmel darunter hellt auf, schimmert opalisierend in Weiß und Flieder, das sich im Nordosten zu einem matten Malvenrosa in Blau verdichtet, das sich aus der Dunkelheit hebt.

Wie von Tacitus in der »Germania« beschrieben, scheint die Nacht dem Tag vorauszugehen, scheint die Nacht den Tag zu führen (»nox ducere diem videtur«). Oder, wie die Künstlerin Anna Lange es in ihrer bläulichen Neonschriftinstallation in dem engen, horizontalen Schacht unter dem Museumsgebäude in Kalkriese als freie

Tacitus-Übersetzung oder als erweiterte Tacitus-Aussage formuliert: DIE NACHT GEBIERT AUS IHRER SICHT DEN TAG. Gemeint kann mit IHRER SICHT sowohl die von Tacitus beschriebene kosmische Auffassung der Germanen sein als auch die prospektiv den Tag hervorbringende NACHT, die in Hinblick auf den TAG den Übergang entbindet und den Wechsel vollzieht: die Nacht in allmorgendlicher Geburt des Tages. Irgendwo in diesem Zitat – zwischen GEBIERT und SICHT – schimmern unausgesprochen die zarten blaßrosa bis tief blutroten Übergangs- und Wechseltöne der Morgenröte.

Fenster auf. In der frischgemähten Wiese, zwischen den Grashaufen, hockt die schwarze Katze der Nachbarin. Der erhellte Himmel ist voller leuchtend hibiskusrosa und fliederblauer Streifen, pink- und orangefarbener Wolkenfetzen. Ein Bussard schreit, Krähen fliegen umher. Die Katze, unbewegt zwischen den Grashaufen, dreht den Kopf, blickt um sich, blickt zum Himmel hoch und zum Fenster herauf, ohne ihre Sitzposition zu verlassen. Fenster zu. Die Katze setzt sich in Bewegung, schleicht, den Körper angespannt, den Schwanz in einem durchhängenden Bogen versteift, zwischen den Grashaufen hindurch, die Nase immer wieder auf den Boden drückend. Hoffentlich krallt sie sich eine der unzähligen Wühlmäuse, die das Grundstück unterminieren und die Wurzeln und Knollen der Gemüse von unten abfressen. Aber dann setzt sie sich wieder, blickt lange um sich. Der Himmel ist nur noch Blau und Grau und Weiß; Mattigkeit des frühen Morgens. Hinter den Birken, weit nach Süden gerückt, spielt sich der Sonnenaufgang ab, laut Sonnenaufgangkalender um 6.06 Uhr. Orangerot hinter Bäumen. Die Katze balanciert langgestreckt im Gras, rechte Vorderpfote und linke Hinterpfote erhoben. Langsam senken sich rechte Vorderpfote und linke Hinterpfote, der Körper schiebt sich vorwärts, linke Vorderpfote und rechte Hinterpfote heben sich, verbleiben in angespannter Schwebe. Dann steckt sie ihren Kopf in ein Grasbüschel, ruckt mehrmals, zieht ihn wieder hervor. An ihrem Maul hängt ein kleines graubraunes Etwas, das sie ein Stück weiterträgt und niederlegt. Sie blickt um sich und beugt sich dann hinunter, um das Etwas aufzufressen. Orangegelb hinter Bäumen. Glanz steigt auf. Die Katze langgestreckt am anderen Ende der Wiese, rechte Vorderpfote und linke Hinterpfote erhoben. Sie scheint in Jagdlaune, in Arbeitsstimmung zu sein. Hinter den Bäumen Glühen und Glänzen. Dann ist die Katze aus der Wiese verschwunden. Sie sitzt auf dem Grasstreifen in der Einfahrt auf der anderen Seite der Straße, leckt sich sorgfältig die Pfoten und streift mit ihnen über die Ohren. Hinter den Bäumen blaue und weiße Streifen, Wolken legen sich über Glühen und Glänzen.

Die von dem iranischen Präsidentschaftskandidaten Mehdi Karrubi gegründete Reformzeitung »Etemade Melli« wurde von den Behörden geschlossen.

Fenster auf. Wind um die Nase. Ein leichter Schwefelgeruch. Unablässige Verbrennung in allgegenwärtigen Motoren. Destruktive Pyro-Technik trotz Katalysatoren. Ein düsterer Morgen mit tiefhängenden, düsteren Wolken, aber der Horizont im Norden und Osten ist hell: unten ein blaues Band, darüber ein hellblauer bis weißer Streifen, der bis zu der düsteren Wolkendecke reicht, die langsam von Südwesten nach Nordosten zieht. Über dem blauen Band, im Übergang zu dem hellblauen bis weißen Streifen, breitet sich ein zarter rosa Ton aus, der sich am Rand der Wolkendecke widerspiegelt. Und dann zieht sie ab, die dicke, tiefhängende Wolkendecke, ohne daß massiver Nachschub aus dem Südwesten käme, und der Himmel wird hoch, und die Düsternis zieht plastisch wohlgeformt mit weg. Nur noch leichte, luftige Wölkchen hängen ab. Da ist der Mond wieder in seiner bequemen, leicht nach hinten geneigten Sichelhaltung, dünn, zart, abnehmend. Der Morgen ist völlig ohne Vogelstimmen. Sind sie alle bereits nach Süden gereist, schlafen sie noch und haben ihr Werk verrichtet? Die schwarze Katze streift wieder langgestreckt durch die gemähte Wiese, zwischen den Grasschnittwällen hindurch. Manchmal sieht es aus, als strecke sie die Hinterpfoten besonders weit aus, nicht nur im üblichen Schleichgang, sondern wie nach einem langen Schlaf.

Dann ist sie doch wieder da, die Wolkendecke, nur dünner,

nicht mehr so dick, nicht mehr so voluminös, nicht mehr so tief. Das blaue Band am Horizont franst aus, läuft bogig aus, setzt kleine blaue Wölkchen frei, die im zarten Rosa schweben. Im Osten wird die Unterseite der Wolkendecke plötzlich völlig rosa beschienen, als wäre ein Strahler angeknipst. Aber es ist keine Widerspiegelung des Rosa am Horizont, denn dort ist es mittlerweile verblaßt bis zur Unkenntlichkeit, der rosa Schein auf der Wolkenunterseite scheint von einer anderen, stärkeren Quelle herzurühren, er nimmt an Stärke zu, kommt zum Leuchten, fast zum Glühen. Die Katze sitzt wieder dort, wo sie gestern ihren Fang getätigt hat. Sie blickt etwas blasiert um sich, als gälte es, sich die Zeit zu vertreiben, bis der Moment gekommen ist; sie wartet. Zwischendurch hebt sie ihren Körper, buckelt, dehnt sich, um dann gleich wieder entspannt in die Sitzhaltung zurückzugleiten. Das Warten dauert an. Die rosa beschienenen Wolken verändern sich; die Plastizität nimmt ab, die Decke wird noch flacher, wird dichter; ein rosa beschienener weißer Filz. An der Grenze zum rosa, dann wieder weiß gewordenen Horizontstreifen wird eine weitere Wolkenebene sichtbar, auf der sich unter der flachen Filzwolkendecke hinweg einzelne raumfüllende, aber sehr luftige Gespinste bewegen, schneller bewegen als die Decke darüber. Am Himmel flattern einige Enten, in Zweier- oder Dreierformation, ohne Geschnatter. Vorbei das Geschrei der Wildgänse, ihre aufgeregten Flugübungen. Nur noch das langweilig monotone Gurren der Tauben. Die rosa Wolken verlieren ihr Leuchten, werden matter, dann verfärbt sich das Rosa zu einem Braun, um sich dann ganz zu verlieren. Hellblauer Himmel, darunter weiße und graue Wolken. Alle Morgenröte ist dem Tag gewichen. Hinter den Bäumen, im kalten Goldglanz, der Sonnenaufstieg. Die Katze sitzt erhöht auf einem von früheren Bauarbeiten übriggebliebenen, noch nicht abtransportierten schweren Gullyrahmen, der am Rand zur Einfahrt aus der Wiese ragt, schaut über das Gelände, Sightseeing, scheint nicht mehr in Jagdlaune zu sein. Dann ist sie verschwunden. Verschluckt. Fenster zu.

Vorhang beiseite. Fenster auf. Beim Hinausbeugen erfahrungsverges-
sen wieder klebrige Spinnweben im Gesicht; Morgenkühle. Düsterer
Nordosthorizont; Blau, überlagert von einer schmutzigen Rostschicht
mit einem grünlichen Schimmer. Auch die sich in Auflösung befind-
lichen, sich kreuzenden, dunklen Kondensstreifen am Himmel scheinen vom Rost befallen. Ein riesiges blaues Wolkenfloß hängt über dem
Rostrot, das allmählich sich raffinierend und aufhellend den Rostton
zugunsten eines orangenen Rosas verliert: Rostrot, Rostrosarot, Hibiskusrot, Malvenrosa, Hyazinthrosa. Laute Motoren dröhnen. Fenster
zu. Viele Motorradfahrer unterwegs, die jeden Sommer – sobald die
Straßen trocken geworden sind – mit nackenhaarsträubendem Lärm
die widerwillige Aufmerksamkeit auf sich ziehen; Sommertage mit
regnerischen Aussichten bleiben die Hoffnung, das kleinere Übel
gegen das größere setzend. Der noch dünner gewordene Sichelmond
wirkt weiter weg, wird von Wolkenschleiern verhüllt, die wiederum
von Hibiskusrosa, Malvenrosa, Hyazinthrosa betönt. Fenster auf.
Der in Rosatönen erleuchtete Horizont, unterbrochen von dem inzwischen langgestreckten blauen Wolkenfloß, über dem sich weiter
Rosa ausdehnt bis zu einer persianerkräuseligen Grauwolke, die wie
eine sich langsam entmaterialisierende Pelzstola die Schichten des
Morgenhorizonts abschließt. Fenster zu. Die wenigen Wolken am
hellblauen Himmel – eher flüchtige Schleier und streifige Schwaden
als Bauschiges und Kompaktes – sind gelbrosa überhaucht, sind blaurosa durchtränkt und dabei durchsichtig und luftig. Das gestreckte
blaue Wolkenfloß nimmt scharfe Konturen an und schwimmt in
Rosa, heller und zarter werdendem Rosa mit fliederfarbenen Unter-
tönen. Die graukräuselige Pelzstola hat sich zu einem ephemeren,
flach gebürsteten Filzflecken gewandelt, entfernt und in der Ferne
sich auflösend. Fenster auf. Am Horizont füllen sich die Farben mit
Licht; verblassen.

Unten auf der Wiese keine Katze, die den Wühlmäusen, die
Erdratten sind, zusetzte, sie vielleicht nur metaphysisch erschreckte
und für immer in die Flucht schlüge. Der Gedanke an die längliche,
gut schließende Aluminiumdose mit den stinkenden Pellets, die bei
Kontakt mit feuchter Erde giftige Gase absondern, drängt sich seit

Tagen auf. Immer wieder Verschieben der nötigen Aktion. Doch mehr und mehr Gartenpflanzen werden – zunächst unsichtbar – von unten geschädigt, angenagt und verenden. Aber die Wut reicht noch nicht aus, um etwas zu unternehmen. Die Giftaktionen der letzten Jahre mündeten immer wieder in Alpträume, in peinliche, höchst quälende Phantasien sich rächender Tiere. Die Folge: die Aktionen wurden nicht, wie per Anweisung empfohlen, mehrmals hintereinander wiederholt, so daß trotz erster Überwindung und großer Anstrengung am unvollendeten Ende komplette Wirkungslosigkeit diagnostiziert werden mußte. Vielmehr hätte man fast meinen können, sogar einen Triumph durch noch frechere Plazierungen zu verspüren. Nicht nur geschützt unter der Mulchdecke aus Rasenschnitt, Stroh oder Comfrey öffnen sich die Ein- und Ausgänge in den Beeten, sondern am Rand der geharkten Wege. Besucher stolpern in die großen Wühlmausportale, die eine subterrestrische Direttissima zu den Knollen der Roten Rüben oder zu den Mangoldstauden ahnen lassen. Im Ahorn sitzt eine Krähe und kräht nicht, sie knurrt, knarzt, knirscht wie mit den Zähnen. Ein heller Himmel in Flieder, Weiß und Hellblau. Noch ohne Sonne, noch ohne Glanzüberwurf; der wird nicht mehr lange auf sich warten lassen, alle Zeichen weisen darauf hin. Fenster zu.

Ein Tagesanbruch aus der rostroten Morgenröte heraus. Fenster auf. Rostrot wandelt in zartestes Rosa, das illuminiert und die duftigen Schleierwolken in pinkfarbene, malvenrosa Leuchtobjekte verwandelt. Der Wind bringt das Verkehrsgetöse der Welt zum Fenster herein, keine Vogelstimme kommt dagegen an. Fenster zu. Langsam wird es hell, langsam verblaßt die Leuchtpracht. Der bevorstehende Sonnenaufgang zieht Energie ab, bis das Rosa ermattet und hinter den Bäumen wieder orangerot aufleuchtet, orangerot aufglänzt, orangerot bis glutrot aufglüht.

Graublauer Horizonthimmel, ohne eine Spur Morgenröte. Dunst, Verhangenheit nach einem nächtlichen Unwetter mit Regen und einem Vielfach-Gewitter. Blitze von allen Seiten schienen sich unmittelbar durch die Fensterschrägen über das Dach herein in das Haus zu stürzen und hatten, mehrmals hintereinander zuckend, neonblau aufleuchtend, die samtene Dunkelheit des gerade zur Ruhe gekommenen Sommertags ergrellt.

Graublauer Horizonthimmel, Dunst, Verhangenheit; eine Spur Morgenröte. Zartes Porzellanrosa und hellblaue Wirbelwölkchen. Nebel in den Wiesen, Feuchtigkeitsbeschläge an den Fenstern. In der Ferne pfeift der Bussard in hohen Tönen. Der Sonnenaufgang ertrinkt langsam im Dunst des Morgens.

Eine Spinne seilt sich von der Decke auf den Schreibtisch herab, wird mit einem Stück untergehaltener Pappe empfangen und zum Fenster hinauskomplimentiert, wo die Spinnenkolonie zunehmende Dichtigkeitsgewinne verzeichnet. Wo bleibt der Sperling, der in ihr bis vor einiger Zeit noch regelmäßig geerntet hatte? Die alle Nachstellungen überlebenden Spinnen werden uns strangulieren, stechen, aussaugen. Bertrand Russell war – fast bewundernd – von der ultimativen Überlebensintelligenz der Insekten überzeugt. Doch gehören Spinnen zu der Spezies der Insekten, zu den Eingeschnittenen?

Morgenröte aus dem Dunkel: Hibiskusrot in stetiger Erhellung bis zum zarten Rosa. Fast wolkenloser Himmel, die kleinen weißen Wölkchen im Süden erglühen in grellem Rosa. Über dem Fluß und durch die Bäume hindurch wehen Dunstschwaden. Eine weiter entfernte Wiese ist bedeckt von dickem weißem Nebel, hochwallend und schäumend wie die Gischt eines wilden Meeres. Eos gießt besonders großzügig aus ihrer Taukanne.

Fenster auf. Dunkles Rot zieht in die Dämmerung ein. Geburtsblut. Die Nacht gebiert den Tag. Die allmähliche Erhellung zeigt sich in Schichten von dunklen zu hellen Malven- und Rosa- und Fliedertönen am Nordosthorizont, bis – weißlich grundiert – nur noch hellstes Rosa und Fliederblau in wolkigen Streifen und Wirbeln den Sonnenaufgang erwarten. Kondensstreifen und kleine Wölkchen bis in den Südhimmel leuchten kurz grell pink auf, verlöschen sofort wieder. Hinter den Birken matte Helligkeit, rosa Licht, das länger in strahlendem Glanz stagniert.

Im IranBahamBlog wird Ahmadinedschad der »illegale Präsident« genannt. Die Schließung der Zeitung des ehemaligen Präsidentschaftskandidaten Karroubi haben Menschen in Teheran zum Anlaß genommen, um erneut auf die Straßen zu gehen und »Tod dem Diktator« zu rufen. Karroubi hat Mißhandlungen in den Gefängnissen publik gemacht und wird dafür bedroht und als Feind des Landes und Agent des Westens abgestempelt. Ein fünfzehnjähriger Junge erzählt der britischen »Times« von seiner mehrmaligen Vergewaltigung und tagelangen Mißhandlungen im Gefängnis einer zentraliranischen Provinzstadt, wohin er in den Wirren nach der Wahl verschleppt worden war, weil er das grüne Band des Protests am Handgelenk trug.

Der erlaubte Zugang der Inspekteure zu einem Atomreaktor wird als Offensive des Regimes gewertet: etwas zuzulassen, aber das Wichtigste zu verbergen. Ziel ist, Zeit zu gewinnen, denn die Stühle der Mullahs wackeln, und bald läuft Obamas Frist für die Atomgespräche ab. Laut IranBahamBlog steht die Bevölkerung nicht hinter den Atomplänen der Mullahs, und die sind bisher jeden Beweis für die friedliche Nutzung der Kernenergie schuldig geblieben.

Die Berichte von FREE IRAN NOW! über Zustände in iranischen Gefängnissen nach den Wahlprotesten und in den letzten dreißig Jahren unter der Herrschaft der religiösen Führer sind grauenerregend.

Fenster auf. Ein düsterer Horizonthimmel in tiefstem, unterwelt-lichem Hibiskusrot. Bis auf eine längliche starkblaue Wolkenbank, die vom Westen kommend über dem Hibiskushorizont einschwebt, kaum ein kleines Wölkchen am blauen Dämmerungshimmel. Das Hibiskusrot, wie gegossen, zieht in das Blau ein, ein dunkles Glühen erfüllt den gesamten Nordosten. Der Tagesanbruch als kosmische Entzündung. Venus steht hoch im Osten direkt vor dem Fenster, da wo Hibiskusrot und Blau sich vermischen. Jupiter ist bereits unter-gegangen (nachts funkelt er als kompaktes gleichschenkliges Dreieck, die Seiten durch Strahlen verlängert). Die starkblaue Wolkenbank ist aufgelöst, besteht nur noch aus ein paar Kommazeichen, die über dem Horizont hängen, ohne etwas Aufzuzählendes zu trennen oder zu verbinden. Das Dunkle wurde hell, das Hibiskusrot wandelt sich in ein bläuliches-weißliches Flieder, porzellanmatt.

Michael Jackson, The King of Pop, so ist in den Sechs-Uhr-Nachrichten zu hören, starb an der Folge von Medikamenten, an einer tödlichen Mischung von Betäubungs- und Beruhigungsmitteln. Was für ein Ende für ein ewig zappelndes, unruhiges Kind, für einen immerzu tanzenden Stern am nächtlichen Himmel der brausenden Musikindustrie, für einen demokratischen Konsumkönig, gewählt vom Geschmack musikalisch konfektionierter Volksmassen?

Porzellanrosa Horizont. Dienstaggetöse von der Autobahn her, unten auf der Deichstraße schon lange reger Verkehr. Verkehrsrau-schen, aber keine Vogelstimmen. Nur einige vorbeiziehende schwar-ze Vögel am Himmel. Hinter den Birken dichteres Rosa. Auf dem Telefondraht schaukelt eine schwere Taube. Wo bleibt die Sonne? Fenster zu.

Dämmerung im Haus. Der Screen blitzt mit lautem Gong in die Dunkelheit.

Fenster auf. In der Ferne ein heller, klarer helltürkisfarbener Him-mel, in der Nähe silhouettenhaft dunkle Bäume, fast wie in René Magrittes Gemälde »Die Macht des Lichts«, aber ohne die Laterne und die weißen Schönwetterwolken des Tages. Flach über dem Nordosthorizont zieht ein Band dunkler Wolkenkulissen von Westen nach Osten, in Zugrichtung geneigt wie überhängende, von Hokusai geformte Wellenkämme. Unter dem Band ein schmaler, fast unsichtbarer Schimmer rostigen Rots. Das Band verliert seine dynamische Form, die Wellen legen, die Bögen entspannen sich. Zum Schluß zieht ein blauer Strang von Westen nach Osten, dessen Bewegung nur noch an kleinen Randfetzen, kleinen fransigen Ausreißern wahrzunehmen ist. Kein Morgenrottheater. Nicht einmal die schwarze Katze der Nachbarin streunt durch die Wiese, die aber auch teilweise zerstört wurde, da ein Bagger die Schutthalden auf einen Wagen zum Abtransport aufgehäuft und den Rest eingeebnet hat. Doch das Werk wurde nicht vollendet. Der Bagger blieb mitten in Aktion stehen und mußte zur Reparatur abtransportiert werden. Zurück blieb ein ziemlich zerrüttetes Gelände.

Beim Gartenbau-Nachbarn sind die Köpfe der meterhohen Sonnenblumen, die in einer dichten Reihe entlang des alten Gewächshauses stehen, groß und schwer geworden. Sie schauen nicht alle nur in Sonnenrichtung, wie man denken sollte. Auf einem Feld liegen, zwischen schon leicht vergilbten Blättern und vertrockneten Stengeln, orangerot leuchtende Hokkaido-Kürbisse. Ein wunderbarer Anblick vegetabiler Produktion. Nichts jedoch gegen die riesigen orange- und gelbroten Pumpkin-Halden im kalifornischen Hinterland während des Spätsommers. Doch das Kostbare, das einem Hokkaido zwischen den Blättern noch eignet, ginge auch bei ihm verloren, würde er mit vielen anderen massenhaft zu Haufen geworfen.

Die Graugänse sind wieder aktiv. Nachdem sie sich ein paar Tage in ihrer Kolonie auf der Insel in der Doven Elbe erholt haben, beginnen die Flugübungen erneut. Gestern abend war der Himmel voller welliger V-Formationen, die sich auflösten, wieder zusammenfanden. Daß der Flügelschlag des Geschwaders nicht synchron aufeinander abgestimmt ist, macht es aus, daß auch bei präziser Formation nicht der Eindruck des Militärischen entsteht. Es ist immer noch etwas Weiches im Harten, etwas Welliges im Winkeligen, etwas Fließendes im Erstarrten, etwas Derangiertes in der Ordnung.

Der rostrote Schimmer unter dem Wolkenstrang ist von der

weiteren Auflösung absorbiert. Statt dessen erscheinen einige rostrote Flecken, wie von einem Zufallsgenerator an den Himmel projiziert. Auch jetzt immer noch kein Sonnenaufgang. Immer noch kein Sonnenschein, aber die Bäume sind nicht mehr von silhouettenhafter Schwärze, sind grün, wenn auch matt, sind in graue Transparenz getaucht.

Erschüttert berichtet der 1958 im Iran geborene Reza Hajatpour in seinem Buch über das Leben als Mullah. In den siebziger Jahren mußte er miterleben, wie die aufgrund ihrer hohen menschlichen Werte bewunderte und geschätzte Geistlichkeit in Gestalt einer Gruppe um Ajatollah Chomeini die politische Macht an sich reißt und ein moralisch rigides und menschenverachtendes Regime etabliert. Er konnte den Aufstieg der religiösen Führer zu Diktatoren beobachten, die auch vor Folter und Todesurteilen nicht zurückschreckten, um die Opposition auszulöschen und den eigenen Machterhalt zu gewährleisten. »Eine Revolution, die ursprünglich einen Diktator beseitigt hatte, wurde selbst zur Diktatur, mit einem neuen Namen«, schreibt Hajatpour und weiter: »Ich dachte immer, daß die Mullahs es nie wagen würden, die Menschen zu verurteilen, wenn sie irgendwann einmal die Möglichkeit hätten, auf dem Stuhl des Gerichtshofes zu sitzen. Menschen, die den Gläubigen Liebe, Verzeihung und Barmherzigkeit predigen… Im Gefängnis wurde mir klar, daß sie sich, wie viele andere Machtmenschen, an denselben Regeln orientieren, sobald sie an die Macht kommen. Macht rechtfertigt alles, auch das, was man früher dem Gegner als böse Tat vorgeworfen hat.« Als die Lage für ihn unerträglich wurde, verließ Reza Hajatpour den Iran in Richtung Türkei.

Inzwischen ist der oberste Revolutionsführer Chamenei von der Auffassung abgerückt, die Proteste der Opposition seien vom feindlichen Ausland gesteuert. Wie werden jetzt die unter Folter erzwungenen Geständnisse Oppositioneller zu verstehen sein, die sich öffentlich angeklagt hatten, im Dienst ausländischer Interessen tätig gewesen zu sein? Und wie ist die neue Haltung des obersten Revolutionsführers mit des Präsidenten Ahmadinedschads Forderung nach mehr Härte zu vereinbaren?

Zarte Morgenröte und wunderbar blaue Wolken, die wieder einen typischen norddeutschen Sommerhimmel vorbereiten, wie er sich gestern den ganzen Tag dem bewundernden Auge dargeboten hatte, bis hinein in die späten Abendstunden, dann im Verein mit einem langdauernden intensiven Abendrot. Große, plastische weiße Cumuluswolken in den herrlichsten Gestalten, die gemächlich über den Himmel ziehen, ihre ebenfalls ziehenden Schatten über die Landschaft werfend, bis alles zu Schatten wird.

Gäste der Minotauros-Enthüllung hatten als Gastgeschenk ein Buch mit dem Titel »Nachts kommen die Füchse« mitgebracht; Gäste, die zum ersten Mal hier waren und vielleicht dachten, daß sie – die Städter und Bewohner immerhin als vornehm geltender Vorstädte – aufs Land, in eine Gegend fahren, wo sich Füchse und Hasen Gute Nacht sagen, wie die Abgelegenheit ländlicher Gegenden herablassend charakterisiert wird. Wußten diese Gäste, als sie das neueste Buch von Cees Nooteboom mitbrachten, daß es Erzählungen sind auf Leben und Tod, daß es um Leben geht und um Bilder von Toten, Erzählungen vom Tod und von Fotografien Toter? Hatte man das aktuelle Buch, das man mitbrachte und dessen Autor für manchen Lesertyp per se Qualität verspricht, vorher schon gelesen und eine Ursache gebildet für das Geschenk? Die Verbindung »Minotauros« ist qua Textstelle minimal gegeben, aber nicht angesprochen. Wie darauf antworten?

In Nootebooms Personnage, unter mittelmeerischen Himmeln, irgendwo an spanischen und italienischen Küsten, in Venedig, wo auch immer; der Tod ereilt Menschen: Freunde, Geliebte, Ehepartner, und zurück bleiben Erinnerungen, Bilder. In der Geschichte mit dem Titel »Heinz« erinnert sich der Ich-Erzähler daran, wie er Heinz kennenlernte, der ihm fast unerklärlicherweise zum Freund wurde; der melancholische Alkoholiker, Vizekonsul in Italien, irgendwo an der ligurischen Küste, wo er in einer ausgebauten Fischerhütte hauste, sang, von den Felsen aus ins Wasser sprang, im Speedboot über das Meer raste und in der Hafenbar von Amleto, und nicht nur dort, trank. »Und trotzdem, wenn ich sage *ein Mensch,* warum will ich dann verbergen, daß ich bei jenem ersten Mal, als sein rotes, betrunkenes

Gesicht im Hafen neben mir auftauchte, sofort an einen Schweine-
kopf dachte? Die Welt des Bestiariums ist voll von hybriden Dop-
pelformen, Pferde mit Menschenköpfen, Vögel mit Frauenbrüsten,
ägyptische Götter mit Tiergesichtern, Adler mit Menschenkronen,
der Minotaurus mit seinem bleischweren gehörnten Kopf auf diesem
plötzlich so schmalen Männerkörper. Es ist die Zeit der Erbsünde, des
mühsamen Abschieds von der Tierwelt, der Augenblick, da wir unsere
Unschuld verloren. In unserem Heimweh nach dem zurückgelassenen
Tierreich, dem wir entstammen, haben wir uns offenbar mit allen
möglichen tierischen Wesen wenigstens identifizieren wollen, meines
Wissens jedoch nie mit Schweinen, es sei denn in Karikaturen, um
jemanden zu beleidigen.«

In den Sechs-Uhr-Nachrichten ist zu hören, daß Lars Gustafsson
in Weimar mit der Goethe-Medaille ausgezeichnet wurde. Ende der
siebziger Jahre begeisterte er uns mit seiner Erzählung »Die Tennisspieler«, und das schmale Büchlein zirkulierte unter den paar Tennis-
spielern im Philosophischen Seminar. »Der Aufschlag ist ein Fenster
zum Unbekannten« wurde ein geflügeltes Wort, ein Lieblingszitat
außerhalb des Kanons.

Eine kurze Reise verhindert drei Tage den Blick auf die Morgenröte.

Ein schmaler, langer Streifen Morgenröte am Horizont, ein zartrosa
Schlitz zwischen quellig-graublauen Wolken. Dann das übliche Ritu-
al: das Rosa ermattet, der Horizont wird blaß, Eos-Aurora zieht sich,
den Sonnenaufgang ankündigend, dezent zurück. Der Zeitpunkt für
Bruder Helios ist gekommen: 6 Uhr 27. Hinter den Birken erglänzt
der Himmel und ein orangerotes Glühen schmiedet den letzten Tag
des Monats August.

Fenster auf. Über den gesamten Nordosthorizont zieht sich ein breiter blutorangeroter Saum und läuft in einem warmen honigfarbenen Gelb aus, wie in dem delikat geschmolzenen Glassoufflé einer Vase oder eines Lampenschirms aus der Werkstatt des Maître Verrier d'Art Nouveau Émile Gallé im Nancy des neunzehnten Jahrhunderts: ein leuchtender Jubel-Streifen zur Feier des anbrechenden Tages. Das aus dem orangeroten Horizontsaum auslaufende Honiggelb fließt in das wolkenlose Hellblau des Himmels und durchzieht eine Zone der Helligkeit mit grünlichen und rosa Zwischentönen, vor der sich die dunklen Silhouetten und durchbrochenen Muster der Bäume wie kleinteilige Scherenschnitte scharf abheben. Die dunkelglühende und jubel-leuchtende Gallé-Morgenröte-Lampe erlischt allmählich, die weißliche hellrosa und hellblaue Zone der Helligkeit breitet sich über den gesamten Horizont aus. Die Blätter der Sträucher und die roten Beerenbüschel in den dichten Alleebäumen sind im frischen Tageslicht zu erkennen. Verkehrsrauschen. Einzelne, dünne Vogelstimmchen. Fenster zu. Die Spinnen vor dem Fenster hängen schlaftrunken wartend in ihren klebrigen Netzen. Nicht selten finden sie den Weg ins Haus und erobern die Innenlaibungen, die Stukkaturen, Wandabsätze und fensternahen Bücherregale. Wo bleibt der Spinnen-Fresser, der Arachniden erntende Sperling, der ihre Expansion in Grenzen hält? Fenster zu.

Zur »Morgendämmerung« dichtete der von Émile Gallé höchst bewunderte Charles Baudelaire: »L'aurore grelottante en robe rose et verte«; »Aurora kam, vom rosig-grünen Kleid umflogen.« Einige Zeilen zuvor hat sich vielleicht nicht der erstaunte Leser, aber die erstaunte Leserin gewundert: »L'air est plein du frisson des choses qui s'enfuient, / Et l'homme est las d'écrire et la femme d'aimer«; »Ist rings die Luft durchbebt von Dingen, die entschwinden. / Vom Schreiben ist der Mann, die Frau vom Lieben matt.«

Wie eine Lampe mit Morgenrötelicht finden? Selten, aber hin

und wieder tauchen Glaslampen mit Schirmkuppeln in Pilzhutform auf, deren umlaufender Dekor und deren Beleuchtung eine Hochgebirgslandschaft mit pfirsichfarbener Morgenröte oder zartfarbene Blüten in Aurora-Tönen darstellen. Subtiler Botanismus, wunderbar opake, doch lichtdurchlässige Glasschmelzen. Wie selbstverständlich reift der Entschluß, wie selbstverständlich richtet sich das Begehren auf ein Licht-Objekt, auf eine historische Lampe, die das gewünschte, das nötige, das geradezu notwendige Licht dauerhaft zu spenden verspricht. Es wird nicht ohne Auktionen, es wird nicht ohne Reise möglich sein; Paris, Zürich, Genf, vielleicht London; es wird nicht ohne Anstrengung, nicht ohne Strapazen und Verausgabungen, es wird nicht ohne größere Ausgaben vonstatten gehen.

Plötzlich steht vor Augen, was kurz zuvor noch alles andere als klar war; plötzlich glühen Modalitäten; Entscheidungsvariationen sprühen. Dann scheint der unumkehrbare Ablauf zu zünden (semantisches Pyrogen?). Verkehrung von Ursache und Wirkung? Dinglichkeits-Evidenz. Heißester Wunsch. Eine Art Lampenfieber brennt auf, steigt gefährlich an. Fenster auf. Einatmen. Ausatmen. Fenster zu.

Zu spät für die Morgenröte.

Ein nicht enden wollender Traum, bilderlos, in gebrochenem Französisch. Der Versuch, einen Wunsch zu formulieren. Überlagert von einer wie in negativer Simultanübersetzung unbeantwortbaren Frage auf selbstreflexiver Spur: »français approximatif« oder »français rupture«. Die quälende Befragung auf Endlosschleife verzögerte das – auch nach einem Dreivierteljahr – immer noch nicht zuverlässig eingeübte, automatische frühe Erwachen. Traum in Schichten, in Brüchen, ohne Narrativ; »S'il vous plaît …« Schleifen um Schleifen wiederholter Artikulationsversuche, suchendes Grübeln nach vergessenen Redewendungen, nach unauffindbaren Vokabeln. Das Wühlen, Stammeln, Stottern ließ den Schlaf zwangsläufig andauern; jedes Ansetzen zu einem Satz, jeder Versuch, eine Aussage zu treffen, eine

Formulierung zu finden – »Je voudrai …« – endete im Wirrwarr, im Gurgeln, mit Schaum im Mund. Und beim Aufwachen und lange noch danach: Wut; ein ohnmächtiges Gefühl der Wut über den unglaublichen Sprachverlust. Où sont passés tous les mots? Wie damals in Paris, während der letzten gemeinsamen Reise; von grotesken Anfällen schlechter Laune überschattet. Où sont passés tous les mots, toutes les phrases? Übrig geblieben von der Reise liegt der ziemlich derbe, grau-weiße Porzellanteller mit der dunklen Bären-Silhouette aus einem Bistro mit vielen Flechtstühlen hinaus auf den Platz im Marais unbenutzt im Schrank. All die Sätze, all die Wörter wie weggesperrt, wie gestorben; nie wieder sind sie zurückgekommen. Auch Du nicht. Nie wieder.

Trop tard. Le soleil s'est levé …

Der in seltsam existentieller Zuneigung zum frühen Morgen einsam endende Mensch wünscht sich für die Weile des Sterbens eine andauernd dauernde Morgenröte; keineswegs eine endlose, eine nie endende Morgenröte, aber eine über alle Tageszeiten hinweg und Tage oder eventuell Wochen anhaltende, ersatzweise durch künstliche Lichtverhältnisse simulierte Morgenröte; simuliert vielleicht durch eine pfirsichrosa getönte Aurora-Lampe, rosig-grün; vielleicht durch eine hibiskusrosa leuchtende Eos-Lampe: für die Zeit des Sterbens in den Tagen und Nächten nach jenem Tagesanbruch, nach jenem bis Mitternacht reichenden Tag, der der letzte sein soll; für die Zeit des Sterbens, die die Einteilung nach Stunden und Tagen, Stunden und Nächten, Morgen- und Abendzeiten, Sommer- und Winterzeiten weit hinter sich läßt im schimmernden Jetzt, dem gleichwohl eine Finalität innewohnt, kaum spürbar, sehr sanft, aber unabweisbar. Die Stunde, Minute, Sekunde des Übergangs zwischen den Sphären von Leben und Tod, verbunden und getrennt vom Hauch eines Lichtmoments. Hell blaublütenblumiges Licht aktiven Lebens; reales Licht der Tageszeit, spektral; Dunkelblutrot, Moiré, mittel- und schwarzblau mit violett pulsierenden Adern; hauthell: abtragendes Licht beim Verlassen, grell aufleuchtend bis matt. Und dann der unaufhaltsame Fall in den Spalt der Dunkelheit.

Unter Beihilfe der am Neujahresanfang voraussichtlich vorherrschenden eisigen Kälte wird sich die Stunde, Minute, Sekunde des Übergangs vielleicht früh und schnell, vielleicht schon während der blütenfarbenen Dämmerung des Tagesanbruchs, während der morgendlichen Morgenröte des neuen Jahres ereignen. Und falls sie sich später und zögerlicher ereignen sollte, könnte die Lampe ihren mimetischen Dienst tun und durch das kunstvoll gegossene Glas ihren beruhigenden, pfirsich- und hibiskus- und malvenrosig-grünen Morgenröteschein aussenden, um dem allmählichen Entschwinden des endgültig Verschwindenwollenden die Lichtbahn zu bereiten.

Wieder zu spät für die Morgenröte.

Der kleine Apfelbaum mit seinen noch grünen zierlichen Früchten an den hängenden Ästen biegt sich kaskadenartig unter der Last, wie ein aus der Felsklamm sich ergießender Wasserfall; Apfelbiege, Apfelwoge, Apfelfall.

Es gab einmal die Idee eines Zierapfelgelees. Sie wurde nicht realisiert, das Gelee ist nicht entstanden, und vermutlich wird es auch nicht entstehen, obwohl genau jetzt der richtige Zeitpunkt für die Ernte der Äpfelchen wäre: sie sind reif, sie sind gerade noch ausreichend grün, aber schon ein wenig gelb, sie sind aromatisch und saftig und noch nicht zu süß und schwammig verdichtet. Doch wer sollte das Gelee zubereiten? Ein platonischer Confiturier?

Die Realisierung einer Idee ist zwangsläufig durchzogen vom Geschmack des Verrats, ließe sich einwendend abwenden, denn insbesondere im Sturz der Aggregate benötigte die Ewigkeitsrezeptur eine zu hohe Dosierung an Konservierungsstoffen.

Wenn der Mensch in seiner letzten Stunde nicht allein ist, einen liebenden Menschen an seiner Seite hat, geht der letzte Hauch des Lichts von den umarmenden Armen aus; geht der letzte Hauch des Lichts von der Hand aus, die bis zum Ende auf der Stirn liegt; geht der letzte Hauch des Lichts von den Händen aus, die die Schultern niederdrücken und die Füße umfassen; geht der Hauch des Lichts von den Lippen aus, die mit Küssen versuchen, das Ende aufzuhalten

und aufzuhalten, bis auch sie ihr Licht an die Lichtbahn des Ent-
schwindens verlieren und abzugeben gezwungen sind.

Morgenröte in schönster Kälteroutine; unanrufbar, unansprechbar,
weil in einem anderen Seins-Modus; unerreichbar, wie in einer anderen Zeitzone, Zeitzonenscheibe.

In den Armen des liebsten Menschen sterben!

Doch wenn die Arme nicht mehr sein sollten, wenn die Arme
des liebsten, allerliebsten Menschen nicht mehr wie die Wogen des
Lebens über Kopf und Schultern zusammenschlagen und nicht mehr
einzigartig situativ und vielleicht darüber hinaus und nachhaltig das
überaus fordernde Getöse der Welt ausschließen und im Laufe der
Nacht schwer und schwerer werdend das Ohr drücken, den Kiefer
verrenken, bis mundwinkelseitlich Tropfen austreten und das Kissen
benetzen; den Thorax bedrängen und den Atem einschränken, bis es
gurgelt, hechelt, stöhnt. Wenn die Arme nicht mehr auf Rippen und
Herzklappen drücken und – wie die Wurzeln des Lebensbaums im
ersten Grab der Anna Achmatowa – Leib und Körper umfangen und
gleichsam sicherheitshalber, nähezwangsweise in die Zwinge nehmen
und nicht mehr die ironisch-spielerische Frage aus der herrlichsten
Nähe-Bedrängnis emporsteigt, wie Liebe nur so schmerzhaft und so
hingeberisch und so aufgeberisch und so genießerisch hingeberisch
aufgeberisch sein kann. Wenn die allumfassenden Arme nicht mehr
sein sollten, dann bleibt nur noch das sublimierende Licht am frühen Horizont. Simulakrum. Oder die kompensierende Lampe der
Morgenröte. Mimetikum.

Vorhang beiseite. Beschlagene Fenster nach dem nächtlichen Regen.
Fenster auf. Ein taufeuchter Morgen; ein Erinnerungsduft von Nässe
und Grün, der einen scharfen Körperschmerz in die sich kurz schutz-
los aufreißende Freude versplittert. Hellblauer Milchglashorizont mit

einem zartrosa Streifen. Ein ruhiger Morgen, kaum Verkehrslärm von der Autobahn, nur ein schwaches Rauschen; hin und wieder ein Auto oder ein Moped auf der Deichstraße; Wind aus südwestlicher Richtung. Nicht einmal Vögel singen, nur ein paar Enten quäken, kreischen vom Fluß herüber. Fenster zu. Ereignisloser Milchglashorizontmorgen, wolkenloser Himmel, vom Dunst verschluckter Sonnenaufgang.

Vor dem Fenster ein Pfauenauge. Der Schmetterling schließt seine Flügel, seine Lider: Augen zu und für immer schlafen im samtenen Dunkel; zuvor ein flaches Atmen, ein letzter, stummer Schrei, markerschütternd unhörbar.

Ein blau bewölkter Horizont, zwischen dessen wallenden Schichten weißliches Licht austritt. Die Lichtschlitze, Lichtrisse schließen sich, während die einzelnen Wolken in einem dicken Wolkenteppich ausquellen. Nur im Osten bleibt eine kleine Öffnung, aus der das Licht hinter den Bäumen gelblich schimmert. Erste Tropfen schlagen auf das Schrägfenster, es beginnt zu regnen. Der Sommer ist vorbei. Die Büschel der geflügelten Samenstände an den Ahornbäumen werden sich bald auflösen und durch die Luft wirbeln. Sie sind grün verblichen bis braun und heften an den Bäumen wie ein Etikett des Herbstlichen. Das gelbliche Licht nimmt an Glanz zu, intensiviert sich zu einem verwischten Glühen zwischen zuziehenden Wolken. Eine kurze Reflexion von Rötlichem am Himmel, dann geht alles in der Feuchtigkeit, im Dunst unter.

Es kommt Bewegung in den Mordfall Politkowskaja. Das Oberste Gericht in Moskau ordnet auf Antrag der Familie Anna Politkowskajas neue Ermittlungen an.

Hellblauer Morgendämmerungshimmel, vor dem sich die dunklen Bäume im Wind schütteln. Venus leuchtet im Osten, von keiner

Wolke bedrängt. Nur am Horizont im Norden und Nordosten häufen sich bogige mittelblaue und weiter oben, fetzige, vom Wind zerrissene, dunkelblaue Wolken vor dem unklaren hellblauen, über bräunlichen und grünlichen bis kaum rosa-roten Hintergrund. Die Fetzen werden größer, verbinden sich zu großen, massigen Streifen; aus Südwesten kommt laufend Nachschub; sie scheinen bereits bis zur Venus hochzureichen. Am Horizont verschwindet der bräunliche, grünliche wie leicht vermooste Dämmerungsübergang, und ein zartes, wenn auch nicht wirklich klares Rosa verbreitet sich hinter den Wolkenballungen.

Ein düsterer Morgen. Fenster geschlossen, Schreibtischlampe aus. Hin und wieder spiegelt sich die auf- und abschwellend rote Kontrolllampe auf der Unterseite der Bedienungsmaus im Bildschirm. Das Simulakrum einer eigenen Welt von Morgenröte: ein zweistufiges, klares Morgenrot-Rot in künstlicher Hardware-Ungebrochenheit.

Vor dem Fenster hellt es auf; bläulicher Tagesanbruch. Am Horizont die bogigen Wolken zu langen, plastisch quellenden Strängen verbunden, während weiter oben die vom Wind zernagten Fetzen dominieren, die inzwischen Venus verdecken, die überdies schon untergegangen ist. Einige Fetzen legen Rouge auf. Am Osthorizont schwebt unter den blauen Wolkenballungen kurz ein glühendes Minibaguette, das sich als aufreißender Leuchtschlitz outet, aus dem Rosa in das umgebende Gewebe der Wolken aussickert. Ein breiter Wolkenverbund drückt auf den Horizont, das rosa Sickern sammelt sich hinter den Bäumen unter der immer massiver sich aufschichtenden Wolkenwand; seitlich tritt glänzendes Gelb aus, das weiter an Strahlkraft zunehmend zwischen den bewegten Bäumen blinkert. Eine dunkle, dichte Wolkenwand zieht über den Himmel und wird immer wieder ersetzt; darüber Erhellung. Dann beginnt ein orangerotes Glühen.

Im Musée de l'École de Nancy ragt als spektakuläres Kernstück einer exquisit bestückten Gallé-Sammlung das prachtvolle Jugendstilbett »Aube et Crépuscule« heraus. Es ist Bestandteil eines mehrteiligen, luxuriösen Schlafzimmers, das anläßlich der Hochzeit eines Freundes Anfang des Jahrhunderts in der Kunsttischlerei des Künstlerunternehmers – im Atelier d'Ebénisterie Émile Gallé – hergestellt wurde. Das höchst aufwendige und kunstvoll gearbeitete Bett mit trapezförmig geschwungener Rahmenkonstruktion ist mit Intarsien aus unterschiedlich getönten Edelhölzern und Perlmutteinlagen geschmückt.

Um den Titel »Aube et Crépuscule« nicht nur als Dämmerungen im weitesten Sinne zu verstehen, da sowohl »Aube« als auch »Crépuscule« eine Übergangszeit des Tages, ein Changieren zwischen Dunkel und Hell bedeuten, sind nähere Bestimmungen zu finden. »Aube« beinhaltet Assoziationen an Aufsteigendes, »Crépuscule« an Absteigendes: Dämmerung aus dem Dunkeln hin zur Helligkeit, Dämmerung aus dem Hellen hin zur Dunkelheit. Und mögliche Ergänzungen für eine Differentia specifica – »Aube du matin« – für Morgendämmerung und – »Crépuscule du soir« – für Abenddämmerung präzisieren den Zeitpunkt. Die offizielle Übersetzung des Museums lautet: »Morgen- und Abenddämmerung«.

Der Name ist Programm: »Aube et Crépuscule«, »Morgendämmerung und Abenddämmerung« benennt zwei Tageszeiten – den Tagesanfang und das Tagesende – als konzeptionelle Themen dekorativer Gestaltung, die sowohl symbolisch-funktional als auch visuell funktionieren. Doch wie sind Morgen und Abend miteinander verbunden? Als Aufzählung? Oder als Klammer einer Zeit-Phase?

Gewöhnlich wird ein Bett zum Schlafen benutzt, und der Nachtschlaf des Menschen vollzieht sich typischerweise zwischen Abenddämmerung und Morgendämmerung, zwischen Tagesende und Tagesanfang, von Verschiebungen in beide Richtungen bei Spät- oder Langschläfern oder durch Sommer- und Winterzeiten abgesehen. Insofern ist »Aube et Crépuscule« ein irritierender Titel für ein Bett; als erstrecke sich der Zyklus des Schlafens am Tag zwischen Morgen und Abend, statt in der Nacht zwischen Abend und Morgen.

Wollte Gallé mit den beiden Themen des Betts im Titel nicht nur die beiden Sujets vorstellen, die auf Kopf- und Fußteil präsentiert werden, sondern auch deren zeitlichen Bezug herstellen, indem er sie als Phase des Schlafs verklammert, hätte die umgekehrte Reihenfolge nahegelegen: »Crépuscule et Aube«, »Abend- und Morgendämmerung«.

Der Titel eines Objekts aus seiner Werkstatt, der nicht nur die Nutzungsbedingungen des benannten Gegenstandes nicht berücksichtigt, sondern ihnen sogar widerspricht, ist von einem Sieur Émile Gallé, der seinerzeit mit höchstem Anspruch sowohl für Formvollendetheit als auch für Funktionsgerechtigkeit stand, nur schwer zu verstehen. Ein banales Mißverständnis; eine zufällige sprachliche Unachtsamkeit? Oder kein Mißverständnis, sondern der Name für ein prachtvolles Schaubett? Ein Tagesbett für einen reichen Oblomow? Eine Lagerstatt für einen Ästheten des antizyklischen Wachtraums?

»Aube et Crépuscule«, »Morgendämmerung und Abenddämmerung«, ein irritierender Titel für ein irritierendes Objekt.

Die Gesamtsicht auf das Bett geschieht ein paar Schritte entfernt vor dem Fußende. Von der Außenseite des etwas flacheren Fußteils schweift der Blick über die Liegefläche hinweg auf die Innenseite des Kopfteils. Die beiden Darstellungen der morgendlichen und der abendlichen Dämmerung sind auf die Außenseite des Fußteils und die Innenseite des Kopfteils verteilt. Aber wie?

Sowohl Morgendämmerung als auch Abenddämmerung stehen in einer Licht-Dynamik des Flutens: des Einflutens oder des Abflutens von Licht mit dem Sonnenaufgang oder dem Sonnenuntergang. Wer aber vermag in der Momentaufnahme einer noch so reichhaltigen und komplizierten, doch holzstarren Intarsienarbeit die Richtung eines dynamisch flutenden Lichts zu erkennen? Sowohl die Malerei als auch die damals aufstrebende Fotografie kennen das Problem, eine zeitliche Dynamik darzustellen. Erst der Film, als zeitdimensionale Weiterentwicklung der Fotografie, und dann auch eigentlich erst der Farbfilm, löste es.

Schaut man also vom Fußende her auf das Bett, zeigt sich die Außenseite des Fußteils in honigfarbenen, fast goldenen Tönen, durchwoben von silbernem Perlmutt, während sich die Innenseite des Kopfteils in dunkleren, geradezu düsteren Tönen darstellt. Auf den ersten Blick möchte man die goldschimmernde Außenseite des Fußteils der dem Sonnenuntergang folgenden Abenddämmerung und die Innenseite des Kopfteils dem aus der Düsternis der Nacht sich befreienden Tag mit Morgendämmerung und Morgenröte zuordnen. Doch dann sind da die großen Schmetterlinge, die beiden Falter, die, mit ihren weiten Flügeln in die Rahmen von Fuß- und Kopfteil eingefügt, Landschaftsszenerien überspannen. Auf dem Fußteil die Stilisierung eines Tagfalters mit Perlmuttkörper, der – vielleicht – im goldenen Licht des Sonnenaufgangs seinen Flug in den Morgen startet, und auf dem Kopfteil ein Nachtfalter, der nach Sonnenuntergang in die Dunkelheit ausschwärmt. Auf den zweiten Blick also findet ein Tausch statt: das goldschimmernde Fußteil wird nicht mehr weiter dem Abend, sondern der Morgendämmerung und dem Sonnenaufgang zugeteilt, und umgekehrt das düstere Kopfteil nicht mehr dem Morgen, sondern der Abenddämmerung nach dem Sonnenuntergang. Mit den veränderten Zuordnungen ändert sich auch die Konstellation der im Bett ruhenden Menschen, deren symbolisch-funktionale Lage zwischen dem Abendbild des Kopf- und dem Morgenbild des Fußteils die zeitliche Erstreckung des Nachtschlafs umfaßt.

Bleibt der Titel.

»Aube et Crépuscule«, »Morgen- und Abenddämmerung« bildet nicht die symbolisch-funktionale Lage der Schlafenden ab. Der Titel scheint seinen Ausgangspunkt bei dem Objekt, bei der sukzessiven Annäherung an das Objekt und seiner visuellen Wahrnehmung zu setzen. Ein Museumstitel. Der Titel benennt das Objekt der Schönheit für die offenen Augen vor ihm stehender Betrachter.

Dunstgrauer Horizont; Regen, Sturm. Keine Spur von Morgenröte.

Dunstgrauer Horizont. Keine Spur von Morgenröte.

Dunstgrauer Horizont. Eine Spur von Morgenröte.

Der Himmel glüht bereits in den schönsten Tönen des Tagesanbruchs. Leuchtende Streifen aus Rosapink und Rauchblau schichten sich den Horizont hoch vor hellem Türkisblau und reichen in einer großen Wölbung vom Norden bis in den Süden den gesamten Osthimmel entlang. Eine starke Leuchtreklame der Morgenröte. Dann: Pink zieht sich auf Flieder und Rosa zurück, das Glühen nimmt ab, die strahlende Erleuchtung weicht einer hellen Ermattung. Ein großer dunkler Schmetterling flattert torkelnd vor dem Oberlicht auf und ab, und man möchte »Vorsicht« rufen, »Vorsicht, Spinnweben, Abstand halten«, und schon sucht er flatternd, torkelnd, gaukelnd das Weite, und zurück bleibt lange ein unruhiger Schatten im Augenwinkel. Die streifigen Schichten schichten, etwas fedrig aufgelöst; die blauen Töne dominieren – Hellblau, Taubenblau, Graublau – bis auf einige grau-rosa Streifen im Osten, hinter und über den Bäumen. Das Hintergrund-Hellblau wird immer heller, die graubläulichen Streifen dünnen aus, erhalten weiße Besätze. Fenster auf. Hinter den Bäumen blitzt es glutrot. Ein dünner weißer Kondensstreifen, immer auf die gleiche kurze Länge abbrechend, zieht parallel zu den restlichen Streifen den Himmel von Norden nach Süden entlang. Ein Rumoren begleitet ihn, hält noch an, als nichts mehr zu sehen ist; verdimmen, verlauten, verstummen. Hinter den Bäumen eine Quelle des Lichts; es strahlt aus, weißlich, gelblich. Glanz steigt hoch.

Hellblauer Himmel, überzogen von hauchzarten, querstreifigen Schleierwölkchen, rosa, hauchzart rosa. Fenster auf. Doch der hellblaue Himmel absorbiert die Schleier, so daß nur ein paar weiße und graue plastische Fetzen übrig bleiben, wie Kameen, eine Art Wedgewood-Himmel; erhaben vor dem Hintergrund, der sich in aller Ruhe und in größter Mattheit wie ein griechischer Himmel über der Ägäis ausbreitet. Wenn man bedenkt, daß die Wedgewood-Keramik-Manufaktur Anfang des Jahres insolvent wurde, ein Unternehmen, das zwei Jahrhunderte Höfe und die englische Ober- und Mittelschicht mit Tafelgeschirr ausstattete. Gab es keinen rettenden Investor? Wie will man in Zukunft diese Wedgewood-Himmel beschreiben, ohne die Prunkgefäße und Tafelgeschirre in Erinnerung, ohne das tagtägliche Kakaotäßchen vor Augen?

Von der Autobahn dröhnt ein jaulendes Rauschen hinter den unbeweglichen Bäumen hervor. Graublauer Himmel, querstreifig. Ein Auto nach dem anderen auf der Deichstraße. Fenster zu.

Rosa und weißlich, die Erhellung hinter den Bäumen im Osten. Dann von unten der Überzug aufsteigend, aus rotglühendem Gold, sich allmählich in gelbglänzendes Gold verwandelnd. Und dann nur noch ein kaltes Glänzen im Osten und eine weißglühende Scheibe, die jeden andauernden, die den unersättlichen Anblick mit Blindheit straft. Lockig bewölkter weißgrau-blauer Horizont und Himmel. Keine Morgenröte.

Ein glasklares, orangerotes Horizontband im Nordosten, darüber gestaffelt ein weißlich hell erleuchteter Himmel voller blauweiß melierter, plastischer Wattebauschwolken. Zwei Welten, aneinandergefügt. Dann verblaßt das Orangerot des Horizonts, und bis auf einen restlichen rosa Schimmer zieht sich die weißlich helle Erleuchtung bis zum Horizont herunter, aber das Band bleibt wolkenlos, glasklar, und die zwei Welten des luziden Klaren und des davon abgegrenzt Plastischen, wild Gemusterten, bleiben erhalten. Dann wird die Grenze durchlässig, kleine Wölkchen reißen von den großen, wattigen Bauschwolken ab, lassen sich in das glasklar weißliche Horizontband fallen. Die großen Wattebauschwolken rücken leicht voneinander ab, und die ganze lichtdurchflutete Decke zieht langsam, fast unmerklich, von Nordwesten nach Südosten. Fenster auf. Die kühle Luft riecht würzig, wie in der Nähe einer Brauerei. Der Osthorizont hinter den Bäumen ist – einige Minuten vor dem erwarteten Sonnenaufgang – von einem strahlenden, bläulichen Weiß, das sich hinter den Wolken über den ganzen Himmel zieht. Ein verklärter Tagesanbruch, ein lichtdurchfluteter Morgen.

Ein Morgenrötenhimmel wie mattes, geschmolzenes Glas. Émile Gallé wäre hingerissen gewesen über so viel verschwenderische Ressource. Am Horizont Orangerosa, das über Weiß ins wolkenlose Himmelshellblau übergeht, dort wo Venus blinkt.

Vom Wasser schreien die Gänse, kreischen die Enten. Sonst morgendliche Vogelstimmenstille.

Unruhige Nacht, und der nachholende Schlaf am Morgen überlagerte die Zeit der Morgenröte. Fluß-Lektüre statt Morgenröte-Schreiben. Hungertod-Motiv in einem Roman von Ketil Björnstad.

Der Fluß trennt die eine Seite der Stadt von der anderen. An manchen Stellen erreicht man sie auf Steinen im Fluß, oder man nimmt den weiten Umweg über die Brücke. In einer Gruppe von Musikstudenten stehen sich Anja und Aksel besonders nahe. Anja stirbt an Anorexie, und Aksel zieht bei Anjas Mutter, Marianne Skoog, als Untermieter ein.

»Keiner von uns sagt etwas. Als würde uns der Respekt vor der Toten die Sprache rauben. Sogar Marianne Skoog, die einen so offenen und frischen Ton anschlug, hat Probleme. Erst jetzt fällt mir auf, daß das Fenster eine Aussicht hinunter zum Fluß hat. Es steht offen, und ich kann das entfernte Rauschen hören.«

Die beiden hören Musik und trinken zusammen, nehmen eine Beziehung auf. Marianne, eine engagierte Ärztin, kommt in psychiatrische Behandlung. Aksel arbeitet konzentriert auf seinen ersten Auftritt hin und erlebt die Ambivalenz zwischen zwei Seiten: der fordernden Welt seiner Klavierlehrerin und der befreienden Welt von Marianne. Dann nimmt er den Rhythmus des Flusses wahr und fängt an zu improvisieren. »Ich versuche, mir den Rhythmus zu merken, den Rhythmus und den Laut. Keiner kann Wasser so wiedergeben wie Ravel. Aber das ist etwas anderes. Das ist der Fluß. Lysakerelven. Er versucht, mir etwas zu sagen. Und in meinem jugendlichen Übermut laufe ich hinauf zum Skoog-Haus, stürze zum Flügel und spiele zum erstenmal frei.«

Beim Debütkonzert überzeugt Aksel alle von seinem Können, doch seine Komposition »Fluß« stößt auf Bedenken. Nach dem Konzert nimmt sich Marianne, die den Hungertod ihrer Tochter nicht verkraftet, das Leben. Warum Anja gehungert hat, bleibt im Dunkeln.

Unruhige Nacht, und der nachholende Schlaf am Morgen überlagert die Zeit der Morgenröte. Nach Sonnenaufgang künden schwere, graublau marmorierte und noch von einem Nachhauch Rosa getönte Wolkenmassen von dem verschlafenen Ereignis.

Unruhige Nacht, und der nachholende Schlaf am Morgen überlagert die Zeit der Morgenröte. Nach Sonnenaufgang kündet eine nach Osten auf die Sonne hin zulaufende Strecke von noch rosa überhauchten, perlmuttfarbenen, austerngewellten Wolkenplättchen vom Versäumten.

Ein Himmel voller Wolken. Im Osten eine Spur rosaroter Morgenröte in der Tiefe einer Öffnung, die sich schließt, wieder öffnet, wieder schließt. Am Ende nichts als tiefhängende, graublaue, matratzenwellige Wolkenballungen.

Ein Himmel voller weißer Wolken, im Osten von einer rosaroten Morgenröte hinterlegt. Unruhige Nächte in Folge verleiten dazu, die Frühstücksregel zu brechen; Zubereitung einer großen Tasse Kaffees.
    Morgenröteduplikat: im Westen spiegelt sich die östliche Morgenröte des Hintergrunds auf den weißen Wolken des Vordergrunds; dahinter klares Hellblau. Ungewohnter Kaffeegeruch im Arbeitszimmer. Fenster auf. Blendender goldener Sonnenaufgang, entfernt von den Birken; schon wieder weiter nach Osten gerückt. Fenster zu.

Erneutes Kaffeebedürfnis und Tendenz, ihm nachzugeben, denn die bisherige Regel der Askese und vor allem deren Begründung sind längst obsolet geworden. Was für eine närrische Gestalt: ein bald gestorbener Mensch, der sich um die Integrität der Magenschleimhaut sorgt. Kann dieser Mensch sich nicht von seinen alten Gewohnheiten lösen, oder zweifelt er an seiner Entschlossenheit?

Schräge Wolkenbänder, lange Kondensstreifen kreuz und quer, unregelmäßige Rauten; ein unaufgeräumter, zerkratzter Himmel, hautwunden-zartrosa geschürft. Darunter Frühnebel: so flach, so hoch, daß ohne weiteres mittelgroße Bäume verschwinden; die Kühe auf der Weide ohnehin. Schräge Wolkenbänder, Kondensstreifen quer, kreuzend, kratzend, Rauten ritzend; verletzend, blutrötend im inzwischen aufgeräumten Hellblau und Weiß. Hellschaumige Pflaster. Milchiger Hochnebel, steigend, erleuchtet. Hinter dem Wäldchen geht die Sonne auf, glänzend, gleißend, unsichtbar. Nur der Glanz, den sie um sich verbreitet, zeugt davon.

Im Schreibtischstuhl, den Kopf um neunzig Grad gewendet, fällt der Blick aus dem Fenster direkt auf Venus, die halbhoch als leuchtender Punkt im Osten steht. Links davon, noch nicht so weit im Osten, eine Art wäßrige Joghurt-Morgenröte zwischen den Bäumen; Abgestandenes, Abgesetztes. Pastellige Wölkchen mit einem Schimmer Rosa. Hoch am Himmel filzige Wolkenfetzen und Kondensstreifen dazwischen, ebenfalls mit Rosa beschimmert. Fenster auf. Das Wiesenstück zwischen den Bäumen vor der Autobahn ist mit flachem, dichtem Nebel ausgekleidet. Der Nordosthorizont wandelt sich von Magerjoghurt in cremiges Fliederbeer. Die feuchte Kühle setzt dem müden, älteren Menschen zu, und eine schwarzglühende Melancholie und Trostlosigkeit breiten sich in ihm aus. Fenster zu. Rudel krächzender Kolkraben streifen wie gefühllose Vorboten des Todes, wie gotische Verkünder einer entseelten Todesbürokratie um das Haus.

Im Jahre 1979 hatte Ajatollah Chomeini im Iran die Einführung des »Al-Quds-Tages« dekretiert. Er sollte an die »unrechtmäßige« Gründung von Israel erinnern und dagegen protestieren. Dieses Jahr wurde dieser Anti-Jerusalem-Tag von Oppositionellen auch als Demonstration gegen das eigene Mullah-Regime genutzt. »Der Al-Quds Tag geht nach hinten los«, schreibt IranBahamBlog. Die Verhaftungswelle geht weiter; auch für Prominente: Versuche der Einschüchterung.

Ein zartes Rosa steigt aus der Nacht des Nordosthorizonts, von einem grünlichen Schimmer begleitet. So früh am Morgen ist Venus noch lichtstark, und bei längerer Betrachtung scheint sie asymmetrisch zu werden, scheinen sich beulenartige Auswüchse zu zeigen. Das Zartrosa über den Bäumen verliert seinen grünlichen Schimmer, wird zu einem Malvenrosa mit einer fliederfarbenen Aureole. Fenster auf. Einige wenige Vogelstimmen in den Bäumen. Frühsonntägliche Ruhe auf der Deichstraße. Keine Marktbeschicker, keine Pendler zu den Arbeitsplätzen in der Stadt. Nur ein leichtes an- und abschwellendes Rauschen von der Autobahn; Verkehrsbrandung. Fenster zu. Kein Nebel auf den Wiesen, aber es ist kühl. Die Jahreszeit, die das Sitzen am offenen Fenster erlaubt, geht dem Ende zu. Es beginnt wieder die Zeit der dicken Strümpfe, der Strickjacken, der umgelegten Wolldekken. Ein verdünntes Malvenrosa breitet sich aus, steigt höher, schiebt den fliederfarbenen Übergang zum wolkenlosen Himmel weiter, die Verdünnung nimmt zu, und übrig bleibt nur noch ein milchiges Rosa. Die fliegenden Orchester der heiser bellenden Wildganstrompeten ziehen über das Haus. Krähen hocken mit lautem Kra-Kra in den Bäumen. Vom Wasser her kreischen die streitbaren Enten um die ins Wasser fallenden, noch weichen grünen Eicheln. Sie kommen auch in den Garten, quaken mit jedem Schritt und delektieren sich an den heruntergefallenen, überreifen Äpfeln. Die lauten Vögel beschallen den Morgen. Bis zum Sonnenaufgang kurz nach sieben Uhr dauert es noch eine gute Viertelstunde.

Der Rücken schmerzt unerträglich und hält die Sitzposition nicht durch bis zum Vergehen der Morgenröte in der aufgehenden Sonne.

Ende der Schreibarbeit. »Einige wenige Zipperlein, und das geistige Geschehen wird vom Körper dominiert« – funkt beleidigt das Großhirn, selbst Konstrukteur und Modulator des Schmerzerlebens. Aber auch die Umkehrung geht mit Dysfunktionalität einher. Verunsicherungen, Ängste, Traumata, liebes Hirn – um nicht zu sagen Gehirn, aber da denkt man ja schon fast an Geweih, oder mehr noch, an Gehörn –, schlagen sich in körperlichen Beschwerden nieder; konkret sogar in Rückenschmerzen, wenn sie nicht gerade durch solides akutes Verheben, Verdrehen in Folge von Gartenarbeit hervorgerufen wurden.

Abgesehen davon sind heute beide – Hirn und Körper, Körper und Hirn – unleidlich, unausgeschlafen, weil der Bauer jenseits des Flusses mit seinem mit von oben grell herabflutenden, schwankenden Halogenscheinwerfern Licht in die Dunkelheit reißenden Traktor, mit seinem riesigen Schneide-Raspel-Häcksel-Gerät und dem daneben einherfahrenden Lastwagen in der Nacht das Maisfeld unter großem Getöse völlig abgeerntet hat.

Nachtrag: Wartezone in der Ambulanz der Notfallaufnahme. Neue Wörter aus bisher unbekannten Erfahrungsbereichen. Auf Hinweistafeln liest man von Wirbelsäulen- und Beckensprechstunden, von Gelenksprechstunden und Handsprechstunden. Ein lustiges Spiel mit Bindestrichen verkürzt nur kurz die endlose, schmerzvolle Wartezeit: Handsprech-Stunde oder Hand-Sprechstunde? Wann, zu welcher Stunde, sprechen Wirbelsäulen? Und wann sprechen Becken? Sprechen sie zu früherer oder zu späterer Stunde? Wann verstummen sie? Außerhalb der Sprechzeiten? Vielleicht zur Stunde der hibiskusblüten-malvenknospen-hyazinthrosaroten Morgenröte vor Sonnenaufgang?

»vibramycin/ob dieses medi-/kament und al-/kohol/einander aus-/schlös-sen/er meine wein;/nicht un-/bedingt/sagte mit/einem jä-/hen glanz im blick/der arzt, doch sie schlös-/sen/ einander nicht unbedingt ein« in Ernst Jandls »Letzte Gedichte« gelesen. Bei Diclofenac ist es leider anders: »nicht mit Ethanol«, sagte der Arzt bei der

Diskussion über die Verträglichkeit mit anderen Wirkstoffen. Wein gemeint? Nicht eingeschlossen oder ausgeschlossen?

Dichter Nebel. Keine Spur von Morgenröte. Trompetengetön der Graugänse von den Wiesen am Fluß. Sie fliegen nicht. Wegen des Nebels?

Aneinandergelegte Wolkenbahnen über dem Nordosthimmel, die tiefergelegenen hyazinthblau, die höhergelegenen malvenblau; Blau-Blau bildet zusammen ein reizendes Streifenmuster. Die Bahnen dehnen sich aus, vermischen sich zu einem gezwirbelten Muster, erglühen rosa, die Plastizität bleibt erhalten. Dann weicht die Farbe zurück, perlmuttern werden die Wolken, dann vom Glanz der aufgehenden Sonne golden beschienen und auseinandergezogen und wieder perlmuttern. Vom Wasser her kreischen die Enten und röhren die Wildgänse mit ihren durchdringenden Stimmen. Warum versammeln sie sich in den letzten Tagen auf dem Wasser? Und warum fliegen sie nicht mehr? Sparen sie Energie für die große Reise?

Äquinoktium zwischen dem 22. und 23. September: wenn der Mittelpunkt der Sonne während ihrer scheinbaren jährlichen Bewegung entlang der Ekliptik den Himmelsäquator überschreitet. Die Sonne überquert den Erdhorizont von Norden nach Süden. Es ist der Tag der Tag- und Nachtgleiche, es ist Herbstanfang. Noch ein Vierteljahr bis zum Jahresende.

Nach und nach treffen die Kataloge für die Herbst-Auktionen ein. Noch ist keine Lampe in den Farben der Morgenröte im Angebot. Die Zeit drängt. Doch was für eine merkwürdige Vorstellung davon, daß die Zeit drängt. Philosophie und Physik und Religion denken höchst verschieden über das Phänomen der Zeit. Aber wer denkt, daß die Zeit drängt, wenn nicht der Mensch, der mit sich nicht im Reinen ist?

Dunstgrauer Horizont. Keine Spur von Morgenröte. Seit der Dämmerung großes Gekreisch der Enten vom Wasser her. Die Wildgänse knarren und röhren und bellen und trompeten. Sie fliegen seit Tagen in kleinen Gruppen über das Haus und weg in die Ferne. Ihr Getön schwirrt in der Luft. Im Laufe des Tages wird es verstummen; am Abend wird es wiederkehren.

Große dunkeltaubenblaue Dämmerungswolken schweben über dem weißlichen Nordosthorizont, aus dem langsam ein zartes pfirsichmildes Rosa aufsteigt. Ein Licht wie durch Gallés Lampe mit Hochgebirgslandschaft, freilich ohne die naturdramatisch in den Lüften kreisenden Adler mit weiten Schwingen und zum Fang bereiten Klauen. Die filigranen Silhouetten der schwarzgrünen Bäume sind von Morgenröte hinterlegt: Rosa schimmert hindurch und verleiht der Baumreihe des Wäldchens und den Bäumen auf der anderen Seite der Deichstraße den Charakter eines feinziselierten Scherenschnittfrieses. Statt Adler mit weiten Schwingen ziehen Krähen über den indirekt beleuchteten Horizonthimmel. Fenster auf. Riesige taubenblaue Cumulus-Wolken mit geraden Begrenzungen auf der erdzugewandten Seite schieben von Nordwesten in den weißlichen Nordosthorizont hinein und drücken das Pfirsichrosa zu einem schmalen Streifen, der zudem langsam ausbleicht und zu dem zuvor weißlichen Licht zurückkehrt. Fenster zu. Helle Erleuchtung des Tagesanbruchs, kein Morgenrot mehr. Nach Sonnenaufgang sind alle Wolken verschwunden, und die schon tief stehende Sonne verbreitet ihr gelbliches Herbstlicht.

Große dunkeltaubenblaue Dämmerungswolken hängen tief über dem Horizont. Der schmale Streifen, der bleibt, lodert. Hinter den Bäumen scheint es zu brennen. Feuerrot zündeln Flammen in die tiefen, dicken Wolken hinein, ziehen hinter den tiefen, dicken Wolken hoch und zeigen die dünnen Stellen an, mit einem Rauchrot, mit einem

Glührot, mit einem Glutrot. Dann die Löschversuche der dicken, tiefen Wolken, die sich massiv über den Brandherd legen und das Glutrot verteilen, das Glührot verdünnen und das Rauchrot ersticken. Nur hinter den Bäumen da und dort noch ein roter Schimmer Feuerrot, der allmählich verblaßt und dann glänzend vergilbt.

Dunstgrauer Horizont. Keine Spur von Morgenröte. Keine Schamglut der Eos. Hatte sie keinen Sterblichen gefunden, heute früh, der ihr Verlangen stillte? Immerhin blieb ihr auch die Demütigung, daß sie sich von der Begierde wieder hatte hinreißen lassen, erspart.

»Schamglut« nennt Fühmann in seiner Erzählung »Der Geliebte der Morgenröte« das morgendliche Erröten über die niederschmetternde Bedürftigkeit. In seiner Erklärung, warum sich die Götter überhaupt mit den Sterblichen einlassen, abgesehen davon, daß sie hin und wieder Heroen hervorbringen müssen – die Sterblichen lieben inniger als die Götter –, gelingt ihm eine subtile Psychologie des Liebens: »Die Kürze ihrer armen Leben drängt ihre Leidenschaften zusammen und macht sie erfinderisch im Genuß des Vergehenden: Sie sind zärtlicher als die Unsterblichen. Und sie müssen sich ihrer selbst immer wieder versichern, das ist rührend und hinreißend zugleich. Und sie finden ihr Glück erst in dem des anderen.«

Und Pittsburgh unter Obama: eine Etappe auf dem Weg zu einer Weltregierung?

Eine dicke weiße Dunstschicht zwischen Himmel und Erde, die alles einhüllt. Nur eine Spur Morgenröte im Osten. Ein rötlicher Hauch, eingelagert in das homogene Feingewebe des Nebels: ein Tropfen Tagesanbruchsblut, aufgelöst in Milchglas. Der Stachel der Begierde, mit dem sich Eos selbst verletzt, bringt nicht nur Schamglut, bringt auch Wunden hervor.

Der Nebel nimmt zu, verdrängt jeden Schimmer rosiger oder blutiger Finger.

Dichter Nebel, und trotzdem fliegen die röhrenden Wildgänse in großen Scharen über das Haus. Bald scheint Licht durch das milchige Weiß. Wie es scheint, ein natürliches Vorbild Gallés für seine Lampen mit ihren opaken, aber lichtdurchlässigen Kuppeln.

Dunstgrauer Horizont. Keine Spur von Morgenröte. Ein matter Tagesanbruch. Fenster auf. Beim Hellerwerden zeigt sich, wie herbstlich es schon geworden ist. Die braunen Fruchtstände des Ahorns hängen vertrocknet zwischen gelben und angebräunten Blättern und warten auf das Loslassen, um endlich frei – für einige Momente – in den Lüften zu rotieren. Die Weide zeigt gelbe Streifen im streifigen Laub, nur die Esche daneben ist noch durch und durch grün. Aber auch bei der ebenfalls späten Eiche mit ihren Unmengen grüner Eicheln unter den zahllosen Hütchen bräunen sich die Blätter an den Spitzen einiger Äste. Die Holunderbüsche hängen voller dunkel-blauroter Beerendolden. Die Birkenreihe auf der anderen Seite der Deichstraße auf dem Grundstück des Gartenbauer-Nachbarn, zwischen deren zartgrüner Spanne sich zwischen Mai und August der Sonnenaufgang ereignet hatte, wirkt unfrisch, müde; gelbbräunlich, wie versengt. Die Alleebäume scheinen fast unter der Last der staubgrünen Blätter und hellroten Gehänge zusammenzubrechen; herbstliche Schwere, die nach Abwurf des überkommenen Ballasts trachtet, nur noch Fortpflanzung durch vegetativen Überfluß sichernd.

Blaugrauer Horizont, Dunst, Regen. Keine Spur von Morgenröte.

Abreise zur Stunde der Morgenröte an diesem letzten Tag des Monats; Abreise, nicht um etwas Neues zu suchen, sondern um etwas Bekanntes, längst Ausgewähltes zu finden.

Noch ein letzter Blick aus dem Fenster des Arbeitszimmers. Er trifft auf rosa- und perlmuttschimmernde Wolken am östlichen Horizont. Ein flüchtigerer Blick auf die Bäume des Wäldchens im Zwielicht könnte sich noch täuschen lassen: das grüne Wäldchen des Spätsommers. Doch es ist kein grünes Wäldchen mehr; und bei der Rückkehr wird es noch weniger grün sein. In der momentanen Phase schmerzt jedes Zeichen der Veränderung, des Vergehens der Zeit; jedes Zeichen, das einen weiteren Schritt auf der Skala zum Ende hin zu Bewußtsein bringt. Schritt für Schritt, final. Vielleicht aber auch Schritt für Schritt zu Dir?

OKTOBER

Fenster auf. Das vertraute Rauschen, die vertraute frühmorgendliche Finsternis. Straßenlampen leuchten im Dunkeln, Scheinwerfer kriechen um die Kurven der Deichstraße, rote Rücklichter versickern in den Gebüschen. Nach drei Wochen Morgenröte-Enthaltsamkeit wieder an Ort und Stelle zur entsprechenden Zeit. Tagesanbruch. Fenster zu. Gong. Schreibtischlampe an. 7.07 Uhr zeigt die digitale Zeitanzeige in der oberen rechten Ecke des Bildschirms.

Endlich wieder der Anblick der bekannten Struktur, vor der Abreise eingerichtet für die Rückkehr im fortgeschrittenen, neuen Monat. »Oktober« steht auf dem weißen Screen, ansonsten noch nichts; Leere. Die Leere steht für die längere Spanne der Abwesenheit. Fast wie nicht gelebt diese Tage, Wochen auf Reisen. Was hatte sich inzwischen ereignet, an Ort und Stelle?

Für einen Blick auf die Bäume war es nach der Rückkehr gestern abend schon zu spät gewesen, ist es heute morgen noch zu früh. Dunkelheit umhüllt, was zu erwarten ist, aber trotzdem für einen Moment lang schockieren wird. Unbeweglich sitzen, aus dem Fenster schauen, auf den Screen starren. Sitzen und warten. Von dem Gerät geht ein leises Rauschen, Grollen, Röcheln aus, und die Heizungsrohre knistern.

In der Ecke des Arbeitszimmers, unter dem Schrägfenster, das ausgezogene, blaue Sofa; zerwühltes Bettzeug. Fortsetzung der während der Reise angenommenen Entfremdung. Wie im Hotelzimmer leben, auf engem Raum: Schrank neben dem Bett, Schreibtisch und Stuhl neben dem Schrank, Kofferbank neben dem Schreibtisch, Sessel vor dem Bett; irgendwo dazwischen ein viel zu großer Fernseher mit Fernbedienung und ein kleines Barschränkchen mit gekühlten Getränken; eine Tür zum Bad und ein Fenster nach Norden oder Westen mit einem mehr oder weniger identifizierbaren, städtischen Ausblick auf Dächer, Balkone, Türme, Kuppeln, Schornsteine, Antennen. In der Erinnerung zerfließen die Ausblicke aus den mehrmals gewechselten Hotelzimmern zu immer neuen Kombinationen, architektonischen Konturen, Weichbildern.

Grau bedeckter Himmel. Die dunklen Silhouetten der Bäume bewegen sich in einem leichten Wind. Wolken kommen unmittelbar auf das Fenster zugeschwebt, verschwinden über dem Dachvorsprung des Hauses, Richtung Westen. Und dann das lang Vermißte: zwischen graublauen Wolkenschlieren im Osten erglühen zartrosarote Streifen, die sich verbreitern, ausdehnen und mit einer sanften, fast unmerklichen Wellenbewegung am Himmel pulsieren. Über die rosa Streifen hinweg ziehen luftige blaue Wölkchen, verfärben sich fliederfarben, violett und dann rosa, und rosa – unsagbar rosa – schimmert es durch das Wäldchen.

Der unruhig hin und her ruckende Schreibtischstuhl, darin ein unruhiger, heißer Körper mit klopfendem Herzen, Aufruhr in der Abwehr einer Infektion; zuviel den Menschenansammlungen ausgesetzt gewesen in den Zügen, Flugzeugen, Hotels und Auktionssälen der Metropolen. Fenster auf. Das aufgeregte Quaken der Enten vom Fluß, das lang vermißte Wasservögelgeschrei im flachen Schlaf vor dem Aufwachen. Statt dessen jeden Morgen Telefonklingeln und eine freundliche Dienstleistungsstimme: »Sie wollten geweckt werden.«

Kostbar reliefierte Glasschirme wie miniaturisierte Himmelswölbungen zur Zeit des frühen Tagesanbruchs wurden angeknipst, ausgeknipst, angeknipst, und eine sanft dominierende Stimme lädt ein, fordert mit Nachdruck: Mesdames-et-monsieurs-faites-votre-commandements. Skrupulöse Präsentation der Exponate; differentielle Expertisen nebst alten, grau in grau griesig vergrößerten Fotografien. Das Wissen um die überwältigende Produktion von Plagiaten aus rumänischen Glasmanufakturen verunsichert das Publikum und drückt auf die Preise. Original Émile Gallé de Nancy oder Fälschung? Bitte Ihr Gebot.

Die rosa Streifen nehmen Licht auf, ziehen diagonal über den Himmel, verdichten sich zu einem breiten Strang, der sich mit leichten Abschattierungen konvex über den Osthorizont wölbt, dann streckt und konkav biegt. »Arc de cercle« scheint plötzlich in der Erinnerung auf, die Überschrift in einem französischen Kulturmagazin, im Vorübergehen gelesen, an einem Zeitungsstand an der Gare d'Austerlitz, in der Nähe der Salpêtrière.

»Arc de cercle«: der französische Terminus für den sogenannten »hysterischen Bogen«, den der Psychiater Jean Marie Charcot im Paris des neunzehnten Jahrhunderts beobachtete und als unlogische Stellung des Körpers definierte, wenn sich zwischen Kopf und Füßen der Körper als Bogen über den Rücken spannt; l'arc convex; Opisthotonus. Aber eine Biegung über den Bauch ließe sich – gleichsam körperarchitektonisch – ebenso als »Arc de cercle« beschreiben. Beide Möglichkeiten verlaufen konvex, und offen bleibt, worüber die Spannung sich erstreckt. Als differentia specifica trägt hysterisch = unlogisch zur sprachlichen Präzisierung des Bogens mehr bei als Kreis oder rund. Begriffe präzisieren Beschreibungen. Kategorial weit entfernt davon der rosenfingrige Bogen der Morgenröte; als Phänomen der Beobachtung, trotz analogischer oder mythologischer Erhöhung und trotz bogiger Horizontgestaltung, konvex oder konkav, bar jeder Zuschreibung von Hysterie. Doch in der Dichtung und Metaphorik der Aufklärung verendet auch die Morgenröte zuweilen in hysterischen Verspannungen. Fenster zu.

Dynamische Himmelsmarmorierung in hellen graublau- und blütenfarbenen Rosatönen. Dann plötzlich das Rosa wie abgesaugt; milchiges Hellblau, durchzogen von schäumenden Kondensstreifen. Straßenlampen erlöschen. Sonnenaufgang laut Kalender um acht Uhr, doch hinter dem Wäldchen, dessen Laub noch dicht ist, aber schon sichtbar die Patina des Untergangs trägt, blitzt nichts auf. Am erschreckendsten ist der Zustand der Ahornbäume am Ufer des Flusses, deren Blätter mindestens grüngelb, wenn nicht schon gelbbraun und an den Rändern angetrocknet sind und begonnen haben zu fallen. Die Büschel mit den Samenträgern hängen wie abgestorben an den Ästen, doch sie haben immerhin potentiell eine Zukunft. Die Eichen sind noch wenig, die Birken schon mehr gelbgrün meliert, die große Weide ist ebenfalls gezeichnet von einem gelben Überwurf, nur die späte Esche steht noch in vollem Grün. Grün ist auch noch der kleine Kaskaden-Apfelbaum unter dem großen Ahorn, dunkelgrün sind die Blätter und hellgrün die Zieräpfelchen, die im späten Herbst gelb werden und bis in den Winter hinein an den blattlosen Zweigen am Baum bleiben. Fenster auf, alle Fenster auf; herein mit den Odeurs des Herbstes, mit der Atmosphäre freien Atmens, feuchter, mildduftender Luft.

Der Einschaltblitz des Computers erhellt einen Moment das dunkle Zimmer wie der Regieeffekt einer Theateraufführung oder eines Filmes. Vor Erfindung der Computer und der Einschaltblitze war es der Kühlschrank, der in einem dunklen Raum geöffnet wurde und die Bühnen-Szenerie in ein kaltes und unwirkliches Dämmerlicht tauchte und vor allem die Person, die den Kühlschrank öffnete, zu einem Wesen geheimnisvoller Beschaffenheit illuminierte.

Fenster auf und gleich wieder zu. Ein angegriffener Körper sollte keinem kalten Luftzug ausgesetzt werden. Zwar war die Grippeattacke entweder xenophob eingebildet gewesen oder aber durch den nächtlichen Abwehrkampf niedergerungen worden, doch Kopfschmerzen und eine verstopfte Nase verweisen auf einen nach wie vor instabilen Zustand. Draußen herrscht noch Finsternis, die Bogenlampen beleuchten eine feuchte Straße. In der Nacht hatte es geregnet, und die Regentropfen auf den Schrägfenstern hatten gleichmäßig milde getrommelt und die Schlaflosigkeit mit einen Zustand ausdehnungsloser Dauer, angehaltener Zeit, ausgekleidet. Schrecken und Hoffnung. Darüber wieder eingeschlafen, und wieder aufgewacht in der Zeit, die unablässig vergeht.

Die Schreibtischlampe leuchtet auf einen Stapel ungeöffneter Briefe. Von Wichtigkeit ist die Benachrichtigung, wann die Anlieferung und fachgerechte Öffnung der Speditionskiste erfolgen soll. Der Anruf gestern nachmittag bestätigte den schriftlich mitgeteilten Termin. Doch alles ist noch unter Verschluß, insbesondere die dicken Papierkonvolute der Transportversicherung. Auffällig die Briefe des Immobilienmaklers mit ihrem übertriebenen Marketing-Heraldismus. Das sprichwörtliche Hamburger Understatement scheint mehr und mehr der Vergangenheit anzugehören, und übrig blieben dann nur noch der kaufmännische Geiz und die Geistlosigkeit der unproduktiven Zirkulation.

Es herrscht Stille. Die Enten schreien nicht. Im Haus keine Geräusche, außer hin und wieder das Knacken der Heizung, die im Hintergrund ein bißchen rauscht, und man könnte meinen, das Haus atme in einem leichten Ausdehnen und Zusammenziehen der Wände, stöhne.

Unten fährt der Untermieter und zeitweise Hüter des Hauses ratternd wendend, rückwärts und vorwärts vom Parkplatz zu einem seiner Aushilfsjobs. Die Scheibenwischer an dem kleinen Auto poltern vorlaut, als trügen sie mehr zum Fahrbetrieb bei, als nur freie Sicht zu schaffen. Der Ost-Himmel über dem Wäldchen wird heller, gleichmäßig hellgraublau, wolkenlos; Nieselregenmorgen. Keine Spur von Morgenröte.

Ein ruhiger, dunkler Samstagmorgen. Fenster auf. Alles steht still. In der Ferne das ewige Rauschen, das durch vereinzelte Autos auch auf der Deichstraße anbrandet. Eine Amsel sendet metallische Alarmschrille vom Rand des Wäldchens aus. Entenschreie. Fenster zu. Das Deckenlicht des Nebenraums fällt durch die geöffnete Tür auf die Tastatur.

Hinter dem Wäldchen zieht ein düsterer, sternenloser Nachthimmel auf, der sich kulissenartig beleuchtet von der noch viel düstereren Düsternis der Baumsilhouetten abhebt. Auf dem Schreibtisch liegt eine Quitte aus Frankreich, une cognasse, im Garten eines Freundes am Rande von Paris aufgehoben, in die Tasche gesteckt, verbeult von der Reise, mit braunen – von dünnen Häutchen überzogenen – Druckstellen, betörend fruchtig duftend. Immer wieder greift die Hand hinüber, holt die Frucht heran. Das ganze Wahrnehmungsvermögen konzentriert sich in der Nase, versucht den Duft auszuschöpfen, zu verstehen. Wer-weiß-wie-lange mit geschlossenen Augen über der Frucht verharrt, ein- und ausatmend, die Nase im Nabel des vertrockneten Fruchtstandes, einem Geruchskosmos nachspürend, der sich bis hinter die Stirn hoch entfaltet und den ganzen Kopf aufzufüllen scheint. Ein absolut präsenter Gegenwartsduft; und ein Duft der Erinnerung an einen Nachmittag in einem herbstsonnenbeschienenen, ummauerten Obstgarten, in dem ein zuwendend lächelnder Mensch Apfel- und Quittensorten aufzählt und deutsche und französische Namen miteinander vergleicht. Ein absolut präsenter Gegenwartsduft; und ein Abschiedsduft. Und ein Duft der Überlagerung, der vor dem eindringlichen Gestank des Tuberosenstraußes rettet, den eine Freundin nach der Rückkehr vorbeigebracht hat und der wie das flutende Licht des großen Leuchters aus dem Nebenzimmer ein Element des Anderen, des Fremden einschleust; weiße Tuberosen mit dem schweren, schwülstigen, fast ekelerregenden Duft nekrophiler Sinnlichkeit. Das Element des Eindringlichen, Eindringenden wird sich noch weiter ausbreiten im Haus, wenn in den nächsten Wochen die potentiellen Kaufinteressenten das Terrain erobern werden, wenn sie alle Ecken inspizieren und en gros und en détail bewerten und abschätzen und die Imagination eines neuen Lebens Flure hin, Zimmer her, treppab- und treppaufsteigen lassen. Gefaßt sein auf probeweise Inbesitznahme, auf Gesten der Okkupation, auf das Justieren der Maßstäbe.

Vor dem Fenster ist es inzwischen heller geworden, hinter den Silhouetten der Bäume des Wäldchens. Doch keine Spur von Morgenröte.

Fenster auf. Milde, feuchte Luft. Bedeckter Himmel. In der Nacht erfolgte die Umstellung von Sommer- auf Winterzeit. Die digitale Zeitanzeige in der rechten oberen Ecke des Bildschirms zeigt sieben Uhr; die analoge Weckeruhr auf dem Schreibtisch – ohne okkulten Umstellungsbefehl – zeigt noch acht Uhr an, die alte Zeit, die durch Rückstellung überholte Zeit. Der Morgenröte zu begegnen, bedeutet ab heute, eine Stunde früher aufzustehen, bei nominell gleicher Uhrzeit. Oder? Bedeutet, unverändert aufzustehen, aber die Uhr zeigt eine Stunde früher an. Oder?

Von Morgenröte keine Spur. Zu spät? Oder zu diesig? Untergang des Sonnenaufgangs im Dunst.

Lektüre und Hoffnung, daß sich etwas geändert hat. Vor vierzig Jahren schrieb Reinhard Lettau seine Aufzeichnungen zum Faschismus in den USA, vom Herbst 1969 bis Frühjahr 1970. Seine Fundstücke zu den Ereignissen stammen aus der Los Angeles Times.

Fenster auf. Meisengepiepse. Autos fahren rauschend die nasse Deichstraße entlang. Es hat geregnet. Die Luft ist feucht und mild, der Himmel bewölkt. Im Osten ein glattes blaues Wolkenband über dem Horizont, das langsam von Südosten nach Nordwesten schiebt. Keine Morgenröte. Fenster zu. Auf dem Weg durch die Räume immer wieder Irritationen: Uhren zeigen teils die neue, teils die alte Zeit an. In der Nacht im Bad: noch zwei Stunden bis zum Aufstehen. Dann die Uhr neben dem Bett: noch drei Stunden bis zum Aufstehen. Es dauert, bis dann nach der frühmorgendlichen Schlafwandelei bewußt wird, daß die Uhr auf der Badezimmerkonsole noch nicht zurückgestellt ist. So auch die Uhr im Küchensalon, die so hoch hängt, daß zu ihrer Umstellung erst die Leiter aus der Bibliothek, die wegen handwerklicher Arbeiten gerade im Souterrain steht, herantransportiert werden muß. Daher beim Leeren des ersten Glases Wasser am Morgen ein nachdenklicher Blick auf die Zeiger. Zeigen sie die aktuelle oder die alte Zeit? Unsicherheit, bis die Zeitanzeige auf dem eingeschalteten Bildschirm dank verläßlich automatischem Umstellungsprogramm die richtige Zeit anzeigt. Noch eine Dreiviertelstunde bis zum Sonnenaufgang, aber keine Spur von Morgenröte.

Durch die Südfenster sind zwei Ahornbäume am Ufer zu sehen. Sie stehen wie zwei schüttere, rotgold- und gelbgoldbehangene Gerippe im milden Morgenlicht. Kaffee im Küchen-Salon. Westblick: dunkel, an der Ostspitze heller Angang. Violeta Parra singt, unprätentiös und ergreifend: »Gracias a la vida. Que me ha dado tanto ...«

Fenster auf. Das Wolkenband am Horizont löst sich in größere Partien auf. Hoch am Himmel kräuseln sich kleinere grauweiße Wölkchen, deren Unterseiten ganz unerwartet in sanfter Schamröte erglühen. Düstere Wolkenpartien am Osthorizont, freundlich allegre Wolkennoppenteppiche, die ziehen und schaukeln, die sich gegenseitig anstoßen und umformen und sich in der Morgenröte zu aalen scheinen. Fenster zu.

Seit Wochen keine Nachrichten mehr gehört, nur noch höchst selektiv Zeitungen gelesen. Zunehmendes Desinteresse an tagespolitischen Ereignissen. Von Wichtigkeit bleibt – hoffentlich bis zuletzt – der Blick aus dem Ostfenster, auf den kleinen, vertrauten Ausschnitt von Welt in seiner unscheinbaren und völlig unbedeutenden Metamorphose von Tag zu Tag. Es regnet, es trommelt auf das mit einer hellen Jalousie zugezogene Schrägfenster. Das Trommeln nimmt gleich wieder ab, doch das schwebende Licht, das kurz geherrscht hatte, weicht einer matten, wattigen Grauheit.

Die französische Quitte wird den Platz auf dem Schreibtisch räumen müssen, neben dem süßen Duft steigt Schimmelgeruch aus den Druckstellen unter den braunen Häutchen hervor. Auf die Halde fruktaler KomPostmoderne! humort sarkastisch die sich in allem angesprochen fühlende Vergänglichkeitssensibilität.

Fenster auf. Leichter Nieselregen oder feuchte Luft legt sich auf das Gesicht. Wo verläuft die Grenze zwischen noch feuchter Luft und schon Regen? Fenster zu.

Das Schreibprogramm läuft jeden Morgen so langsam hoch, daß Zweifel aufkommen. Und dann endlich erscheint das blaue Label, das die Ankunft signalisiert. Langweiliges Spiel, ärgerliches Spiel. Schon oft die Strategie beschlossen, nicht zu warten, sondern währenddessen anderes zu tun: Fenster öffnen, das Mobiltelefon an das Ladegerät andocken oder die liegengebliebenen Bücher auf dem Sofa ordnen oder einfach nach Osten in die Dämmerung schauen. Stattdessen Fixierung auf den Bildschirm, halb betäubtes, halb spannungsvolles Erwarten mit Neigung zu steifer Nackenhaltung. Ärger über die

Empfänglichkeit für magische Sekunden, die weiter nichts als eine Zumutung sind; Ärger über das Gefühl der Erleichterung, das sich einstellt, wenn die Zeichenrituale ihren Reigen vollziehen. Das blaue Label signalisiert die Ankunft, immerhin nicht die Ankunft von Windows amerikanischer Herkunft.

Der Weg durch die dunklen Räume zum Schreibtisch, entlang der Südfenster. Die goldenen Bäume am Ufer leuchten im hellen Licht, denn die Außenlampen am Hintereingang des Hauses strahlen in die Umgebung, sind offenbar nicht – wie dem Hüter des Hauses angeordnet – auf Bewegungsmelder-Modus eingestellt und haben wahrscheinlich die ganze Nacht in die Umgebung gestrahlt. Störung für die Wasservögel? Sind sie lichtempfindlich, oder schließen sie einfach die Augen? Noch kein Entengeschrei. Später werden sie kreischen und sich um die frischen grünen Eicheln zanken, die jeder Windstoß ins Wasser plumpsen läßt.

In der matten Lichtlosigkeit des Tagesanbruchs wirkt das Laub der großen Weide hyänenartig grau in grau meliert. Die goldgelben Töne im Laub der Buchen-, Ahorn- oder Ulmenbäume oder der Birken dagegen setzen sich auch ohne Licht durch, als hätten sie selbst Licht gespeichert. Fenster auf. Ein süßlicher, würziger Duft nach Äpfeln und Quitten hängt in der Luft, aber die Quelle des Duftes ist nicht ersichtlich. Seit gestern sind wieder die Fahrzeuge der Deichpfleger unterwegs, die die Abhänge der Deichstraßen und die Bankette mähen. Aber ein gemähter Deich im Nieselregen verbreitet einen herben Duft nach aufgepflügter Erde und nach Chlorophyll, keinen Äpfel- und Quittenduft. Fenster zu. Tief hängender grauer Wolkenfilz. Und keine Spur von Morgenröte.

Doch eine neue Freiheit, eine neue Unabhängigkeit! Denn nun steht sie da, Transportkiste, Formschaum und Noppenfolie entborgen, noch nicht am endgültigen Standort angekommen, improvisiert einquartiert auf einem lächerlichen Beistelltisch mit Rehpinscherbeinchen wie eine Königin auf dem Karnevalsthron aus sprühdosenvergoldetem Pappmaché; aber in Augenhöhe: La Lampe. Sie ist angekommen: La Lampe. Gefeit gegen Wolkenbrüche, Regenzeiten, Dunst- und Nebelphasen: Morgenröte überall, jederzeit, wann immer man ihrer bedarf. Die im Verlauf des letzten Jahres Tag um Tag und Monat für Monat gewachsene Abhängigkeit von ihrer natürlichen Erscheinung hat ein Ende. Ihre Abwesenheit schmerzte zunehmend; ihre Abwesenheit an verhangenen Morgen wurde zu einem – nicht nur aus Gründen verhinderter Sätze – sehnsuchtsvollen Beobachtungs- und Beschreibungsverlust, zu einem Desiderat. Besonders, seitdem sie mit ihrem wohltuenden Licht als Beistandsgsgöttin erkannt und erkoren worden war. Mit ihrer Schönheit hat sie die Anzahl der Wörter nicht vermehrt, eher reduziert. Sprache hat den Quell in sich selbst, nicht in der Beschreibung des Visuellen, da geht sie in die Knie und kann nur noch stammelnd anbeten. Was für eine Demütigung; Beschreibungsimpotenz.

Nun steht sie da: La Lampe; modern elektrifiziert, jedoch ohne Energiesparlampe, jederzeit bereit, morgenrötliches Licht zu spenden. Im Auktionskatalog annonciert als: LAMPE DE TABLE, vers 1900. Verre jaune doublé orange et rose, gravé à l'acide. Forme de champignon. Décor de guimauves. Signé Gallé.

Fenster auf. Der gestrige Apfel- und Quittenduft ist nicht mehr da, nur modrig riechende Feuchte steigt aus der Dunkelheit. Verhangener Horizont. Keine Spur von Morgenröte.

Fenster auf. Leicht modrig riechende Feuchte steigt aus der nebeligen Dunkelheit. Vogelgepiepse, Rauschen des fernen Verkehrs. Fenster zu. Im Haus ist es völlig still. Bis auf das leise Brummen des Ventilators im Gehäuse des Bildschirms. Oder ein Rauschen in den Ohren, wie gesagt wird: der Kreislauf des Blutes rauscht in den Ohren? Oder ein Tinnitus unendlichen Meeresrauschens infolge Sehnsucht nach spiagge marmoree?

Die starken Geräusche bleiben draußen, wie eine Art Tunnelgeräusch vor dem Fenster. Die Welt als Tunnel, draußen. Hier das

Offene, Ganze; als Potential, alles zu schreiben. Doch auch die hoch-selektive Reduktion, der Verzicht ist eine Möglichkeit.

Verhangener Horizont. Keine Spur von Morgenröte. Doch La Lampe de l'Aube bleibt ausgeschaltet. Ihre Zeit ist noch nicht gekom-men. Gegen Ende Dezember wird sie ins Gartenhäuschen umziehen. Davor wird der Hüter des Hauses noch eine Elektroleitung zu legen haben, bevor der Boden gefriert.

Die Frühnachrichten prognostizieren Nebelauflösung und dann: teils sonnig, teils neblig-trüb. Draußen wird es hell. Der Morgen bleibt inspirationslos, weil peinliche Aufgaben des Tages bereits ihre sterilisierenden Wirkungen vorausschicken. Zuvor noch eine halbe Stunde schlafen, kurz vergessen; Kraft schöpfen.

Eine lange Horizontlinie zieht blutrot den Osten entlang. Am Himmel eine tief eingezogene Schicht graublauer Wolken, die in einem Meer azurblauer Helligkeit schwimmen. Mit dem allmählichen Versiegen des Horizontrots erglühen die Unterseiten der Wolken. Langsam, ganz langsam treiben sie vor dem Fenster von Südosten nach Nordwesten und legen dabei die Errötung ihrer Bäuche ab. Ein Perlmuttschim-mer der Intensität liegt über allem, die Farben des Herbstes treten hervor. Der Blick zum Fluß wird zunehmend durchlässiger, je mehr Blätter fallen. Durch das grüngoldene Wäldchen dringt das Blitzen der aufgehenden Sonne, die hinter der großen Weide von Ast zu Ast steigt und ihr Licht verströmt. Die Farben des Herbstes leuchten, bis die Sonne die Wolkenschicht erreicht hat, die dem goldgelben Licht von Mal zu Mal einen grauer werdenden Schatten auferlegt.

Erinnerung an einen alten, unvollendeten Text, vielmehr an eine alte Text-Keimzelle, vielmehr an eine rudimentäre Wörter-/Begriff-Sammlung (scherzhafte Involvate eingeschlossen), an ein irgendwie hybrides, ambitioniertes Konvolut, in dem das Thema / das Syn-drom in semantischen und mental-fraktalen Variationen wie: Tages-anbruch / Tages-Anbruch / Tages-An-Bruch / An-Bruch / Bruch – vice-versa – assoziativ angelegt war, doch unentfaltet, unbewältigt, semantisch uneinholbar blieb. Und bleiben wird (s. Schublade; letzte Hand nicht möglich). Sicherungsdatei: Bruch

Bruch und Brüchiges

Befürchten oder beschreiben wir einen Bruch als singulären Fall, Brüchigkeit als Eigenschaft oder Brüchiges im Allgemeinen, etwa aufgrund widriger Umstände wie Unfall oder Mißgeschick, Alter, Rezeptur oder Fremdeinwirkung, so denken wir in erster Linie an Materielles, an Materialien und an Körperliches. Hälse, Arme oder Beine eventuell brechen, und Knochen überhaupt neigen zur Brüchigkeit, auch Gläser und Spiegel, Stäbe und Schiffe oder Kekse brechen in Scherben, in Splitter, in Stücke oder werden gebrochen, und bestimmte Gesteine oder schlecht gebrannte Keramikgefäße sind von brüchiger Beschaffenheit. Die Gewebe kostbarer Seidenkostüme in einem Theaterfundus, ganze Bestände historischer Bibliotheken, sogar uralte, lang konservierte Mumien samt ihrer Sarkophage und Grabmale werden brüchig, werden rissig, zerbröseln, lösen sich früher oder später in Staub auf.

Aber nicht nur Materielles wie der sprichwörtliche Krug auf dem Weg zum Brunnen und die philosophische Simmelsche oder Blochsche Henkelvase gehen zu Bruch oder in die Brüche; auch Freundschaften, Ehen, Verbindungen. Auch der Freundschafts- und Ehebruch, der Friedens-, Vertrauens- und Wortbruch ist tatsächlich ein Bruch, wenn auch nur ein Bruch im übertragenen Sinne; in Analogie zu dem materiellen, mechanischen Bruch. Diese Brüche sind wirkliche relationale Zerstörungen und nicht nur ein Krachen und Splittern im Gebälk und Gefüge der Beziehungen.

Die Physik, der ureigene wissenschaftliche Untersuchungsort des mechanischen Bruchs, benennt – klassifiziert wäre zuviel gesagt – eine Reihe von Brucharten. Die hochdifferenziert arbeitende Bruchforschung bzw. Bruchtheorie hat für ihre Ergebnisse, trotz sprachlich ungemein feinsinniger Beschreibungen, keine stringente Terminologie entwickelt, wie der Physiker Hans Georg Hahn in seiner Einführung in die theoretischen Grundlagen der Bruchmechanik in den siebziger Jahren selbstkritisch bemerkt. Brüche werden uneinheitlich, entweder nach der »brucherzeugenden Beanspruchungsart« oder nach der »Erscheinungsform des Bruchs« oder der »Art des Materialverhaltens vor und bei Brucheintritt« unterschieden: Spaltbruch, Gleit-, Scher-, oder Schubbruch, Korngrenzenbruch, Stoßbruch, Dauerbruch, Kriechbruch, Zugbruch, Druckbruch, Biegebruch, Torsionsbruch. Zugrunde liegen der Typus des zähen, duktilen und der des spröden Bruchs.

Wunderlichstes Metapherngestöber. Stehen diese Metaphern – nach der These des Philosophen Max Black – im Dienste der Erkenntnis? Oder verschleiern sie ein Unvermögen? Dienen sie der Wahrheitsfindung, oder sind sie tautologisch? Sind sie magisch? Fragen, die sich die Physikerinnen und Physiker selbst beantworten müssen.

Ob die Bezeichnungen des Bruchs aus den Lauten entstanden sind, die den Vorgang des Brechens begleiten, fragte sich – anstatt der Physikerinnen und Physiker – der Sprachforscher Hermann Hilmer in seinem Buch über Wortschöpfung aus dem Geiste der Schallnachahmung aus dem Jahre 1914. Diese kuriose Untersuchung hinter sich lassend, der eine Großhypothese der Sprachentstehung zugrunde liegt, stellt sich weiter die Frage, ob Disziplinen mit gering ausgeprägter Sprachreflexion für die semantischen Probleme oder auch für die Poesie ihrer eigenen Texte überhaupt empfänglich sind. In den fünfziger Jahren entstand an der technischen Universität Zürich die Dissertation von Johann Jakob Schindler mit dem Titel »Dynamischer Bruch eines Balkens unter Biegung«. Die Anschaulichkeit der verwendeten sprachlichen Analogien entzückt auch Nicht-Physiker. Auch Nicht-Physiker oder insbesondere sie? Ein Absatz in der Einleitung zur Begründung des Gegenstandes liest sich folgendermaßen: »Die theoretische und experimentelle Arbeit mit dynamischen Rissen ist im Allgemeinen recht aufwendig, so daß sich die Untersuchungen meistens auf gewisse, speziell geeignete Systeme konzentrieren. Eines davon ist der Riß in einem Balken. Die Vorteile des Balkens liegen auf der Hand: Einerseits ist er sowohl experimentell als auch theoretisch einfach zu handhaben, andererseits auch von nicht geringer praktischer Bedeutung. Damit läßt sich das offenbar beträchtliche Interesse am Bruch des Balkens erklären.«

Als spektakulärster mechanischer Buch läßt sich wohl der Schiffbruch veranschlagen. Die prominente Stellung kommt ihm nicht quantitativ als größtem oder als häufigstem Bruch zu, sondern vielmehr, weil er die notwendigen komplexen Voraussetzungen für eine glanzvolle Karriere der Emblematik bot: die spannungsvolle Dramatik von Naturbeherrschung und Grenzerfahrung.

Die großen Marine- und Kunstmuseen der Welt präsentieren eine umfangreiche Motivgeschichte der Schiffbrüche in allen Varianten, ob als Vasenmalerei oder in Öl auf Leinwand, und das thematische Spektrum reicht vom sturmgepeitschten Segelschiff in aufgewühlter See über Feuer an Bord, Kollision, Seeschlacht, Strandung bis zur Havarie und ihrer finalen Konsequenz, dem Untergang. Sichtbar wird die Brüchigkeit des Materials in Relation zu den Mächten der Beanspruchung, weniger der Bruch als Folge von Navigationsfehlern, von menschlichem Versagen. Wie das auch darstellen? Tatsächlich zeigen wenige Bilder ein – im eigentlich wortwörtlichen Sinn der Metapher – zerbrochenes Schiff. Höchstens ein abgebrochener Mast liegt verloren zwischen den Eisschollen; oder die Takelage ist über Bord gegangen; oder zerborstene Planken treiben als Verweise auf das Geschehen im offenen Meer. Überwiegend dominant sind in den Bildern die zum Schiffbruch führenden Witterungsumstände Eis und Sturm.

In Albrecht Dürers holzgeschnittenen Buch-Illustrationen zu Sebastian Brants

didaktischem Epos »Das Narrenschiff« (1494) findet sich eine der wenigen bildlichen Darstellungen, die sich auffällig sichtbar an die Schiffbruch-Metapher anleh-
nen. Das Bild zum 109. Kapitel »Verachtung ungfelles« zeigt eine einzelne Figur mit
Narrenkappe in einem Segelboot unweit vom Land: der Mastbaum kippt; obwohl
eine Leine gezogen wird, flattern die unbefestigten Segel wie Fahnen im Wind;
der Rumpf des Schiffes ist seitlich geborsten. Vermutlich stehen die Narrenfüße
bereits im Wasser. Schiffbruch aufgrund einer besonderen Last? Im Text gibt es
keine zwingende Vorgabe für die illustrative Gestaltung, wie sie von Dürer gewählt
wurde. Ganz im Gegenteil scheint Dürers Bild den Text weit zu überschreiten: im
Sinne einer Pointierung, im Sinne einer semantischen Präzision, die Dr. Brants
umständliche Schreibweise und vorwurfsvolle Misanthropie weit hinter sich läßt.
Es ist die Überbeanspruchung infolge inkompetenten, närrischen Verhaltens, wie
mangelnder Sorgfalt, Fahrlässigkeit, die in das Verderben und letztlich – das bleibt
auch nach der Reformation – als Strafe zum Untergang führt. Kein Eis und kein
Sturm, auch nicht die gefährliche Mobilitätstechnologie, *das* kühnste Erkundungs-
instrument neuer Routen und Länder schlechthin, trägt die Schuld, sondern der
ungefähre Mensch, der ohne Anstrengung schlaraffig-wohlleben und unbedarft
expandieren will und sich auf dem Meer des Lebens unkritisch von den Strömungen
der Zeit treiben läßt. Es ist der mittelalterliche Symbolismus des jungen Dürer,
der in der Illustration den wortwörtlichen Schiffbruch bevorzugt (im Gegensatz
zu C. D. Friedrich).

Nicht weit von diesem Schreibtisch bietet sich in der Hamburger Kunsthalle auf-
schlußreiches Anschauungsmaterial in Gestalt zweier typologisch interessanter
Schiffbruchdarstellungen des neunzehnten Jahrhunderts: Caspar David Friedrichs »Eismeer«, vermutlich aus der Zeit um 1823/24, und Andreas Achenbachs
Bild »Strandung an felsiger Küste« aus dem Jahre 1835. Caspar David Friedrichs
Schiffbruchdarstellung zeigt übermächtige, zu einer diagonal geschichteten Pyra-
mide aufgetürmte Eisschollen, die ein in Relation dazu winzig wirkendes Schiff
zermalmen und wie unter Grabplatten versenken. Keine Spur von Überlebenden.
In Achenbachs Bild steht der Untergang noch bevor, scheint jedoch unausweichlich
für das an den schroff zerklüfteten Klippen scheiternde Schiff. Achenbach hatte
gemeinsam mit dem Vater zahlreiche Seereisen unternommen, wenn auch glücklicherweise keinen Schiffbruch erlitten. Sein frühes, romantisches Schiffbruchbild
in der Hamburger Kunsthalle scheint mehr unter dem Eindruck einiger Vorbilder
entstanden zu sein, z. B. denen des norwegischen Malers Johan Christian Claussen
Dahl, die er bei seiner Schweden-Reise in Kopenhagen gesehen hatte.

    Friedrich wie auch Achenbach wurden für ihre Schiffbruchbilder auch von tat-
sächlichen, historisch dokumentierten Gefahrensituationen und Schiffskatastrophen
inspiriert: Friedrich von William Edward Parrys Bericht einer Polarexpedition, die
dieser 1819 bis 1820 auf der Suche nach der Nordwest-Passage durchführte, auf der

er lange für verschollen galt; Achenbach vom Untergang des ersten transatlantischen Passagierdampfers »The President« im Jahre 1841 am Nordkap in Folge einer Eisbergkollision. Das tragische Unglück des Passagierdampfers beschäftigte seinerzeit die Öffentlichkeit, und die Sensationspresse kam auf ihre Kosten. Achenbach malte das Bild des Schiffes – halbversunken in aufgepeitschter See und umzingelt von Eisbergen – als Auftragsarbeit für den Großherzog von Baden. Es hängt heute als Dauerleihgabe in der Eingangshalle des Altonaer Museums in Hamburg. Einige Jahre nach der Entstehung des Gemäldes wurde es lithographiert, damit man in der neuen Steindrucktechnik Reproduktionen herstellen konnte. Doch nach einigen Abzügen zerbrach der Druckstock. Einst war das Schiff aufgebrochen, wurde vier Tage später schiffbrüchig; zehn Jahre später brach der Stein, der das dramatische Ereignis vervielfältigt präsentieren und in Erinnerung rufen sollte: Aufbruch – Schiffbruch – Steinbruch.

Abenteuerroman einer schier endlosen Reise, die die Beteiligten und vor allem den Protagonisten mit immer neuen Hindernissen und Verzögerungen konfrontiert und die Heimkehr von Mal zu Mal wieder in weite Ferne rückt.

Plötzlich zerbrach der Orkan die beiden Taue des Mastbaums;
Aber der Mast fiel krachend zurück, und Segel und Stange
Sanken hinab in den Raum;

Mit diesen Zeilen beginnt im 12. Gesang des homerischen Epos die Beschreibung des Schiffbruchs, der mit dem Untergang endet, dem nur Odysseus zu entrinnen vermag. Seine Begleiter versinken in den Fluten. Wie in Homers großem Reisebericht »Odyssee«, so sind auch in anderen literarischen und bildlichen Schiffbruchsdarstellungen Stürme, Unwetter und deren atmosphärische Begleiterscheinungen die Ursache der Katastrophe.

Interessant am Phänomen des Schiffbruchs und seiner symbolischen Wende ist seine Eignung als Existenzmetapher allgemeiner Art, als »Daseinsmetapher« – wie von Hans Blumenberg theoretisch einschlägig und metapherologisch erschöpfend traktiert –, denn »Schiffbruch« kann jeden Menschen jederzeit und überall ereilen, auch auf trockenem Land, auf stabilem Grund, auf fundiertem Gelände, dort, wo das Leben weniger gefährlich scheint. Doch auch dort, so die Überlegungen einer Philosophie des gewagten Lebens à la Nietzsche, sollte sich der Mensch kühn dem Leben aussetzen: sich exponieren, nicht völlig abgesichert und saturiert dahinschlendern, sich existentiell, geistig, künstlerisch auf Fahrt mit unbekanntem Ziel begeben. Vielleicht war Nietzsche von Herders Tabula-rasa-Vorstellung inspiriert, der anläßlich einer Schiffsreise in seinem »Journal meiner Reise aus dem Jahre 1769« notierte: »und so ward ich Philosoph auf dem Schiffe, Philosoph aber, der es noch schlecht gelernt hatte, ohne Bücher und Instrumente aus der Natur zu philosophieren«. Und er fragte weiter: »Wann werde ich so weit sein, um alles, was ich gelernt, in mir zu zerstören, und nur selbst zu erfinden, was ich denke und lerne und glaube?«

Das Risiko scheiternden Lebens ist Leben in Zuspitzung, abgesehen davon, daß jedes Leben spätestens im Alter an seinem Ende scheitert, am Tod zerschellt. Doch auch da scheint es Überlebende zu geben, wie Zeilen aus einem Gedicht von O. Ludwig hoffen lassen: »*bewundernswürdig ist, ja unbegreiflich, / wie dieses fräulein aus des alters schiffbruch / der jugend reize sich gerettet hat*«.

Das Erhabene; sadistischer Voyeurismus, sensationslüsterne Zuschauer; sublimierte Schadenfreude, Mitleid, Ergriffenheit, Sympathie.

Die zeitgenössische Ästhetik hatte für dieses Phänomen die Kategorie des Erhabenen erfunden. Schiller wußte auch um die Betrachter-Perspektive dieser ästhetischen Erfahrung. »*So erhaben ein Meersturm, vom Ufer aus betrachtet, sein mag, so wenig mögen die, welche sich auf dem Schiff befinden, das von demselben zertrümmert wird, aufgelegt sein, dieses ästhetische Urteil darüber zu fällen.*« Der Reiz des Furchtbaren läßt sich nur für den erfahren, der in der Anschauung verbleiben und seine Einbildungskraft spielen lassen kann und nicht in den Vorfall involviert ist. Wer einen Schiffbruch erleidet, ist nicht für erhabene Erlebnisqualitäten disponiert. Nichts scheint abwegiger als gerade verzweifelten und vor Angst fast verrückten Schiffbrüchigen in einem überladenen Rettungsboot oder auf einem schnell gezimmerten Floß im Angesicht einer heranrollenden, riesigen Woge und der Unendlichkeit des Meeres erhabene Gefühle unterstellen zu wollen. Ästheten des eigenen Untergangs gibt es nicht.

Die Erhabenheit seiner Bestimmung läßt C. D. Friedrich den Betrachter in seinem Eismeerbild dadurch erfahren, daß er ihm die Perspektive einer erhöhten Position außerhalb des Eisgeschiebes einräumt. Eine Gefühls- und Reflexionsebene mit ausreichender Distanz zur Gefahr, Schrecken und dem Wissen um die Nichtrealität des Schreckens. Der ästhetische Genuß des Schreckens verwandelt ihn in einen Triumph des Geistes, der Idee über die Materialität des Seins.

Vielleicht deswegen appelliert Nietzsche: »*Es gibt noch eine andere Welt zu entdecken – und mehr als eine! Auf die Schiffe, ihr Philosophen!*« Der Appell geht davon aus, daß dort, wo das Leben riskant ist, wo das Scheitern möglich ist und Schiffbrüche nicht ausgeschlossen sind, die Wahrheit näher liegt. Und Nietzsche wendet sich an die Männer unter den Philosophen, erkennt er doch Anzeichen, »*daß ein männlicheres, ein kriegerisches Zeitalter anhebt, das vor allem die Tapferkeit wieder zu Ehren bringen wird!*«

Daß umgekehrt die Wahrheit den tatsächlichen Schiffbrüchigen nicht automatisch eigen ist, geht aus dem Bericht zweier Überlebender hervor, die Anfang des neunzehnten Jahrhunderts auf dem Weg in die Kolonien bei der Havarie der französischen Fregatte »Medusa« an Bord waren und sich mit einigen weiteren Überlebenden niederen gesellschaftlichen Ranges auf ein Floß retten konnten. Die malerische Umsetzung dieses Horrorszenarios bietet Géricaults Monumentalgemälde »Das Floß der Medusa«, das den hoffnungsvollen Moment der Verzweifelten zeigt, in dem ein Schiff am Horizont erscheint. Von Gefühlen des Erhabenen keine Spur (auch nicht beim Betrachter, der – in Fortführung medialer Ausbeutung – vielleicht nichts weiter ist als ein Sensationslüstling).

Angesichts der technologisch neuen Möglichkeiten des Scheiterns und der Vernichtung und ihrer fortwährenden Grenzverschiebungen wird voraussichtlich in Zukunft die Existenzmetapher »Schiffbruch« in ihrem Bedeutungsspektrum auch den Raumschiffbruch – the space-shipwreck, the shuttle-wreck – mit aufnehmen müssen. Die Bruchlandung eines Flugzeugs gehört heute bereits zu den Schrekkensszenarien des Reisealltags. Und wie wird sich der Schiffbruch des Surfers im Cyberspace darstellen? Werden die Netze halten, und wird die Rettung näherliegen als der Absturz infolge des Zusammenbruchs?

Georg Simmel von Kant ausgehend:
     Erhaben: männliches Prinzip
     Schönheit: weibliches Prinzip
     Nur Männer besitzen überhaupt das Vermögen, einen Bruch zu landen (steile These). Frauen sind unter Umständen freche Gören, gefallene Mädchen, aber nicht hochfahrende und abgestürzte, gebrochene Existenzen. Dazu, so die Vorgaben der Sozialisation spezifischer Weiblichkeit, wollen sie letztlich, natürlich: zuwenig. Höchstens Kinder. Mit anderen Worten, Frauen manövrieren sich nicht qua Herausforderung bis an den Abgrund, geschweige denn, daß sie den Blick hinein wagen oder gar springen; ausgenommen der Grund schlichttrauigen Schicksals. Und/ aber: wer sich nicht traut, hebt sich keinen Bruch.

Nicht jeder Bruch ist eine Katastrophe. Der Bruch eines Deiches oder eines Staudamms schafft Verwüstungen, große Not und schreckliches Leid unter den betroffenen Menschen, ist ein Schicksalsschlag, der Wasserrohrbruch dagegen ein vergleichsweise kleines und meist schnell zu behebendes Ungemach. Ein Steinbruch kann wohl Schauplatz fürchterlicher Grausamkeiten sein, die menschliche Straf- und Rachegeschichte verzeichnet eine unrühmliche Liste dieser unmenschlichen Orte der Ausbeutung und der Qual und Vernichtung durch schwere körperliche Arbeit, doch zunächst einmal ist ein Steinbruch eine Stätte der Rohstofförderung und Ausbeutung von Ressourcen und eine Quelle von Reichtum und Kultur. Die Steinarchitektur markiert einen Meilenstein menschlicher Bautätigkeit. Michelangelo hat seine Marmorblöcke, in denen er bereits seine Statuen visionierte, in den Bergen von Carrara brechen lassen. Ein Steinbruch liefert Material nicht nur für Skulpturen, Pyramiden, Kirchen, auch für Straßen, Brücken, Häuser, Mahlwerke, Mörser.

In der Philosophie z. B. dient der Steinbruch als Metapher für ein unerschöpfliches Reservoir historischer und systematischer Topoi, Themen oder Theorien, aus dem man sich Versatzstücke – in Form mehr oder weniger roher Brocken oder kristalliner Denkfiguren – gleichsam wie aus einem Allgemeingut der Geistesgeschichte umstandslos und bar jeden Transportproblems entnehmen kann.

Bei der Wahl der Steinbruch-Metapher spielt der Reiz des Gegensätzlichen sicher keine unbedeutende Rolle. Handarbeit, Körperarbeit und Kopfarbeit, Geistesarbeit sind in Beziehung gestellt. Gestein aus den Lagerstätten zu brechen stellt den Inbegriff körperlicher Schwerarbeit dar, Arbeit am Material, Arbeit am Sein, während auf der anderen Seite das Betreiben von Philosophie, Denken als geistige Arbeit nicht nur völlig unkörperliche Arbeit ist, sondern auch Arbeit am Immaterial, Arbeit am Begriff. Höchstens vielleicht: Arbeit am Bruch im Sinne der Differenzbildung. Doch Denken: nicht ohne Körper!

Doch gemeint ist bei der Steinbruch-Metapher nicht der Steinbruch als Ort des Steinebrechens, sondern der Steinbruch als intelligente Menge bereits gebrochener Steine, als Glyptothek des Wissens und Denkens. Diese gebrochenen, angefaßten und bearbeiteten Steine werden recycelt, neu bewertet, kombiniert, in veränderte Kontexte eingebaut. Sie sind anscheinend längst dimensioniert, gewogen, auratisch bestimmt, doch es soll vorgekommen sein, daß sich der eine oder die andere dabei übernommen und verhoben hat.

Daß Philosophen sich am Steinbruch der Denkgeschichte bedienen und wie Baumeister aus den Ruinen der Tempelanlagen überkommener Religionen neue Kathedralen entstehen lassen, ist eine Analogie voller bitterer Ironie, die vielleicht das Ungenügen an den Materialeigenschaften geistiger Gegenstände mitreflektiert. Während die Hand- und Körperarbeit mit dem realen Widerstand des Materials zu kämpfen hat, ist es bei der Kopf- und Geistesarbeit vielmehr das eigene Unvermögen, das die Grenzen setzt. Auffällig ist, daß es unter Intellektuellen viele gibt, die steinbildhauern oder holzschnitzen oder leidenschaftlich gerne kochen. Daß Philosophen sich gerade im Steinbruch des Systems Denken nach »missing links« und argumentativen Begründungen umsehen, drückt die geheime Sehnsucht nach den harten Standortfaktoren aus. Bedienten sie sich ansonsten nicht besser im Wolkenbruch?

Rad- und Achsenbruch; metaphysische Brüche vs. mechanische Brüche
    Wortbruch, Treuebruch, Friedensbruch; Stimmbruch:
    Bei einem Wolkenbruch fallen Tropfen, es fließt Regenwasser. Was fließt bei einem Stimmbruch, was bei einem Wortbruch, was bei einem Vertragsbruch, Vertrauensbruch, Treuebruch, Ehebruch? Klagelaute, Tinte, Blut, Geld, Tränen?
    Zu Ehebruch in Sebastian Brants »Narrenschiff«: dort ist die Rede von der Ehe, die leichtfertig zerbrochen wird wie Töpfe und Kannen (Vom Ehebruch).
    Wolkenbruch, erleidet einen Riß, zerbricht in Stücke; die Füllung fällt nicht wie aus einem überlaufenden Eimer; auch nicht heraus fällt die komplette Füllung
    Überspannungen, Verbindungen, Relationen
    Nervenzusammenbruch
    Der kriminelle »Bruch«; Verbruch (Verbrechen); hat einen Bruch gemacht;

was unverbrüchlich ist, ist gebrochen. Was gilt als unverbrüchlich und bricht trotzdem?

Bruchstück, Fragment

Die Errungenschaften der technischen Zivilisation haben sich weit vom Mechanischen entfernt/verabschiedet, die kulturelle, zivilisatorische menschliche Sprache ist dieser mechanischen, eng an die Leiberfahrung gebundenen, anthropozentrischen Dimension nach wie vor verbunden. Die Maschinensprachen und maschinellen Codes werden sie nicht mehr benötigen, werden auch nicht das Vermögen haben, darauf zu rekurrieren. Eine Metapher wäre zu kompliziert für sie, zu multinär komplex.

Die mechanischen Metaphern des Bruchs und des Brechens sowie deren metaphysischen Überhöhungen kursieren sowohl in Verben als auch in Substantiven. Sie sind aber nicht umstandslos in die eine oder andere Form zu transferieren. Die Sterbeszene in einem Theaterstück mit dem Schlußsatz: »Und dann brachen seine Augen«, mag existentiell berühren oder auch nur die Beendigung eines konventionellen Theaterabends signalisieren, in der Formulierung aber nicht sprachlich befremden. Wie aber könnte der »Augen-Bruch« seine dramaturgische Daseinsberechtigung finden? Gar nicht. Denn: »Augen brechen« ist eine Metapher des Todes, des physiologischen Endpunktes, fokussiert auf die Muskulatur das Augenorgans, das nicht mehr die lebendige Stellung halten kann, wobei »brechen« soviel bedeutet wie das Ende eines funktionierenden Prozesses konstant variabler Aufrechterhaltung. Ein »Augenbruch« dagegen ist nichts Prozessuales, sondern die Charakterisierung eines Objektmodus: Auge in Stücken.

Doch Bruch ist auch etwas in sich Unvollständig-Vollständiges?

Bruchsteine / Steinbruch (die Umkehrung macht's)

Symmetriebrüche, verhelfen einfachen Systemen zu komplexerem Verhalten (qualitativer Sprung?)

Herzbruch, Herzensbrecher, heartbreaker: Wohlgefühl by Unvollständigkeit

ebenso Bsp.: in Tränen ausbrechen, Tränenbruch; der Vulkan bricht aus, jemand bricht in Tränen aus: es spritzt, Schleusen nicht geschlossen

Traditionsbruch, Kontinuität und Bruch

Bruch der Metaphysik, Bruch der ärztlichen Schweigepflicht, Bruch der Großen Koalition

Ehebruch und Seitensprung

»der große Bruch« (Majakowski)

Bruch und/oder Grenze (Kristeva)

Johann Christian Claussen Dahl, an den schroffen Felsklippen Norwegens geschciterte Schiffe; Nasjonalgalleriet Oslo

Claude Joseph Vernet, Staatliches Museum Schwerin
Van der Velde, Rijksmuseum Amsterdam
Max Beckmann, Untergang der Titanic, 1912
Hahn, Hans Georg, Bruchmechanik, Einführung in die theoretischen Grundlagen, Stuttgart 1976
Schindler, Johann Jakob, Dynamischer Bruch eines Balkens unter Biegung, Diss. der technischen Wissenschaften, ETH 1953
Hermann Hilmer, Schallnachahmung, Wortschöpfung und Bedeutungswandel. Auf Grundlage der Wahrnehmungen von Schlag, Fall, Bruch und derartigen Vorgängen. Dargestellt an einigen Lautwurzeln der deutschen und der englischen Sprache, Halle a. S. 1914

»Pfefferminzbruch«: ein Paradigma, welches das Ganze als Idee und Horizont der Welt, die Zacken und Splitter aber als Ambivalenz annahm. War es der erste Triumph eines kleinen, wenn auch machtbewußten Individuums, das sich in der Angst vor dem Überdimensionalen die Strategie der Selbstbehauptung durch Sublimierung, durch symbolische Unterwerfung schuf?

Wortbruch. Wenn ein Wort in Stücke zerfällt oder geschlagen wird, in Silben, in Buchstaben zerbricht? In semiotische Splitter? In relationale Wiedergaben? In semantisches Nichts?

Der große Bruch der Brüche ist der Steinbruch. Wir denken an Carrara und den blendend weißen, den feinporigen, fast elastischen Statuario Puro, nach dem sich alle Bildhauer und Steinmetzger verzehren, um schönste Frauenbrüste, zarte Männerlenden daraus herauszuschlachten, zu metzeln.

Aber das Thema Steinbruch ist ein Kapitel für sich. Steinbruch ist eine Großmetapher für ideengeschichtliche Weitergabe und Ausbeutung, für Respekt sowohl als auch für geistige Plünderung.

Was noch zu erwähnen wäre: Einbruch, Stilbruch, Herzbruch. Bei Gelegenheit dazu mehr.

Zum lyrischen Thema Herzbruch, das – um es zu erfassen – in die Verbalform rückzuführen ist:

X hat dein Herz belagert, erobert. X hat es nie gebrochen, wenn auch häufiger geschmerzt, aber

X hat unermüdlich Versuche angestellt, es zu besetzen, zu beleben, zu gestalten. Stichwort: Identifikation.

»Und ich weise es weit von mir, mit der Botschaft: Du darfst es lieben, aber es steht Dir nicht frei zur Disposition.«

»Aber ich habe Dir mein Herz geschenkt, und Du darfst es behalten; bis es in sich selbst bricht.«

Ein kanadischer Fliegerfeldwebel aus Hopedale liest im Nachkriegs-Hamburg auf dem weißen Emailleschild des Bahnhofs verblüfft den Namen des Stadtteils, Billbrook, der auch sein Name ist. Seine Kameraden ziehen ihn auf: »Bill Brook macht Picknick in Billbrook. Geh hin, mein Lieber, vielleicht machen sie dich zum Ehrenbürger. Oder wolltest du nicht hin? Nicht zu deinem Stadtteil? Wie? Paß auf, sie werden dich zum Bürgermeister machen.«

Wolfgang Borchert, Billbrook, in: Das Gesamtwerk, Hamburg 1949, S. 78

Später lernte das Kind mehr und mehr kennen vom Bruch und von Brüchen: Bruchrechnen, eine Menge Porzellanbruch, Stimmbruch des Chorfreundes, Ehebruch und Scheidung der Eltern, den Aufbruch der Moderne, den Steinbruch bei Pietrasanta, den Zusammenbruch des sogenannten Ostblocks und den Abbruch der Mauer und einige Einbrüche, nicht nur in dünnes Eis. Keineswegs alles Gegenstände des Erhabenen. Der wichtigste: der Einbruch der Frauen in die denkerischen und sprachlichen Bastionen der Männer; weniger Ereignis denn Prozeß und darin dem Projekt der Moderne inklusive postmoderner Pluralisierung vergleichbar, mithin die zielstrebige und enttotalisierende Unterminierung einer ungebrochenen Kontinuität bis zur Dekonstruktion. Der Einbruch, der das Innere der Tabernakel zur Schau und Disposition stellte. Eine gleichsam kriminelle Anmaßung für manchen heute noch. Ein Einbruch, der auch die Sensibilität für das Erhabene veränderte. Pfefferminzbruch – Traditionsbruch – Bruch der Metaphern des Schweigens und des Sprechens.

Der Vorgang des Brechens wie auch das Ergebnis des Brechens ist der Bruch. Seine Voraussetzung ist der Riß. Gilt das nur für mechanische Brüche oder auch für metaphysische?

Ein Ort, an dem etwas gebrochen wird, ebenso wie ein Ort, der sumpfiges Gelände aufweist – bricht das Wasser durch die Erde? – wird als Bruch bezeichnet. Wurde in Bruchsal etwas gebrochen, wurde in Bruxelles etwas gebrochen – Bohnen etwa oder andere Früchte vom Acker oder vielleicht Erz aus der Tiefe – oder liegen bzw. lagen Bruchsal oder Brüssel in einer sumpfigen Umgebung? Und wenn Bruchsal oder Brüssel nicht lediglich durch einen Morast zu ihrem Namen fanden – wie manche Flußgebiete, z. B. der Oderbruch –, was wurde dort dermaßen oder dergestalt gebrochen, daß es namensgebend werden konnte?

Um sprachmethodisch auf den Kindheitsmythos Pfefferminzkonfekt (s. Menzer, Ursula, in: Cotta's kulinarischer Almanach, 2000/2001, S. 193) zurückzukommen: der Ort also, an dem die besagten Pfefferminztafeln gebrochen werden, wäre – angenommen, daß er als Ort existiert – der Pfefferminzbruch, analog zum Steinbruch. Doch der utopische Ort bleibt ein Leckerli.

»... der rohe Pfefferminzbruch einer Kindheit. Er hat mich enthusiasmiert: wild und zart. Ich habe ihn heiß begehrt und erinnere mich bis heute an seine Konsistenz und an seinen Geschmack, wenn sich auch die Muster des erhabenen

Zaubers, der ihn einst überhöhte, an neue überwältigende Objekte banden und sie begeistert belagerten, festlich entzündeten, triumphal kontrollierten.«

Der mathematische Bruch – als gebrochene Zahl – ist natürlich kein mechanischer Bruch, wie so viele Brüche nicht nur ihrem Namen nach. Aber erfunden hätte er doch ganz praktisch und sinnfällig beim Brechen eines ungegliederten Gegenstandes werden können, z. B. dem Brechen eines Laibes Brot in mehrere, zahlreiche Stücke, d. h. wenn ein Brotlaib in zwei Hälften, in vier Viertel oder noch weiter zerteilt wird.

C. D. Friedrich: Natur als Landschaft und die ihr eingelassene Tragödie. Doch kein Bild der Totalität, sondern des fragmentarischen, des antipodischen Denkens, des Denkens in Bruchstücken, in Zwiespälten: unglückliches Bewußtsein / Moderne; Ergänzungsbedürfnis / -problematik; Leid und Qual.
    Größe der Naturgewalt – Erkenntnis der eigenen Position.

In einer Zeit der vereisten politischen Verhältnisse, in denen restaurative Monarchen und der veränderungsunfähige Adel den Ton vorgeben. Demokratiefeindliche Stimmung, Kälte der Beziehungen, gefrorene Freiheitshoffnungen: Schubert komponiert seine »Winterreise«, Friedrich malt das »Eismeer«, Heine schreibt sein »Wintermärchen«. Erstarrung statt Belebung; kein Aufbruch.
    Embleme der Vergeblichkeit und Vergänglichkeit, Allegorien der gescheiterten Lebensreise, Sinnbilder des Zusammenbruchs von Hybris und Illusion.

s. auch Max Bruch: Violinkonzert in g-Moll, op. 26
s. auch Gustav Mahler (»Gebrochenheit« bei Adorno)

Feststellung: physikalische Last der deutschen Sprache. Ist sie eine Hinderung für Poesie oder im Gegenteil nicht vielmehr ihr Förderband, weil die Physikalität und deren Denken notwendig auf einer Konkretion aufliegt, ohne die Poesie Gefahr liefe, leer zu sein (s. Poiesis – Herstellen)?

Tagesanbruch; Anbruch des Morgens, Morgengrauen, Morgenröte.
Brechen des Sommers durch den großen Regen etc.

Tagtraum. Traum vom Tag und davon, daß es nie wieder dunkel wird. Traum vom Tagesanbruch, davon, daß endlich Tag wird. Tagtraum und dunkle Traumgestalten im Licht; erleuchteter Traum.
    Schwarz stehen die filigranen Scherenschnittbäume vor dem wolkenlosen Himmel. Dahinter eine matte Orangeglut, die im Norden

und Süden in glasigen Rosa-Tönen ausläuft. Durch das durchlässiger gewordene Wäldchen zieht morgenrotglühend die imaginäre Horizontlinie. Auch das grausilberne Band des Flusses glitzert an manchen Stellen durch die Bäume. Die Orangeglut nimmt ab, wird, wie die Ausläufer, rosa, rosaglasig. Der folienklare Himmel darüber, nur von der Andeutung rosabehauchter Kondensstreifen unterbrochen, hellt auf. Die schwarzen Scherenschnittbäume nehmen Farbe an, gebrochenes Grün über gebrochenes Gelb bis zum gebrochenen Braun. Das büschelige Gras auf der Wiese vor dem Wäldchen ist mit Rauhreif überzogen. Der Frost hat sich bereits die ersten Nächte unterworfen, erkennbar an den zusammengefallenen Zucchinipflanzen im Garten. Fenster auf. Kalte Luft dringt herein. Fenster zu. Zwischen dem Laub der großen Weide einige dunkelrote Glutpunkte; Aufglimmen wie Glut in der heißen Asche, in die der Wind fährt; Aschenglut.

Fenster auf. Kalter Wind im Gesicht. Nachthimmel. Hallender Gong, Screenblitz im Zimmer. Grollen eines zur Landung ansetzenden Flugzeuges, noch in großer Höhe, rotes Blinken zwischen den dunklen Wolken. Fenster zu. Schreibtischlampe an. Der Himmel im Osten hinter den dunklen, flächigen Wolken hellt auf, dunkleres Blau vor hellerem Blau. Die seit einigen Tagen nicht beachtete E-Mail-Liste quillt über vor Spams. Belästigung ohne den geringsten Interessantheitswert. Mühevolles Aussortieren der wenigen echten Nachrichten. Mitteilung der Staatsbibliothek, daß ein vorbestelltes Buch bereitliegt. Zwischen den dunklen Wolkenstreifen im Osten zieht fast unmerklich ein Rosa auf, das hinter dem Schwarz des Wäldchens in einem Blutorange ausläuft, dann versickert. Nachricht vom Lammfleischlieferanten, daß in den nächsten Tagen wieder geschlachtet wird: Lammkeulen, Koteletts, Lammwürste etc. Bestellungen für Weihnachten würden ab sofort entgegengenommen. Wolken ziehen zusammen, das Rosa dazwischen drückt wie aus schmalen Schlitzen. Nachricht der Galerie eines Freundes, die eine Ausstellung ankündigt und darum bittet, den Termin für die Vernissage zu reservieren. Zu spät, da im nächsten Jahr. Hinter dem nicht mehr ganz so düsteren Schwarz des Wäldchens vereinzelte, lachsfarbene Flecken. Fenster zu. Der Himmel trübt ein, Wolkendecke; die Straßenlaternen erlöschen. Matter Herbstmorgen. Ein leichtes Wehen läßt die Blätter von den Bäumen segeln. Dann leuchtet die wellige, streifige Unterseite der Wolkendecke über dem Osten auf. Relief am Himmel, rosa-blau marmoriert, das sogleich wieder kassiert, nivelliert, im müden Grau versenkt wird. Glanzlose Zunahme der Helligkeit, glanzloser Morgen. Doch dann ein flimmerndes Rotglühen, Orangeglühen in der Astgabel der großen Weide, sich teilend, wieder zusammenfügend, tropfend. Die Bewegung des Baumes bis in die kleinen Ästchen wischt über das Glühen, das immer wieder neu fragmentiert hochsteigt. Schreibtischlampe aus.

Verhangener Horizont; Regen. Keine Spur von Morgenröte.

Der große Mythos des Schreibens handelt vom Schreiben, vom Anschreiben gegen Tod und Sterben. Solange das Schreiben andauert, so der Mythos, so lange ist der Tod gebannt.

Verhangener Horizont; Regen. Keine Spur von Morgenröte.

Dem Schreiben als Verlebendigung des Lebens ist die Schreibmaschine Lebensmaschine. Verlebendigung, Intensivierung, Steigerung. Oder Schreiben statt Leben? Wenn die Schreibmaschine als Lebensmaschine ausfällt, stockt die Transmission der Verlebendigung. Bei Kafka ist Schreiben laut Tagebuch sogar mehr als Verlebendigung – oder weniger? Schreiben ist »Kampf um die Selbsterhaltung«, und im Sanatorium arbeitete er bis zuletzt an der Publikation seines Buches mit vier Geschichten unter dem Titel »Ein Hungerkünstler«. Die Titelgeschichte schrieb er zu einer Zeit, in der er bereits krank war. Doch nirgends in den Texten Gedanken an Selbsttötung; keine Freitodphantasien. Auch die Hungerkünstlergeschichte ist kaum als Parabel zur Lösung einer existentiellen Lebenskrise durch Selbsttötung zu lesen, wenngleich sie mit dem Tod des Hungerkünstlers endet. Der Hungerkünstler will nicht essen, doch er demonstriert kein asketisches Ideal. Er mag nicht essen und hungert mit Leichtigkeit, weil er die Speise, die ihm schmeckt, nicht gefunden hat. Die Kunst des Hungerkünstlers entspringt also einer Art Appetitlosigkeit, Störung des Austauschs, ist Ausdruck eines tiefen Mißempfindens dem Leben gegenüber, nicht die Performanz eines kalkulierten Verzichts. Und somit ist der unvergleichliche Höhepunkt in der Kunst des Hungerkünstlers nicht ein weiterer Rekord im Wettstreit der Hungerkünstler, sondern sein physischer Tod. Paradoxie von Selbsterhaltung durch Selbstzerstörung. Kunst um den Preis des Lebens, coram publico.

Anders Melvilles scheue Figur des Kanzleischreibers »Bartleby«, der an ihn Herangetragenes zunehmend zurückweist; sanft, aber bestimmt, was in der Formulierung kulminiert: »Ich möchte lieber nicht« – »I would prefer not to«, und der am Ende im Gefängnis auch die Frage nach der Nahrung so beantwortet.

Oder noch anders die Kabiren in Goethes »Faust«, diese merkwürdigen archaischen Göttergestalten, die als »Sehnsuchtsvolle Hungerleider / Nach dem Unerreichlichen« charakterisiert werden und deren Speise, nach der sie sich verzehren, nur transzendenter Art sein kann.

Dagegen reale »Hungerleider«, die den Austausch mit der Welt mehr oder weniger entschlossen und bewußt beendeten. Wie z. B. die antiken Philosophen Anaxagoras, Demonax, Dionysios Metathemenos, Erathonostenes, Kleanthes, die durch Nahrungsmittelentzug, durch Hungern ihrem Leben ein Ende setzten; wie z. B. die französische Philosophin und Mystikerin Simone Weil – Décréation; der RAF-Häftling Holger Meins im fundamentaloppositionellen, politisch motivierten Hungerstreik; die Bulimiekranken, Eßvergessenen, Magersüchtigen, Auslöschungswilligen, Verschwindenden. Christy Henrich. Bahne Rabe. Und die wunderbare Pina Bausch?

Netz-Recherche: Selbsttötung durch Verhungern. In einem Publikums-Forum wird über einen Fall diskutiert, der in Spiegel-Online nachzulesen war: die beklagenswerte Geschichte eines vereinsamten Arbeitslosen, der sich auf einem Jagdhochsitz im Solling zu Tode gehungert und bis dahin mehr als drei Wochen Tagebuch geführt hat. Von Feigheit ist im Forum die Rede. Erschütternd, wie leicht und selbstgerecht die vernichtenden Urteile fallen. Wissen diese Überheblichen, wovon sie sprechen?

Verhangener Horizont; Regen. Keine Spur von Morgenröte.

Schreiben, Anschreiben gegen den Todfeind Tod. Elias Canetti, der sich selbst einen »Todfeind« nannte, war – in der Nachfolge Kafkas – der beharrlichste literarische Vertreter des Programms. War: er lebt nicht mehr. Immerhin lebte Canetti lange und wurde sehr alt, vielleicht nicht zuletzt durch das fokussierende Schreiben lange am Leben erhalten; schrieb, wie man weiß, bis zum allerletzten Tag, bevor er in der Nacht darauf im Schlaf gestorben ist.

Elias Canetti verachtete alle stoisch todesannehmenden, gar suizidalen Haltungen. Wie ein verkündender Sisyphos schmetterte er unaufhörlich, wieder und wieder seine Attacke hervor, und wieder und wieder brach sie in sich zusammen. Sein Todeshaß war eine starke, doch eine stammelnde rhetorische Figur der Empörung. Wie man weiß, hat er irgendwann nicht mehr untersagt, seine Hinterlassenschaft zu regeln, sogar seine Grabstätte auszusuchen. Im jüngeren Alter hatte er von persönlichen Todesahnungen geschrieben. Und am Ende seines Lebens? Blieb ihm letzten Endes die Konfrontation mit dem ultimativen Feind erspart, wurde sie ihm vorenthalten, hat er sie bis zuletzt eigensinnig ignoriert?

Verhangener Horizont, doch im Südosten, über dem Fluß reißen die Wolken auf, und weißliches, pfirsichrosa getöntes Licht bricht hervor. Fenster auf. Ein feuchter, düsterer Morgen. Die Ahornbäume und Erlen sind schon fast kahl. Der Nachtfrost hat die Blätter gelöst, und einige Tage Regen haben das Übrige getan. Wiesen, Rasen und die Uferstreifen sind bedeckt von Laub. Fenster zu. Über dem Fluß, hinter den Bäumen, heller Himmel: Fetzen blaugrauer Wolken, dazwischen perlmuttrosa Streifen; verwoben. Die grüne Wand des Wäldchens und der Uferbäume, die im Sommer den Fluß verdecken, ist an manchen Stellen schütter geworden. Blätter schwimmen auf dem asphaltgrauen Wasser. Hinter der Weide verdichten sich perlmuttweißliches und pfirsichblütenrosa Leuchten zu einem bläulichen Orange, vor dem die Weidenblättchen im Wind flattern. Hinter einer Wolke steigt ein orangerotes Glühen hervor, dessen metallischer Glanz sich wie eine Tröstung über das nasse, leblose Herbstlaub ergießt und es noch einmal aufleuchten läßt: altes Blattgold. Schwungvoll geschäftig fliegt ein Eichelhäher-Pärchen umher, landet mit Eicheln in den weit aufgerissenen Schnäbeln im kahlen Holunderbaum. Dort sitzen die großen Vögel, vornübergebeugt, blau die Spitzen des Gefieders, die Eicheln jetzt zwischen den Krallen, bald gespalten und geschält und eifrig ausgepickt mit spitzen Hieben. Und nach kurzem

Wippen, rastlos und wie in großer Ungeduld, fliegen sie los auf neue
Beute.

Im Traum war der Fluß über die Ufer getreten und hatte den
schmalen Uferstreifen bis zum Sommerdeich überspült. Real kommt
so etwas alle paar Jahre vor und ist völlig gefahrlos. Das Wasser plät-
scherte unbedrohlich zwischen den von den Bäumen gefallenen Blättern, schwappte lange langsam auf und nieder, auf und nieder. Dann
erst eröffnete sich die eigentliche Besonderheit der Überschwem-
mung: das Wasser war nicht von der üblichen bleigrauen Transparenz, es war undurchsichtig, und es war weiß: weiß wie Milch, weiß
wie gesättigtes Kalkwasser. Das Wort »Lauge« überlagerte die Szene,
unausgesprochen, doch akustisch wie ein verhaltenes Klirren; ein
Menetekel. Kurz nach dem Aufstehen löste sich die Frage nach dem
weißen Wasser wie von selbst. Das Waschbecken im Bad hatte am
Abend zuvor getropft und auf den Holzdielen eine Lache erzeugt.
Ein Frottierhandtuch war gefaltet ausgelegt worden und sollte bereits
Heruntergetropftes aufsaugen, um einen Fleck zu verhindern, und
weitere Tropfen auffangen: ein *weißes* Handtuch. Das weiße, milchige
Wasser ist das aufgesaugte Wasser, aber auch das weiße Tuch; eine
Art Schutzwasser.

In »Das Wasser und die Träume« schreibt Gaston Bachelard, daß
alles, was fließt, eine Imagination des Weiblichen ist und Wasser, das
besonders gepriesen, inbrünstig ersehnt wird, zu einer Milch wird,
wie jedes beglückende Getränk, boisson heureuse, zu einer Mutter-
milch wird.

Verhangener Horizont; Regen. Keine Spur von Morgenröte. Graues,
geschlossenes Gewölk. Doch über dem Fluß eine Öffnung, weißliches
Licht tritt hervor, mit einer Tönung Rosa. Eos, blaß, nahezu uner-
kannt, fast übersehen, zeigt sich wie verirrt am nassen Himmel. Die
notorische Frühaufsteherin hätte fast ihren Auftritt verpaßt, es war
kaum ein Durchkommen. Ein bläuliches, verwaschen blasses Herbst-
zeitlosenrosa, kurz davor, absorbiert zu werden vom umgebenden

Hellgraublau-Weiß, erdrückt zu werden von der Schwere des darüber lastenden Regendunstes. Fenster auf. Ein ungewöhnliches Geräusch in der Frühe. In rote Anoraks gehüllte Gestalten ziehen mit knarrenden Ruderschlägen durchs schütter buntblättrige Morgengrauen. Ein Achter mit Steuermann, am Bug eine Stange mit einer ruckenden, bläulichen Lichtkugel. Noch ein paar Wirbel im bleigrauen Wasser, dann ist die Erscheinung verschwunden, vergangen. Doch darin ein Moment absoluter Gegenwärtigkeit, wie in einem Haiku, und aufgehoben über den Moment hinaus. Fenster zu.

Weitgezogene, rauchdunkle Wolken am Osthorizont. Dahinter ein düsterer blauer Himmel, der schon etwas indirektes Licht in sich trägt und sich von den Wolken abhebt. DIE NACHT GEBIERT DEN TAG. Der düstere blaue Himmel färbt sich am unteren Horizont gelb, schimmert grünlich, weiter oben türkis. Tiefer im Süden, hinter dem Wäldchen und über dem Fluß scheint ein hauchzartes Rosenblütenblätterrosa durch das schwarze Geäst der Bäume; spiegelglatt und zinkgrau liegt ihm das Wasser zu Füßen. In das Rosenblütenrosa zieht ein orangerosa Ton ein. Die rauchdunklen Wolken am Horizont lösen sich auf und verteilen sich hellgrau und rauchgrau, fast weiß gestükkelt über den gesamten Himmel. Leichtes Schweben, gruppenweise von Süden nach Norden. Fenster auf. Feuchte milde Luft, subjektiv wahrscheinlich kühler wahrgenommen. Fenster zu.

Es beginnt wieder die Zeit der schnell übergezogenen Weste und der Wollstrümpfe, um vor verstarrtem Rücken, eisigen Füßen, morgendlicher Erkältung am Schreibtisch zu schützen. Hinter dem Wäldchen lastet eine schwere Wolke wie ein dunkler Schatten auf dem Rosenblütenorange, löst sich dann zu einer Schichtung auf, in dem Hell und Dunkel, in dem ein Lichtweiß, ein Orangerosa und ein festes Blau sich großflächig marmoriert miteinander mischen. Es wird heller, einige Partien der Bäume lassen bereits die Farben des Herbstes erkennen, wenn auch noch wie von einem matten Schleier überzogen. Das Rosenrosaorange der Horizontmarmorierung glüht auf wie eine Heizspirale und läßt auch die weiter entfernten Wolken mit erglühen, die auch eine Weile weiter rosa vor dem Hintergrund des hellblauen Himmels schweben, als der Horizont bereits ermattet. Nur noch einige graue Wolken im Süden scheinen rosa auf, vermengen Rosenrosa und Grau zu jener Pulloverfarbe, die elegante ältere Damen so wundervoll kleidet: Rosenholzrosa; Kashmir-Twinset in Rosenholzrosa mit kleinen Perlmuttknöpfchen, wie es Großmutter so gerne trug. Im Geäst der großen Weide gleißt helles Licht, die Sonne tritt in Erscheinung, gefiltert von Tausenden von schwarzsilbern im Wind flatternden Weidenblattfähnchen.

Fenster auf. Verhaltenes Rauschen von der Autobahn, kaum Verkehr auf der Deichstraße in der Sonntagsfrühe. Weiche Luft; nicht so feucht, daß kein Morgenrot aufkäme. Fenster zu. Am Osthorizont wellen taubenblaue Wolken versetzt mit eiscremerosa Schichten hinter dem Wäldchen entlang. Doch nur kurz, und das cremige Rosa wird zu einem cremigen Weiß und verfließt in das Taubenblau der Wolken zu einer kompakten Masse, hinter der lange und hoch die Sonne aufsteigt, bevor sie durch mehrere Schlitze und Filter als nebelverschleierte Mandarine sichtbar wird, in der nach einiger Zeit – Schleier weg – ein mandarinfarbenes Leuchten aufglimmt, über das sich bald erneut ein Schleier legt, ein Filter schiebt. Zähes Ringen des Lichts. Fenster auf. Unentschieden dunstiges Wabern in zerfließendem Rotgold, Weiß und Blau hinter der großen Silberweide. Dann blinkt eine grelle Komponente auf, die den Blick abdrängt, zielsicher nach innen führt. Spanische Reminiszenz: Horizonterleuchtung, Landschaftskontur des ins Meer abfallenden Felsmassivs am Cabo del la Madrugada. Und kein Hotel weit und breit. »Ich mag Dich, Dein Lächeln.« Morgenfeuchtigkeit, Tanggeruch. Der Schmerz der Erinnerung fährt als Stromstoß über die Stirn bis in die Fingerspitzen und den Rücken hinunter. Am Ufer zanken lautstark die Enten. Fenster zu.

Verhangener Horizont; Regen. Keine Spur von Morgenröte. Fenster auf. In regenfreien Phasen schweben Blätter kreisend im Wind, die

Gegend ist bedeckt mit abgefallenem Laub. Blätterherden treiben auf dem Wasser, schwappend sammeln sie sich in Buchten. Blätter, Laub; Blattwerk: das Lebenswerk der Laubbäume. Das noch grüne, gefiederte Laub der Esche beginnt abzusterben, indem sich die oberen Blättchen kräuseln und schwarz werden, als hätte sie die Nähe eines Feuers versengt. Grauer Himmel, graues Licht dämpft die Farben. Doch das Rot wird verstärkt, die Beerenbüschel am blätterlosen, schon kahlen, dunkelastigen Maulbeerbaum an der Deichstraße; mehr noch leuchten die hellroten Beeren im Nadelpelz der Eibe. Fenster zu. Blick aus dem Fenster; notieren, was als Wahrnehmung oder als Gedanke ins Bewußtsein tritt, kurz aufleuchtet, in schwarze Schriftzeichen gepreßt überlebt oder andernfalls spurlos wieder im Orkus des Nichts verschwindet. Regelmäßige Notizen, chronologisch und an kosmischen Geschehnissen entlang, fügen sich zu Protokollen.

Verhangener Horizont; Regen. Keine Spur von Morgenröte.

Im letzten Dialog (»Apologia«) zwischen Sokrates und seinen Sterbebegleitern ist die Rede davon, daß Philosophie heißt: Sterben lernen. In der platonischen Philosophie geht der philosophische Tod dem physischen, dem eigentlichen Tod voraus. Mit dem philosophischen Tod beginnt die maßvolle Lösung der Seele vom Körper der Bedürfnisse und des unreflektierten, automatisch funktionierenden Selbst, ohne ihm wiederum durch Askese eine andere Dominanz zu verleihen; tugendhaftes Leben. Unter den Bedingungen der Unsterblichkeit der Seele ist auch der physische Tod nicht das Ende, sondern eine weitere Stufe in der ewigen Zirkulation. Entsprechend kann sich Sokrates glücklich schätzen, nach dem Tod, an dem anderen Ort, Verstorbene zu treffen, Männer und Frauen, und mit ihnen zu sprechen und Umgang zu haben.

Bewunderung für Uta Ranke-Heinemanns öffentlich bekundete Idée fixe, für ihren bizarren Mut, für ihre »humane Hoffnung«, im Jenseits ihrem geliebten Mann wiederzubegegnen. Sie sucht bei Descartes, nicht bei Platon, nicht bei Montaigne.

Verhangener Horizont. Dunstiger Himmel, grau in Grau. Regen fällt leise trommelnd auf das Schrägfenster. Das Ostfenster ohne einen Tropfen. Draußen alles von einem grauen Schleier überzogen, unbeweglich in Grau erstarrt. Auf der Deichstraße liegt eine graugetigerte Katze, überfahren. Vermutlich eine der Katzen der Gartenbauer-Nachbarn. Keine Spur von Morgenröte. Liegend in einer Zeitschrift lesen, liegend auf dem blauen, kalten Ledersofa, direkt unter dem Schrägfenster; nur wenig Helligkeit trotz hochgeschnelltem Rollo. Regentropfen im Gesicht, wäre nicht die Scheibe dazwischen. Liegend in der Werkausgabe von Thomas Bernhard, in seinen kleinteiligeren Texten blättern, lesen. In dem frühen Text »Amras« die Wörter: Finsternis, Fenster, Turm, Montaigne, Tod. Abtöten durch Schreiben; Schreiben als Selbstmordersatz.

Der letzte Absatz einer späteren Erzählung mit dem Titel »Montaigne«: »Ich las aus meinem Montaigne bei zugemachtem Fensterbalken auf die unsinnigste Weise, weil es ohne künstliches Licht so mühevoll war, bis zu dem Satz: hoffentlich ist ihm nichts zugestoßen! Der Satz war nicht von Montaigne, sondern von den meinigen, die mich, unterhalb des Turmes hin- und hergehend, suchten.« Die rhythmischen, die musikalisch kreisenden Texte ermüden – trotz oder wegen des hohen Erregungsgrades – den liegenden Körper, lassen immer wieder das Buch nach unten sinken. Heben, senken; lesen, schlafen.

Verhangener Horizont. Keine Spur von Morgenröte. Ein Rasseln tönt durch die Landschaft. Maschinen sind unterwegs, das vor einigen Tagen von den Deichhängen gemähte Gras aufzuklauben: gliedrige Ausleger mit langen Schneckengewinden und an deren Ende umlaufende spinnenbeinige Kratzerchen. Wälle von Mahd, gemischt mit Herbstlaub, entlang der Straße. In den kommenden Tagen werden sie langsam, aber mit großem Getöse und unter lebensgefährlichen Verkehrsbehinderungen beseitigt werden: mit einem, an surrealsozialistische Verhältnisse oder an das Prinzip Sisyphos erinnernden, unverhältnismäßigen Aufgebot an neonstreifig-leuchtenden Arbeitern und mit Hilfe verschiedenster, komplizierter Geräte, die die zwischenzeitlich ziemlich zusammengesunkenen, fast unscheinbaren Wälle vom Straßenrand auf die Straße versetzen, breitwalzen, die Spur manuell mit Besen zurechtfegen, halbwegs aufsaugen und den Rest den Deich hinunter wegpusten.

Graublaue Wolkendecke, wellig geschlossen, doch am Osthorizont hinter dem verkahlenden Wäldchen glimmt ein dunkles Orangerot durch das schwankende Geäst, seitlich zum Süden hin in einem bläulichen Eibischblütenrosa auslaufend. Fenster auf. Es ist ein aktiver Morgen, viele Fahrzeuge auf der Deichstraße, Rauschen von der Autobahn; Ruderer mit der Solarlichtkugelstange am Bug ziehen durch die feuchte, graue Frühe. Fenster zu. Die Wolkendecke am Himmel reißt auf. Das Malven- und Eibischrosa, das Guimauve von Gallés Morgenröte-Lampe, unterwandert das dunkle Orangerot, hellt es auf. Doch an einer Stelle, hinter flirrenden Weidenblättchen, hinter den Ästen der Esche und kaum sichtbar, ein glühendes Feld Orangerot, breit auslaufend wie auf einem nassen Aquarellpapier. An der südlichen Seite mischt sich der Eibisch mit Hellblau zu einem breit kalt lächelnden Horizont. Daraus erhebt sich die schwere Glut der Sonne, langsam, wie durch ein verdichtetes Wolkenmeer hindernd bedrängt.

Hell ist der Osthimmel, davor die dunklen Wolken lagern und das schwarze Astwerk der erkahlenden Bäume ragt. Lokale Helligkeit ohne Ausstrahlung, darum herum Düsternis. Fenster auf. Vereinzeltes Piepsen der Vögel. Hinter der Weide, über dem Fluß klafft eine rote Wunde in der Dunkelheit. Geburt des Tages aus der Nacht. Fenster zu. Blutrot, dann Blütenrot, Blütenfarben: Hibiskus, Malve, seitlich nach Süden im Bläulichen des Horizontstreifens auslaufend, Flieder. Die Ästchen mit den wenigen Blättchen flirren im Wind, das Blütenrosa dahinter scheint zu pulsieren, zu tanzen. Fenster auf. Weiter im Süden eröffnet sich eine weitere Blütenwunde, orangerot, in Fliedertönen mit der nordöstlicheren verbunden. Ein weiter Bogen des Horizonts, der sich dann auch noch himmelwärts schichtet; Streifen in Weißrosa, Azurblau, Hibiskusrosa und grellem Pink in gewölbter Staffelung, darunter das bleierne Band des Flusses, in dem sich Silhouetten kleinerer Bäume mit Morgenrot-Hintergrund spiegeln. Fenster zu. Die Staffelung zieht höher, im Fluß eine Lache wie ausgelaufenes Blut. Der Himmel hinter den filigranen Bäumen in zerfließender Schichtung, wie schmelzende Eiscreme; blasser werdende Beeren- und Blütentöne. Im Zentrum dagegen, hinter der Weide, eine Zunahme der Intensität, ein Glanz, der sich aus einem glühenden Orange erhebt. Alles spielt sich in völliger Lautlosigkeit ab, und doch meint man Töne zu hören, vielleicht Geräusche des Umschichtens, Umbrechens, Verschiebens: »Langsam knirschender Morgen«, wie Volker Brauns Gedichtband heißt, der die Titelzeile leider isoliert stehenläßt und in keinem der Gedichte aufnimmt. In Goethes »Faust« verkündet »ungeheures Getöse« das taganbrechende Herannahen der Sonne, Ariels Gesang macht darauf aufmerksam, für den, der Unerhörtes hören kann: »Tönend wird für Geistesohren / Schon der neue Tag geboren.« Faust selbst, beim Aufwachen in einer anmutigen Gegend, hört Naturlaute: der Wald ertönt, die Luft saust und stürmt; ansonsten nur visuelle Phänomene und Augenschmerz. Doch »Geistesohren« hören vielleicht Musik, großes Ankündigungsgetöse nach der Art Richard Strauß, lärmend laut und reich oder aber nur daseiend, nachbarschaftlich nuancierend, leise wandelnd wie bei Ligeti. Oder Gustav Mahlers Achte Symphonie, die Faust-Symphonie, in der er den Kosmos zum Erklingen bringt, in dem Planeten und Sonnen ertönen, wie er in einem Brief an einen Dirigenten schrieb. Mahler hatte die Geistesohren, um Unerhörtes zu erhören und in Hörbares zu transformieren, Töne für das Unbeschreibliche zu finden: Verwandlung von Text in Musik. Johann Wolfgang hatte sich vergeblich eine Oper von Meyerbeer gewünscht.

Raumblitz im Dunkeln.

Verbrennungsgerüche des Kaminofens vom Abend zuvor hängen noch in den Räumen; feuchtes Holz, schlechter Abzug. Fenster auf.

Düsternis mit heller Ferne. Die Finger wollen nicht schreiben. Schwer zu entscheiden, ob sie eher steif sind oder kalt. Oder leer?

Fenster zu. Vom Abend zuvor hängt, neben den Kamingerüchen, auch noch anderes in den Räumen: eine Stimme, Geräusche – Schritte, Knarren von Dielen, Türen – Fetzen eines Hörspiels; die Atmosphäre eines Textes.

»Wenn du zeichnen könntest, würdest du eine Zeichnung machen. Ein paar Striche, das wäre die Zaunreihe. Ein paar weitere Striche, das wären die Äste des Pflaumenbaums. Aber weil du nicht zeichnen kannst, machst du keine Zeichnung. Und wenn du im Konjunktiv sprichst, sprichst du von dem, was nicht wirklich ist.

Läßt du das Fenster jetzt offen, oder machst du das Fenster zu?

Jedenfalls bist du im Haus geblieben und nicht fortgeflogen zum Fenster hinaus ... irgendwo mal gelesen, wie jemand durch das Fenster geht hinaus in den Raum zum Fliegen ... oder war es ein Traum? Tut der Mensch, was er träumt, kann er dabei ganz schön auf die Nase fallen.

Wenn man auf die Frage, ob man das Fenster offenstehen läßt oder ob man es schließt, keine Antwort hat, bleibt das Fenster eben offenstehen. Frische Luft strömt herein. Aufgeräumt werden muß der Tisch. Die Tischplatte muß leer sein, leer wie einst, als du angefangen hast den Tisch zu benutzen. Als der Tisch ein neuer Tisch war, ein vom Tischler neu angefertigter Tisch, nach deinen Maßgaben, nach deinen Entwürfen. Ein Tisch für die Zukunft, für die Möglichkeiten, die Hoffnung. Ein Tisch, von dem alle Perspektiven ausgehen, die Ausblicke in alle Richtungen.«

Ein dünner Glühfaden am Horizont. Roter Schlitz, flaches feuriges Züngeln; feuriges Züngeln, ohne kleinste Veränderung, dann schiebt sich daraus – zuckt, ruckt, rotgoldglühend – die Sonnenscheibe hervor.

Gestern abend ein ungewöhnlicher Sonnenuntergang entsprechend dem ungewöhnlichen Sonnenaufgang des Morgens: weiter Horizont – Süden über Südwest bis Nordwest – intensiv in den Farben wie Fruchtsaft, schichtweise ausgegossen und illuminiert – Zitronengelb, Orangerot, Blaubeerenblau – und sehr lange andauernd. Die Stunde der ersten Cocktails auf den Dächern von San Francisco, die damals merkwürdigerweise »California Sunrise« hießen, nicht »California Sundown«. Mit angehaltenem Atem beim Nachmittagstee lange im halbdunklen Küchen-Salon unbeweglich aus den Fenstern gestarrt, von Schönheit ergriffen; ohne schreiben zu müssen.

Verhangener Horizont. Keine Spur von Morgenröte.
       Schreiben gegen den Tod. Oder schreibend den Tod vorbereiten: Rückzug, Abschied; Testament; Vermächtnis. Mit der Hand auf der Tastatur? Mit der Hand, mit dem Füllfederhalter oder dem Bleistift? Wer das Schreibpathos liebt, wählt Stilographica AURORA 533, ansonsten schlicht ein Schreibprogramm.

Verhangener Horizont. Keine Spur von Morgenröte.
       Vase auf dem Schreibtisch enthält Stengel mit cremerosa Rosenknospen aus dem Garten von einem Strauch ohne Namen, der im Sommer wunderbar präzise, wie aus einer ingenieurhaft konstruierten Spiraldrehung entstandene pinkfarbene Blüten – wenn auch ohne Duft – hervorbringt. Ob die späten Knospen noch erblühen und ergrellen werden? Nachts waren sie schon dem Frost ausgesetzt.

Malvenrosa am Südosthorizont, Malvenrosa, das über dem kleinwelligen Fluß durch die ausgelichteten Bäume schimmert. Ein verquollener Streifen Malvenrosa zwischen düsteren blauen Wolken, in deren Blau etwas Grelles, Gefährliches lauert. Fenster auf. Ein Sausen hängt in den Bäumen und über dem Land hinter dem Fluß. Das Sausen scheint sich vor allem im Süden aufzuhalten. Fenster zu. Am Horizont teilt sich der verquollene Streifen des Malvenrosa in Schichten und zieht den Himmel hoch, dazwischen Partien der grellblauen, aber noch lichtlosen Wolken. Das orangegetönte Malvenrosa nimmt Blau von den grellen Wolken, wird Hibiskusrosa. Die Schichtung wird höher und breiter, läuft nach Süden und weit nach Norden aus, wohin die Wolken mit großer Geschwindigkeit ziehen. Fenster auf. Brausen aus dem Süden, woher der Wind kommt. Fenster zu. Der gesamte Himmel im Osten ist mit kaltem Azurblau und hellem Hibiskusrosa geschichtet überzogen. Die – bis auf die Esche und den Zierapfel nahezu blattlosen – Bäume biegen sich im Wind. Die vor einer Woche ganz plötzlich braungewordene, große Eiche im Süden am Fluß verliert innerhalb weniger Tage fast alle ihre Blätter, die weit über das Grundstück hinausfliegen und durch die ungeheuere Masse alles in der Umgebung mit einem Teppich abgestorbenen Laubs bedecken. Der bunte, der pittoreske Herbst ist vorbei, die Zeit der Herbststürme beginnt. Aus der großen Azurblau- und Hibiskusrosa-Schichtung am Osthimmel verliert sich alle Intensität, die sich nur noch an einem Punkt hinter der großen Wiese konzentriert. Dort wird das Rosa von einem Orangerot überlagert, das konturenlos wabernd wie glühende Lava hinter dem Horizont hochkriecht. Der Sonnenaufgangsort ist schon wieder so weit im Süden, daß er nur von einem bis an die Wand vor das Regal zurückgefahrenen Schreibtischstuhl aus in den Blick fällt. Oder ans Fenster treten. Das Hibiskusrosa mit dem zentralen Orangeglühen scheint sich gegen die azurblaue Wolkenschicht anzustemmen, die in einem Bogen darüberliegt. Dann tritt Gelbgold über dem Bogen aus, und der Bogen wird weiter, flacht ab, als wäre Spannung entwichen. Der Wind rüttelt am Dach, pfeift um die Ecken, das Brausen nimmt zu, steigert sich zu einem Grollen, der Fluß wellt höher. Blätter werden gegen das Schrägfenster gepeitscht. Sonnenaufgang in Schichten, Schlitzen, ohne Kontur. Dann bleibt die Sonne hinter Wolken verschwunden. Verhangener Horizont mit sahnigem, hellrosa Hintergrund.

Ruhige Dämmerung. Dunstiger Horizont. Tiefe, rauchblaue Wolken, die unter geschlossener, hellgrauer Wolkendecke von Südwesten nach Nordosten ziehen. Schwarze, nur leicht schwankende, kahl gefegte Bäume. Der Sturm ist vorbei. Sogar der Zierapfel ist weitgehend entlaubt, die gelb-grünen Früchtchen hängen ungeschützt im Wind; frierend. Dunstiger Horizont, an dem sich hinter der Weide – unerwarteterweise – spät doch noch ein kleiner malvenrosa Schimmer zeigt, gerade mal ein hastiger, kosmischer Pinselstrich, der gleich wieder zu einem ephemeren Rosenblütenrosa verblaßt und im Graublaumorgendunst ausdünnt.

Das Leitungswasser ist kalt geworden, und das erste Glas am Morgen mit der halben Tablette liegt wie ein Eisklumpen im noch schlafwarmen Leib des dauermüden Menschen. Computer ein. Fenster auf. In der Dämmerung sind schon Ruderer unterwegs; wieder der Achter mit; und kurz darauf ein weiterer, die blaue Lichtkugel erhöht über dem Bug leuchtet flackernd, springend zwischen den Uferbäumen und begleitet das Geräusch der Ruderschläge. Wer rudert so früh durch den Morgen? Der Horizont wird hell, der dunkle Fluß in der dunklen Gegend glänzt auf. Wolkenloser Himmel, fast kein Wind. Ein Rotkehlchen, schattenhaft huschende Gestalt, beweglich, fast nur am orangefarbig leuchtenden Lätzchen zu erkennen, hüpft auf einem kegeligen Haufen umher; Kaminholz für zwei Monate, vor einigen Tagen neben dem Parkplatz unter der Eibe abgekippt. Fenster zu. Im Quecksilberspiegel des Flusses vervielfältigt die erkalten Büsche, Bäume. Der Blick auf das Wasser und darüber hinweg ist wieder durchlässig, wieder weit geworden: der herbstgrüne Deich, die matten Wiesen, das abgeerntete, umgepflügte Maisfeld, dazwischen die großen Baum-Solitäre und Gehölzgruppen. Am Horizont die gleichmäßige Busch- und Baumreihe, der Saum des Endlichen, hinter dem Aurora-Eos mal mehr, mal weniger aufblinkend einherwandelt und Helios sich anlehnt, abstützt, hochstößt. Doch heute hinter dem Wäldchen, hinter der Weide wieder nur dunstiger Horizont. Noch eine verspätete Morgenröte zu erwarten? Der Horizont hellt auf, der Horizont sprenkelt Lichtpunkte. Keine Morgenröte. Aus dem Dunst erhebt sich eine milchigblass-rosagelbe, kreisrunde Scheibe, die hinter der Weide gespenstisch über dem grauen Horizont steigt und hängt und steigt und hängt und das Milchige zugunsten eines grellgelb Glühenden, kalt Glänzenden verliert. Spiegelblenden auf den Wassern, Weißglutkeil. Desiderat Aurora. Heller Tag, grell; ein Tag, um noch einmal Ligusterhecken in Form zu schneiden, die das Grundstück im Westen und Nordwesten umfrieden und einen gefaßten Eindruck hinterlassen sollten.

Verhangener Horizont; Dunst. Keine Spur von Morgenröte.

Verhangener Horizont; Regen. Keine Spur von Morgenröte.

Verhangener Horizont. Brausen, Rollen, Sturmheulen; Klappern am Haus. Fenster auf. Kein Winddruck. Südwestwind. Tiefhängende Wolken ziehen nach Nordosten, wattige Streifenformationen, Grau in grau. Dunkle Bäume, bewegt. Die letzten Blätter an der Esche hängen wie Wimpel im Wind, waagerecht vibrierend, graugrün. Fenster zu.

   Die nachmittäglichen, frühen Sonnenuntergänge, nachdem sich der Morgen vom Dunst und vom Grau erholt hat und der Tag teilweise sonnig ist, präsentieren sich glanzvoll und mit überwältigender Intensität. Morgens dagegen: keine Zeichen von Eos und Aurora, keine Spur von Morgenröte. Der Sonnenaufgang um acht Uhr hinter grauem Gewölk unsichtbar.

   Zwei der cremerosa Rosenknospen beginnen sich zu öffnen. Die äußeren Blütenblätter haben unter der Kälte gelitten, sind verbeult, verdickt, gleichsam frostbeulenverdickt, ausgefranst, doch farblich reizvoll mit dunkelroten Partien, cremerosa Streifen und Zwickeln, die das Grün von unten und das unglaublich vitalgrelle Pink der Spitze durchqueren. Aus den kleinen, schon von den Nachtfrösten benagten Knospen auf den dünnen, hakeligen Stengeln erwachsen keine imposanten Blüten, aber robuste Widerstände des Zarten, die dem Vergehen trotzen. Der Charme erschöpfter Präsenz.

Verhangener Horizont. Sturmhimmel; zerfetzte Wolken am Horizont, aber keine Spur von Morgenröte. Auch die Esche ist inzwischen kahl, und die im Sommer darunter gepflanzte Rose Paul's Himalayan Musk kommt zum Vorschein. Sie ist kaum gewachsen. Die Bäume, die sie beklettern sollte, bewarfen sie mit zuviel Schatten. Fenster auf. Spinnenfäden. Fenster zu.

Verhangener Horizont. Sturmhimmel. Keine Spur von Morgenröte.
Fast alle Uhren im Haus stehen still. Leere Batterien werden nicht mehr ersetzt; die alte Familien-Uhr wird schon lange nicht mehr aufgezogen; ihr Laufwerk, ihr leise hallendes Ticken ist schon vor Monaten verstummt. Jede der Uhren erstarrte zu einem anderen Zeitpunkt; jede Uhr hatte ihre eigene Zeit, zu der sie abgelaufen war. In den verschiedenen Räumen und an verschiedenen Stellen – an der Wand im Küchen-Salon, im oberen Bad, auf der Balustrade im grünen Bad, in der Bibliothek, im Büro und im Vestibül in der unteren Etage, auf dem Nachttisch, auf dem Schreibtisch, auf dem Regal, in der hohen Nische über der Treppe – zeigen die Uhren eine andere, eigene Zeit oder vielmehr keine Zeit an. Melancholischer Relativismus.

Aufgerissener Horizont. Das immer noch leicht schwankende Wäldchen mit einem tiefblauen Streifen hinterlegt, der sich gegen Süden
spaltet und aus dem matt Rosacremiges austritt. Große Ansamm-
lungen von Krähen am Himmel. Die Einzelgänger treffen sich, um
gemeinsam im Wind zu spielen. Der Fluß liegt wie Blei in seinem
gebogenen Flußbett: mattgrau, zäh, schrundig. Das Tiefblau hinter
dem Wäldchen hebt sich, darunter zieht das Spaltrosa aus dem Süden
ein. Die Vögel wieder sichtbar, wenn sie in den nackten Bäumen
sitzen. Eintrübung mit dem Hellerwerden. Über dem Horizont im
Südosten öffnet sich das Tiefblau zu einem Doppellichthof, erleuchtet
von einem wäßrigen, orangerosa Glanzgelee, und schließt gleich wieder. Etwas höher öffnet sich erneut ein Lichthof, gibt einen Spaltbreit
Goldglanz frei und schließt wieder. Hinter dem Tiefblau hervor ein
Licht zum Himmel, das die Wolken bestrahlt. Dann plötzlich die volle
Sonnenscheibe, kaltweißglühend; der Tiefblaustreifen verschwunden,
hinweggestrahlt; das schrundige Blei im Flußbett geschmeidig wel-
lend, silbergrau schimmernd. Der Graureiher hat wieder seine Flug-
bahn aufgenommen: vormittags über den Fluß, nachmittags zurück;
mit elegantem Halsbogen, die Schopffedern flattern im Wind.

Ein zartes Violett, wie die Blütenblätter der Herbstzeitlose, liegt über
dem unruhigen Osthorizont, schimmert durch das Schwarzgeäst des
Wäldchens, spiegelt sich im Grau an der Flußbiegung. Fenster auf.
Milde Feuchtluft. Viele der grünen Zieräpfelchen liegen am Boden,
ohne reif und gelb geworden zu sein. Dem Sturm der letzten Tage
und Nächte konnten sie nicht standhalten. Fenster zu. Die Herbstzeitlosen baden in lichten Blautönen, und alles scheint stillzustehen.
Eine kleine Ewigkeit breitet sich aus, bis ein ratterndes Baufahrzeug
die Illusion zunichte macht. Der violette Schimmer zieht sich weit
nach Nordosten zurück und geht dann allmählich in dem streifig
gewordenen lichten Blau auf. Dort, wo die Sonne aufgehen sollte,
ist der Himmel graublau verhangen.

Wochenendreise ohne Ausblick aus einem Fenster, ohne Anblick der Morgenröte, die vermutlich doch vergeblich hätte auf sich warten lassen. »Bis bald«, heißt es beim Abschiednehmen, und niemand ahnt die Hintergedanken an Sokrates und den anderen Ort des Wiedersehens.

Fenster auf. Graublaue Dämmerung. Unruhiger Morgen: viel Verkehr auf der Deichstraße, Rauschen von der Autobahn. Die Woche beginnt, der Monat geht dem Ende zu. Am Horizont hinter dem Wäldchen Lichter beleuchteter Häuser, Autoscheinwerfer, keine Morgenröte. Fenster zu. Verhangener Horizont; langsame Erhellung ins Graue, ohne sichtbaren Sonnenaufgang, angekündigt für 8.12 Uhr.

Die Rosenblüten in der Vase haben nicht genügend Energie, um völlig aufzublühen, sich völlig zu entfalten; sie erschlaffen schon vorher. Die dritte der Rosenknospen öffnet sich überhaupt nicht, läßt das kleine Köpfchen hängen; geendet, ohne Entfaltung.

Vorgestern wäre Claude Lévi-Strauss einhundertundein Jahr alt geworden. Am Anfang des Monats ist er gestorben; wie man vermuten könnte, gut gereift und höchst entfaltet. Doch einen Wunsch hat er sich nicht erfüllt: einen Roman zu schreiben. Oder wird sich etwas im Nachlaß finden?

Wie vielleicht bei Roland Barthes, der vor seinem Unfalltod mit fünfundsechzig Jahren immerhin die theoretischen Vorbereitungen zu seinem geplanten Roman »Vita Nuova« begonnen hatte. Der Roman seines neuen Lebens sollte Schreiben und Leben vereinen.

DEZEMBER

Fenster auf. Der Monat beginnt mit einem Gipfel an grauer Indifferenz. Nicht einmal ein winziger Gegenakkord in Rosenrosa oder Hibiskus oder Malve oder Hyazinthe oder Herbstzeitlose. Graublauer, feuchter Dunst. Fenster zu. Keine Spur von Morgenröte.

Fenster auf. Kalte Luft. Alles mit Rauhreif überzogen, von dichtem Nebel umhüllt. Unbewegliche, schwarze Baumsilhouetten, dahinter Nichts. Etwas tiefer im Nichts leuchten Straßenlaternen, von noch tiefer aus dem Nichts dringen Scheinwerfer. Sonst nichts. Fenster zu. Der rauchgraue Nebel hellt auf, wird diesig weiß. Unter den Eiskristallen des Rauhreifüberzugs leuchten die Grasbüschel grellgrün. Keine Spur von Morgenröte. Später die Sonne; kaltdiffuse Helligkeit wie hinter einer Milchglasscheibe.

Feuchtkalt, ohne wirklich kalt zu sein. Im Wetterbericht gibt es für dieses Phänomen seit einiger Zeit eine Empfindungs-Kategorie, die des subjektiven Wetters. Reverenz an die sinnliche Irrtumskompetenz. Dunstiger Horizont, ohne Morgenröte.

Vor Tagesanbruch sind wieder die Sportboote unterwegs; zu erkennen an den Geräuschen der rhythmischen Ruderschläge und an der bläulichen Solarlichtkugel über dem Bug, die über dem Wasser durch die Dunkelheit geistert und zwischen den Bäumen blitzt, kullert, verschwindet. Die Düsternis des Morgens geht über in dunstiges, statuarisches Grau. Draußen die Welt wie angehaltenes, schweres Atmen. Keine Morgenröte.

Ein helles Rostrot hebt sich aus der Dunkelheit des Horizonts, zieht sich im Osten bis in den Süden hinter dem schwarzen Wäldchen und der großen Weide entlang, spiegelt sich in der Biegung des Flusses, der silbrig bis stahlbau in der Morgendämmerung leuchtet. Gegen den von Wolkenstreifen bedeckten Himmel hin verdünnt sich das helle Cortenstahl-Rostrot in ein Orangerosa und ein lichtes Cremeweiß, das im hellen Graublau versickert. Hoch oben eine luftig lockere, lockige graue Wolkendecke, die zügig vom Südwesten nach Nordosten schiebt.

Fenster auf. Die Spiegeloberfläche des Flusses kräuselt sich ein wenig, doch meist liegt sie völlig ruhig und glatt und verdoppelt ihre Umgebung von Astwerk zu Astwerk, gekreuzt. Das Rostige am Horizont lichtet sich, wandelt sich in ein helles Rosa, in ein leicht bläuliches, seifiges Hyazinthblütenrosa, das kurz einmal an einigen hohen graublauen Wolkenlocken aufscheint, reflektiert und wieder erlischt. Dann bleibt der Wolkennachschub aus, nur einige einzelne, weiße Fetzen hängen am klaren Himmel. Im Südosten zieht das Rosa bis in den Süden in die blauen Wolkenstreifen ein, baut schichtweise zunehmend hoch hinauf und erglüht. Weite rosa Partien breiten sich im stahlblauen, spiegelglatten Fluß aus und laufen am Ufer entlang, und das Rosa erglüht auch dort, wenn auch weniger feurig; gelöschter, beherrschter. Fenster zu. Auch die Unterseiten der nach Osten abgezogenen, graublauen Wolkenlocken und die weißen Fetzen erglühen. Die Göttin der Morgenröte zieht alle Eos- und Aurora-Register. Dann wieder Wolkennachschub aus Südwesten, der in das blaubeschichtete Rosaglühen hineinzieht und das Leuchten dämpft, das Strahlen mattiert. Doch noch ist er nicht da angekommen, wo das Zentrum alles Leuchtens und Strahlens und Erglühens sich langsam und unverstellt am Horizont zeigt. Eine Wölbung roter Glut hebt sich aus dem dunklen Saum der Bäume und hängt dann wie eine lavadurchtränkte Orangenscheibe am Zweig der Weide und verbietet weiteres Orten.

Durch die Südfenster im Zimmer nebenan fällt der Widerschein auf die weiße Wand über dem Lesesessel und belegt die Räume mit einem erkalteten rosa Schimmer. Einatmen. Ausatmen. Einatmen. Was für ein Licht! Welch ein Duft!

Feuchtkalt, ohne wirklich kalt zu sein. Fenster auf. Die Ruder-
boote werden begleitet von einem Motorboot mit Trainer, der über
das Megaphon stilkritische Kommentare in die sonntagfrühmorgend-
liche Stille meckert. Fenster zu. Dann ist wieder Ruhe. Der Schreibtischstuhl rückt an den Schreibtisch, rückt wieder ab und hin und
her. Dunstig, ohne Morgenröte. Senza po'. Blick aus dem Fenster. Der
Schreibtischstuhl rückt an den Schreibtisch: Finger auf die Tasten! Es
gibt nichts zu schreiben. Finger auf den Tasten, eingeschlafen. Finger
auf den Tasten, unruhig, wachgerüttelt. Ohne Schreiben kein Text.
Ohne Textwollen kein Schreiben. Doch Schreibdurst und Texthunger
lassen nach und nach nach.

Dunstig. Dunstig, ohne Morgenröte. Erhellung ohne sichtbaren
Sonnenaufgang. Das Eos-Jahr, das Aurora-Jahr, das Jahr der Morgenröten geht dem Ende zu. Die Tage sind gezählt.

Wolkenloser, etwas dunstiger, graublauer Horizont mit dem Schim-
mer von Herbstzeitlosen. Blassrosa, blassvioletter Schimmer, Perl-
mutthelligkeit. Anhalten, Stillstand im Umbruch. Ein Moment un-
beweglicher Zeitlosigkeit wie in einer Fotografie, matte Farben in
Grautönen. Dann ziehen schwarze Krähen hindurch; Schatten mit
Schweif. Auch Wind auf dem Wasser verrät Bewegung, den Lauf der
Zeit, das Verrinnen, das immerwährende Vergehen. Kleine weiße
Wölkchen hoch am Himmel schweben rosa. Die lange Stunde des
Übergangs, des Anbruchs. Aus dem graugriesigen Dunst am Horizont
steigt eine blasse orangegelbe Scheibe, die zunehmend erglänzt.

Den Tod als Faktum zu akzeptieren, hat Michel de Montaigne
in seinen Essais dazu veranlaßt, nach Tröstungen zu suchen. Eine
davon ist die, daß wir nach dem Tod nichts versäumen. »Und wenn
ihr einen Tag gelebt habt, habt ihr alles gesehen. Ein Tag ist gleich
allen Tagen. Es gibt kein anderes Licht und keine andre Nacht. Diese
Sonne, dieser Mond, diese Sterne, dieses ganze Weltgefüge ist dasselbe,
an dem schon eure Vorfahren ihre Freude hatten und das eure Nach-
fahren noch bestaunen werden.« Doch wir Heutigen können nicht

mehr in aller Ruhe wie Montaigne zu seiner Zeit davon ausgehen, daß die Welt unbeschadet weiterlebt wie eh und je. Insofern hat nicht nur der Tod etwas Beunruhigendes; beunruhigend ist der zukünftige Zustand der Welt – unserer Umwelt, unserer Zivilisation. Wird das Licht so bleiben, die Nacht, die Morgenröte? Wie werden die Flüsse sein, die Bäume? Wie werden die Tiere sein oder die Bakterien; wie die Wörter, das Denken, die Informationen, die Poesie, die Regierungen? Beunruhigend die Frage, der man sich entzieht: hat unser Handeln global unumkehrbare Folgen; sind wir für die Zerstörungen verantwortlich? Die westliche Industriegesellschaft, eingetreten ins Anthropozän? Oder nur ein winziges Humanum vor einem planetarischen Horizont? Sich selbst relativierend, auftretend mit demütiger Verwunderung, gepaart mit wehrhafter Ignoranz; wie kann das sein: Erderwärmung, Klimaveränderung, Ozonloch, Luftverschmutzung; Gletscherschmelze, Verwüstung, Wassernot, Plastikvermüllung, Anhebung des Meeresspiegels?

Heute wird die lang erwartete und mit großen Hoffnungen verbundene zehntägige UN-Klimakonferenz in Kopenhagen eröffnet. Aber schon vor der Eröffnung gilt die Konferenz als gescheitert. Es geht um die Zukunft der Menschheit. Doch diese Formulierung hält ein Teil der Teilnehmer bereits für eine maßlose Übertreibung. Ein Problem ist, daß es um die Zukunft geht, die niemand der Beteiligten mehr erleben wird. Prinzip: nach mir die Sintflut. Und die, die Vorteile aus dem System ziehen und noch nicht unmittelbar betroffen sind, werden weiter handeln wie bisher.

Verhangener Horizont; Regen. Keine Spur von Morgenröte. Am Himmel die großen Vogelzeichen der Graugansschwärme, die aus dem Osten kommen und über den Winter das eisige Kontinentalklima gegen das milde Seeklima am holländischen Ijsselmeer austauschen. In ihrem Gefolge wird bald der kalte Winter eintreffen. Vögel sind die geborenen Reisenden, Vorbilder der saisonalen Touristen; Überwinterungstouristen. Auch das Massenhafte ist ihnen eigen, das

Plagenhafte zuweilen; ortsbedingt. Individualreisende dagegen sind keine Vögel oder Vogelschwärme; eher mehr oder weniger getarnte Raubkatzen oder unterschwellig einwandernde Ratten.

Herta Müllers Literaturnobelpreisrede ist ein poetischer Text über das Taschentuch in dürftigen Zeiten. Kein Symbolismus; das Taschentuch ist ein Objekt aus der realen Welt der jungen Herta und ein Träger starker Gefühle.

Die iranische Opposition hat eine Massenkundgebung wieder zu Protesten gegen die Regierung genutzt. Am »Tag des Studenten« gab es Demonstrationen auf dem Campus der Teheraner Universität. Das niederländische Parlament hat beschlossen, die Regierung in Den Haag darauf zu verpflichten, sich in der EU für die Aufnahme der Revolutionsgarden Pasdaran in die Liste terroristischer Organisationen einzusetzen.

Die Welt scheint mit einem schmutziggrauen Nebel aufgefüllt bis weit oben. Der Horizont verschwindet, wie alles andere, im grauen Dunst. Nur hoch am Himmel, hoch über Dunst und Nebel, erglimmt ein Kondensstreifen in reinstem Morgenrötenrosa, rast wie gebremst vorwärts, bildet eine Spitze und sticht und sticht, weiter und weiter ziehend, eine pinkrosa Spur hinter sich herziehend, in den Südhimmel; zerfällt dann in dampfflockiges Weiß. Es geschieht und es bedeutet nichts, natürlich nicht.

Natürlich! Was für eine Aussage; alltagssprachliche Evidenz. Es müßte eine Erörterung – ein Diskurs – oder ein Versuch – ein Essai – zur Klärung der Frage unternommen werden, was das Wort, die Interjektion »natürlich« semantisch bezeichnen oder aussagen könnte. Gibt es eine Akademie der Sprache, die für solch einen Auftrag an alle Denkenden, Schreibenden, Redenden zuständig zeichnet?

Der Weltklimagipfel bekommt ein Signal aus den USA: die amerikanische Umweltbehörde erklärt das Treibhausgas Kohlendioxid (CO_2) für gesundheitsschädlich und kann eigenständig Maßnahmen ergreifen, auch wenn der Senat einen Gesetzesantrag ablehnt.

Verhangener Horizont; Regen. Keine Spur von Morgenröte. Ein Tag, der im Dämmerungszustand verbleiben wird. Ein riesiger Schwarm Rabenvögel kommt aus dem Westen, wohin er – seit es kalt geworden ist – jeden Nachmittag zurückfliegt, mit lauten Piepsen und leisem Krächzen. Ein riesiger, nicht enden wollender, ein unruhiger Schwarm, ohne Anzeichen von Formation; eine unübersehbare Versammlung knarziger Einzelgänger.

Fast zweihundert Mitgliedstaaten der Vereinten Nationen ringen um ein neues Klimaprotokoll, das ab 2013 das Kyoto-Protokoll fortschreiben bzw. ablösen soll. Ein Kampf zwischen Industrie- und Schwellenländern. Für Dennis Meadows ist die Konferenz ein Täuschungsmanöver, um möglichst wenig zu tun, statt möglichst viel. Wie seinerzeit Günther Anders (»Die Antiquiertheit des Menschen«) in Hinblick auf die Atomtechnologie, so fürchtet Meadows in Hinblick auf die Umweltzerstörung, daß nur große Katastrophen, die viele Menschen nicht nur in den armen Ländern empfindlich treffen werden, eine Bewußtseinsveränderung bewirken.

Verhangener Horizont. Regnerisch-feucht. Tiefhängende Wolken. Keine Spur von Morgenröte. Wieder einer der feucht-milderen, aber grauen Wintertage, an denen selbst mittags im Sessel am Südfenster kaum ohne künstliches Licht zu lesen ist. Wieder einer der lichtarmen Wintertage, die glauben machen, alles versinke hoffnungs- und rettungslos, wenn auch weich, in grauer Watte. Luxus-Untergang, kommod. Sogar die ausgleichenden, nachmittäglichen Sonnenuntergänge bleiben seit Tagen aus.

Der Präsident der USA Barack Obama nahm in Oslo den Friedensnobelpreis entgegen. Und sprach über die Notwendigkeit von militärischen Interventionen – die allerdings müssen moralisch gerechtfertigt sein.

Die Verleihung ist eine Antizipation, manifestiert zweifellos eine Erwartung.

Der verhangene dunkelblaue Himmel reißt auf. Aus einem kleinen Riß über dem Osthorizont sickert weißes, dann weißrosa Licht. Riesige Vogelschwärme, sich trennend, dann wieder zusammenfügend, ziehen über das Haus. Immer wieder kommt noch ein weiterer Schwarm hinzu; sich wirbelnd verdichtend, dann wieder lösend lockernd und schnell vorwärtsstoßend. Eine großräumige, eine auf gleichmäßiger Amplitude piepend dringende Animalität erfüllt die Luft. Der Riß in den Wolken schließt sich wieder; wie ein zusammengepreßter, lippenloser Mund. Später wieder Öffnungen, Spalten, Risse, die helles Licht versenden und den Blick auf azurblaue Höfe freigeben. Freundliches Licht nimmt dem Grau der letzten Tage etwas von seiner bedrückenden Meteora-Macht. Vielleicht ein Tag, um wieder einmal den Garten zu betreten, um die an den Zweigen gefriergetrockneten, letzten Rosenblüten zu bewundern oder den purpur-leuchtenden, frosttrotzenden Stengeln des Roten Mangold Reverenz zu erweisen.

Wie eine Klangwolke zieht der schwarze Vogelschwarm in der Dämmerung über das Haus; dann wieder Stille. Im Osten ein langer Schlitz, aus dem sirupartig zäh orangerotes Licht dringt. Der Schlitz öffnet sich, dehnt sich nach Süden aus, und das darin heller werdende Licht – rosenblätter-rosa, hyazinthrosa – verbreitet eine atmosphärische Wärme hinter dem kahlen Gestrüpp der schwarzen Bäume unter dem graublauen, kalten Himmel. Graurosa liegt das Licht auf dem blinddunklen Spiegel des Flusses an der Biegung hinter dem Wäldchen. In der Nacht hat es zum ersten Mal geschneit. Wenig Schnee liegt auf dem Reetdach des Gartenbau-Nachbarn und zwischen den Grasbüscheln in der Wiese. Fenster auf. Feuchte Kälte fällt in den Raum. Fenster zu. Der Schlitz über dem Horizont öffnet sich mehr, und aus dem sich verdünnenden Rosa steigt weißliches Licht auf und scheint den Schlitz nach oben weiter auseinanderzutreiben. Ein farbintensives Winteraquarell in Dunkelblau, Rosa und Weiß zieht sich den Osthorizont entlang. Das Dunkelbau unter dem Schlitz hellt auf, wird zu einem kalten, kristallinen Spinellblau, versilberrötet den

grauen Spiegel des Flusses. Der gesamte Horizont zerfließt in ein hellblau graues Grau, in Weißblau, doch die kleinen weißen Wolken am
Himmel erglühen in einem grellen Rosa und schwimmen lange wie
Objekte eines Paralleluniversums zwischen dem gespiegelten Geäst auf
der glatten Oberfläche des Wassers. Am Himmel kämpfen Grau und
Dunst mit Licht und Klarheit. Sonnenstrahlen brechen durch und
glitzern in den zitternden Tropfen, die Glasperlen gleich aufgereiht an
den Zeigen schwingen und im Laufe des hellen Morgens trocknen.

Schnee auf dem Schrägfenster. In der Nacht hat es wieder etwas
geschneit. Fenster auf. Dunstig-graue Dämmerung. Eine dünne,
weißgraue Schicht liegt auf allen trockenen, kalten Flächen und verstärkt die Befürchtung, daß es heute – nach dem gestrigen, sonnigen
Ausnahmetag – wieder nicht richtig hell werden wird.

Es geht weiter ins Dunkle. Doch die kürzesten Tage – mit den
spätesten Morgenröten und Sonnenaufgängen und den frühesten
Sonnenuntergängen – stehen noch bevor. Die Straßenlaternen erlöschen. Der allmorgendliche, große Vogelschwarm zieht wie eine
Schallwelle durch die Lüfte, von Südwesten kommend, nach Nordosten fliegend; löst sich in kleinere Einzelschwärme auf, die sich verdichten und ausbreiten, verwirbeln oder flächig fliegen. Ein kleinerer
Schwarmableger läßt sich auf einem großen Strommast in der Ferne
nieder, ein anderer startet. Anthrazitfarben steht er im hellen Morgengrau, umrundet von einer diffusen Spirale der An- und Abfliegenden.
Fenster zu.

Verhangener Horizont. Keine Spur von Morgenröte.

Fenster auf. Düster und kalt. Aber ein früher, wunderbarer Streifen dunklen Blutoranges liegt unter schweren, massiven Schichten fast schwarzen und mittleren Blaus am südlichen Südosthorizont, parallel zum Fluß. Die Gewächshäuser jenseits der Deichstraße und die Wiesen auf der anderen Seite jenseits des Flusses sind mit einer weißgrauen Reifschicht überzogen. Eisiges liegt in der Luft. Fenster zu. Das Blutorange versucht, in die oberen Regionen durchzudringen und schimmert als schwacher Streifen zwischen den blauen Schichten; dann ziehen auch weißliche Streifen ein, und das Blutorange der Basis wird zu einem helleren Hibiskusrosa, das seitlich in blassen Rosatönen ausläuft, aber an einer winzigen Stelle zu einer feurigen Konzentration findet und in die Höhe steigt. Leuchtender, lodernder Eibisch, umgeben von Hyazinth- und Fliedertönen. Das dunkle, noch der Nacht verhaftete Unterweltsaquarell hat sich in ein lichtes, kaltes Tagesanbruchsaquarell gewandelt. Die massiven, drückenden Schichten sind in helle Streifen aufgelöst, durchlässig geworden und von glutvollen Blütentönen durchdrungen. Fenster auf. Der graublaue Himmel spiegelt sich stahlblau im Fluss, den Gruppen von Enten und Blesshühner durchziehen. Dann erreicht auch das hochsteigende Hibiskusrosa an der Biegung des Flusses den Wasserspiegel und verdoppelt sich. Aus der Ferne schon wieder die Gewehrsalven der Jäger, die seit Tagen in neonfarbenen Überjacken das Gelände durchstreifen. Haben sie auch die Rehe im Visier, die hungrig in den Garten vordringen und – wie die Hufspuren auf den Beeten zeigen – in ihrer Not den seit dem Frost erntefähigen Grünkohl abfressen? Fenster zu.

Lodern, Lichten; die Intensität zieht sich zurück. Nur noch milchige Rosa- und Fliedertöne im milchig Bläulichen. Bis auf die Stelle der feurigen Konzentration, wo es immer noch feindüsig lodert, vom Eibisch wieder ins Orange zurückgefallen. Hinter dem flachen Saum der fernen Baumreihe – grätenartig wie in einem Max-Ernst-Bild – steigt die orangegoldglühende Scheibe der Sonne empor und scheint alles in der Umgebung – Baumsilhouetten, Gräten – restlos zu verzehren. Dann bricht die Scheibe; verzerrte Hälften hängen gelb in den Schlieren der Wolken.

Im verhangenen, dunklen Himmel ein hellerer Riß, der sich als großer Bogen von Norden über den Osthorizont hinzieht; ein fast tagblaues Tor im aufgerissenen nachtblauen Himmel. Der Riß verengt sich, zieht weiter nach Süden. Von Osten nach Südosten wandelt sich das Tagblau zu einem Hauch von Morgenröte-Rosa, der wie eine lange, schmale Fahne hinter dem Wäldchen schwebt und gegen Süden ausdünnt. Der Hauch von Fahne teilt sich zum Ende in mehrere Ausläufer, franst aus, verbreitert sich; seifenzartes, milchiges Rosa im heller und heller werdendem Nachtblau, mit Weiß gestreift. Fenster auf.

Restschnee oder Rauhreif auf den Wiesen. Minusgrade; der Wetterbericht kündigt Dauerfrost an. Eine schwachrosa Schärpe liegt diagonal über dem Bleigrau des Wassers. Am gegenüberliegenden Ufer des Flusses scheint sich schon das erste Windeis gebildet zu haben. Die schwarzen Vögel kommen über das Dach geflogen, wogen, piepsen; leben. Fenster zu. Der inzwischen breite rosa Fahnenhauch diffundiert nach oben und unten in die helle, weißliche und graublaue Umgebung; ineinander verfließende Schichten von gleichem, kaltem Charakter. Licht wie geschichtetes, cremiges Sahne-Eis. Die Erdbeereisschicht bricht in mehrere Schichten auf, dazwischen setzt eine umgrenzte Steigerung des milchigen, cremigen Rosa zu einem fast transparenten Konzentrat, wie zu einem Fruchtgelee ein. Schokolade fehlt, Vanille fehlt. Kurz danach verblaßt alles. Die Energie versammelt sich in einem orangerotglühenden Wulst, der sich aus den Schichten hoch zu einer orangerotglühenden Scheibe erhebt und in dem eiskalten, milchigen Morgenlicht leicht zu zucken scheint.

Probleme in Kopenhagen; Stockungen, Rückfall der Verhandlungen auf hoher Ebene: langfristige Finanzierungen und Reduktionsziele höchst umkämpft. Kohlenstoffmarkt leidet, wenn die Reduktionsziele zu schwach ausfallen. Die Angst, keine Einigung zu finden, artikuliert sich. Schwache Hoffnung, ob die heute eintreffenden Staats- und Regierungschefs ein Scheitern abwenden können.

Fenster auf. Dunkelheit hell: der wenige Schnee, der in der Nacht gefallen ist, reicht aus, um durchgehende dichtweiße Flächen zu erzeugen, die die morgendliche Düsternis aufhellen. Besonders im Morgengrauen der Effekt winterlicher Schwarz-Weiß-Landschaft. Die Deichstraße wurde in der Frühe gesalzen und liegt, wie der Fluß, zementgrau zwischen dem Schwarz und dem Weiß. Feiner Schnee wirbelt schräg vorbei. Fenster zu. Über all dem wölbt sich ein flacher, weißlich-grauer Wolkenhimmel ohne eine Spur Morgenröte.

Kopenhagen: hinter ökologischer Rhetorik verbergen sich ökonomische Interessen. Und die unmittelbar bedrohten Länder sind arme Länder, deren Interessen nicht durch Wirtschaftsmacht Nachdruck erhalten. Warum konkurrieren die Länder nicht um die besten ökologischen Technologien, mit denen sie wirtschaftlichen Erfolg einfahren?

Fenster auf. Winzige Eisflocken im Wind. Kaltes metallisch in der Nase; austrocknend. Der Fluß scheint von einer Eisschicht überzogen zu sein, denn er ist von Schnee bedeckt. Die Wiesen, der Deich, der Fluß: alles Weiß, ineinander übergehend. Fenster zu. In der Ferne der Himmel, grau und weiß und die Fortsetzung des Ineinanderübergehens nach oben. Der Horizont dicht und undurchlässig. Tagesanbruch und Erhellung ohne eine Spur von Morgenröte, ohne sichtbaren Sonnenaufgang.

Der Klimagipfel von Kopenhagen gilt Beobachtern als gescheitert: keine CO_2-Obergrenzen, keine Reduktionsverpflichtungen, ungefähre Finanzierungen und vor allem keine rechtlichen Verbindlichkeiten. Was für eine vertane Chance. Das Aufgebot an Staatsoberhäuptern und Regierungschefs war beispiellos. Aber auch die Komplexität des Problems. Jedes demokratische Plenum muß damit überfordert sein, erst recht, wenn es dem Prinzip der Einstimmigkeit verpflichtet ist. Aber welche Gemeinsamkeit verbindet die großen Verschmutzer und Nutznießer USA und China mit paradiesischen, aber armen Südseeinseln wie Tuvalu oder Samoa, die im

Meer zu versinken drohen, oder mit einem Land wie Namibia, das kaum
Emissionen freisetzt und somit kein Druckmittel besitzt, aber existentiell
unter den bereits einsetzenden extremen Wetterveränderungen leidet?

Fenster auf. Es scheint, als hinge ein zartrosa Anflug, die Nuance
eines ungefähr elliptischen Schleiers – Blau und davor Rosa; dieses
Rosa, die Ahnung eher eines erwünschten als wirklich feststellbaren
Morgenrosarotschimmers – über dem düsteren, kalten Südosthorizont
hinter der Weide. Fenster zu. Der Fluß ist wieder vereist. Gestern
hatte die weiße Schicht auf dem Wasser aufgrund wärmerer Einlei-
tungen durch das Entwässerungswehr dunkle Flecken gezeigt. Und
sie wurden immer größer und brachen ein.

Heute Nacht war der Frost noch kälter, und eine frische Eisschicht überzieht den Fluß. Tagesanbruchsaufhellung. Die Stufen des
Graus versickern in der Dämmerung, trennen sich in zwei Werte auf:
in das Schwarz-Weiß der Landschaft; in das Digitale, Zweifingrige
der Natur.

Dazwischen Lichter. Hier auf der Deichstraße und in der Ferne
jenseits des Flusses, hinter den Wiesen und Feldern, gelbliche Lichter der Straßenlaternen. Beim Gartenbau-Nachbarn Weihnachtsbe-
leuchtung in einigen Fenstern der Straßenfassade: Reihen elektrischer
Kerzen, geordnet zu gleichschenkligen Winkeln; mehrstufige Sieger-
treppchen und ein hängender, beleuchteter Silberstern; Sakrales, elektrifiziert. In der Küche brennt auch am Sonntagmorgen schon früh
das Licht. Der Gartenbau-Nachbar ist allein. Letzte Woche wurde
seine Frau vom Krankentransporter abgeholt, doch zu den Festta-
gen – so die Prognose – wird sie voraussichtlich wieder zurück sein.

Es ist heller geworden, der rosa Schimmer ist verschwunden.
Doch höher über dem Horizont hat sich der inzwischen blaue Himmel
geöffnet, und die hellen, im Norden in einem Strang weiß auslaufenden Streifen sind cremerosa getönt; rosa Seidenbänder: Morgengaben
von Eos-Aurora. Die rosa Bänder verbreitern sich den Osthimmel
hoch, und südlich davon tritt eine Art rotes Fruchtkonzentrat aus

dem Horizont und kriecht steigend in milchige Trübe. Daraus formt sich eine blaßrosa Scheibe, umgeben von zuckerweißen Fransen: eine Morgensonne, gemeißelt aus einer Tafel Pfefferminzkonfekt, die kurz darauf verschwindet; verschluckt vom kalten Dunst. Hellrosa Bänder hängen noch länger am Himmel, bis auch sie verblassen, verdunsten. Es fängt an zu schneien, und es schneit immer dichter. Ob es heute überhaupt hell werden wird? Unaufhaltsam rückt der dunkelste Punkt der dunklen Jahreszeit näher.

Kalter, dunstiger Himmel. Keine Spur von Morgenröte. Auf dem vereisten, beschneiten Fluß große dunkle Flächen mit bogigen Rändern. Es friert und taut und friert und taut.

Vom Küchen-Salon her, wo der Wasserkocher nach einem kurzen Brodeln metallisch klackt, dringen Musik und Gesang durch die offenen Türen. Radio. Rundfunk. Die leicht mechanische, mechanisch leichte Musik einer frühbarocken Oper wimmert. Und dann – »let me« – eine überaus helle Stimme, präzise schrill – »let me« – wie aus einer weit, sehr weit entfernten Welt – »let me freeze again« – Henry Purcell – »let me« – John Dryden – »let me freeze again« – eine klagende Stimme – »to death« – singt entsetzt und zitternd – »let me, let me« – singt todessehnsüchtig – »let me, let me freeze again to death«: Erinnerung an eine Englandreise, an ein Festival auf Wiesen – »Una Festa Sui Prati«, klingt es gleichzeitig italienisch auf – und an ein Siebzehntes-Jahrhundert-Opern-Schauspiel-Hybrid mit tagelang nachfolgenden, höchst albernen Versuchen während heikler Autofahrten auf der linken Spur, Texte zu singen, zu rezitieren: »Love was made for a blessing. And not for a pain« (Make Love not War).

Könnte die Schallplatte mit Purcell-Arien noch in einem der alten Kartons zu finden sein?

Wäre noch Zeit, wäre wirklich noch substantielle, effektiv chronologische Zeit, ließe sich schreibend vielleicht noch eine entspannte, eine unsystematische, eine Art präscholastischer Summa festhalten, z. B. über emotionale Erfahrungs-Anreicherungen im Alter; Musik;

über kulminierte Dichte und Helligkeit von Wahrnehmungen und Empfindungen, von emotionalen und intellektuellen Emanationen; Alter als Erfahrungshorizont menschlicher Dichte-Struktur (in Anlehnung an Clifford Geertz's ethnologisch-anthropologische Studien: »Dichte Beschreibung«); als Hoch- und Spätzeit einsichtsvoller und sensitiver Zusammenführung (Weisheit); nicht zuletzt über die lebenskonsequente Ablehnung religiöser Torschlußpanik (der einzige akzeptable Stolz ist der Stolz gegen Gott) – bevor sich die lichte Lebens-Dichte ein für allemal verflüchtigt, auflöst; bevor es schlagartig stockdunkel (oder superhell) wird.

Was ließe sich nicht alles erinnernd mitteilen, reflektieren, schlußfolgern, eventuell singen zu »Una Festa Sui Prati«. Und nicht nur über das zufällig angetroffene Sommerfest der kommunistischen Partei in Lucca, wo auf der zwischen zwei Bäumen aufgespannten Leinwand im Park an der Festungsmauer gerade die Verfilmung von Giuseppe Tomasi di Lampedusas »Il Gattopardo« präsentiert und großzügig Rotwein der Region ausgeschenkt wurden. Wie unnachahmlich und großartig stand Burt Lancaster als Fürst Fabrizio nackt in der Wanne, von Tüchern diskret verdeckt, und streifte sich das Badewasser aus der Behaarung der noblen Arme und Beine (eine Zeit noch fern dem Ideal der glatten, dinghaften Körperoberflächen, des Brasilian Waxing oder Sugaring). Ein Genußabend für die kulturellen und filmbegeisterten Membri del Partito. Oder ein geschichtlicher Lehrabend in Sachen Mezzogiorno, in Sachen sizilianischer Feudalismus, Epochenende, Dekadenz.

Fenster auf. Frischer pulvriger Schnee liegt auf dem Wasserschenkel des Fensterflügels und weht ins Zimmer; mineralische Schneeluft. Fenster zu. Es schneit in feinen Flocken, dazwischen ziehen Wolken von Schneeverwehungen umher wie im Wind wirbelnde Tücher. Ein düster grauer Himmel gefüllt von Schnee, ein starrer Horizont ohne eine Spur von Morgenröte. Im kahlen Geäst des Zierapfelbaums hokken schwarze Gestalten, Amseln; lösen sich durch ihre ruckartigen

Bewegungen vom schwarzen Hintergrund, picken die Reste der braun gewordenen, erfrorenen Äpfelchen, springen hinunter in den Schnee, spreizen ihre Flügel. Nun endgültig passé, die aparte Zierapfelgelee-Kreation. Aber gut, daß die schwarzen Gesellen eine Winterspeise gefunden haben. Nachdem Brocken zu Boden gefallen sind, kommt auch der langschwänzige Emir aus dem Garten zu der für ihn sonst uninteressanten Ostseite des Grundstücks und bedient sich an dem kalten Angebot.

Grauer Milchglashimmel. Keine Spur von Morgenröte.

Noch einmal das Auto abfegen und noch einmal anwerfen, um heute oder morgen zum Markt zu fahren, um Gans, Fisch, Käse, etwas Gänseleberpastete und Sahne, Gemüse und Salat für die letzten Mahlzeiten zu kaufen. Reste einer Kiste Weißwein stehen noch in der Speisekammer. Dort steht auch ein Karton mit vergessenen Rotweinflaschen aus dem alten Keller. Zwanzig- und dreißigjährige Weine aus dem Rioja, wahrscheinlich mit porösen Korken. Der Wein ist vielleicht schlammig oder schon schlecht und höchstens noch für einen Saucenfond geeignet. Auf jeden Fall müssen die Korken sorgfältig mit verschiedenen Arten von Korkenziehern beseitigt, dann muß gefiltert werden.

Eventuell Besuch über die Festtage. Eigentlich eine ganz unerwartete Anfrage: eine alte – langjährige – Freundin aus Berlin, deren Flug zu ihrem Lebenspartner nach London wegen Schneefalls abgesagt wurde und eventuell nicht mehr umgebucht werden kann.

Im Grunde auf Alleinsein eingestellt, auf den gestaltschließenden Jahresabschluß der letzten Morgenrötenzuwendungen und auf die ungestört abschiednehmende Innenschau verbliebener Ich-Reste, doch die Absage, die Zurückweisung einer einsamen Freundin wäre fehl am Platz; organisch gesprochen: herzlos, zeitlich gesprochen: unwiderruflich.

Im Laufe der vergangenen Monate ist das, was vielleicht noch an Innerlichkeit bestanden hatte, entweder zu Unerreichbarkeit erstarrt oder bei den unbeholfenen Versuchen eines zwingenden Zugriffs zerbröselt wie ein hart gewordener Schwamm; oder eben wie die alten Korken der im Keller vergessenen Weinflaschen.

Es gibt jedoch keinen Zweifel daran, daß das Programm durch den Besuch letzten Endes beeinträchtigt würde.

Graue, griesige Düsternis nach einer klaren Nacht. Fenster auf. Fenster zu. Am Westhimmel ein großer rosagelber Halbmond, der schräg auf dem Rücken liegend den Tagesanbruch erwartet. Keine Spur von Morgenröte.

Kein Besuch über die Festtage, die Umbuchung des Fluges wurde doch noch durchgeführt. Farewell, dear friend.

Grau verhangener Himmel, Regen. Keine Spur von Morgenröte.

Grau verhangener Himmel, Regen. Keine Spur von Morgenröte. In der Nacht hatte es laut und heftig gestürmt, und noch immer ziehen die tiefen, wattigen Wolken fahrig und fluchtartig über den Himmel. Der Regen taut den Schnee bis auf ungleichmäßig große Flecken an geschützten Stellen auf und spült ihn weg. Scheckige Landschaft. Das Eis auf dem Fluß hat sich gesenkt, senkt sich weiter und ist in großen, sich die Flußmitte entlang miteinander verbindenden Pfützen von Wasser überspült, das wie befreit und munter im Wind wellt.

In die dunkelblau-streifige Finsternis ziehen am Südosthorizont Nacht erhellende, malvenfarbene Zwischenlagen ein; erhellen, weiter verblassend, zu Hyazinthrosa. Kein Schnee mehr in der nassen Landschaft, das Eis im Fluß überflutet, nur noch an den Rändern breite Streifen, die schräg ins Wasser reichen. Zartrosa unter einer riesigen blauen Wolkenbank. Dazwischen bricht, verschleiert, Gelbgold hervor, dann greller Goldglanz, in den große Tropfen fallen. Silbern umrandete Dunkelwolken, die den Goldglanz verdecken, der aber indirekt alles erstrahlen läßt, auch den Regen.

Grau verhangener Himmel, regnerisch. Keine Spur von Morgenröte.

Seit dem Tod des Großajatollah Montazeri am 20. Dezember ist es im Iran anläßlich von Trauerfeiern und des Aschura-Festes erneut mehrmals zu Protesten der Opposition gekommen. Montazeri gehörte zu den Gefolgsleuten Chomeinis und dessen Islamischer Revolution und hat das Konzept des Geistlichen Führers entwickelt. Als Chomeini massenhaft Oppositionelle erschießen ließ, schwieg er. Später fiel er in Ungnade und kritisierte die iranischen Herrscher und ihre Handlungen gegen das eigene Volk, nicht jedoch die Islamische Republik. Die Oppositionsbewegung hat sich seit der beanstandeten Präsidentenwahl im Sommer und dem brutalen Vorgehen der Staatsgewalt mit Todesopfern zunehmend radikalisiert, wie ein Beobachter im Rundfunk mitteilt. Zu dem Slogan »Tod dem Diktator« kommt die Entsprechung der Bewegung zu sich selbst: »Wir sind bereit, für unsere Sache zu sterben.« Tod und Sterben als politische Agenda, ein Symptom der extremen Lage. Eine Spaltung der Opposition in Reformer, die den Gottesstaat reformieren, und in Regimegegner, die das islamische Terrorsystem abschaffen wollen, scheint sich zu verstärken. Die bei der Präsidentenwahl im Sommer gegen den Amtsinhaber Ahmadinedschad angetretenen Politiker gehörten maximal der Gruppe der Reformer an. Ihre Stilisierung als Symbolfiguren der Opposition verdeckte zuweilen ihre zweifelhafte Herkunft aus dem Establishment und die Reichweite ihrer Reformabsichten, die das islamische System nie wirklich in Frage stellten. Aber auch zu Minimalforderungen gehören in einem totalitären Regime Mut und die Bereitschaft zum Umdenken. Doch inzwischen geht es um mehr. Jetzt ist es wieder zu Toten gekommen.

Die Empörung über die Gewalt gegen die Bevölkerung und die Miß-
achtung der Menschenrechte nimmt zu. Wo bleibt die Unterstützung des
Westens? Wird die Selbstbefreiung des iranischen Volkes diesmal gelingen
oder erneut scheitern?

Dichter, zäher Nebel zwischen eisig grau berauhreiften Bäumen.
Rauhreif, Reifgrau, Graureif. Rauheis, Eisgrau, Graueis; Greis. Uralte
Weltverschwundenheit im eisigen Grau. Keine Spur von Morgenröte.

Diagonal vor dem Fenster die wehenden Reihen der Schneeflok-
ken, wie Schrift von links oben nach rechts unten; von Nordwesten
nach Südosten. Erneutes Weißwerden des Draußen. Noch nicht alles
zugedeckt. Verschiedene Weißstrukturen, je nachdem, ob der Schnee
auf der Wiese oder auf der Straße und der glatten Einfahrt liegt. Keine
Morgenröte. Glatte weiße Schneeflächen, um die letzten Wünsche
einzuschreiben, die schon kurz darauf verweht, zugeschneit, unleser-
lich würden. Anrufung der Vergeblichkeit.

Grau in Grau. Dunkelgrau, Hellgrau, Lichtgrau. Dahinter: Erwartung
einer kleinen Röte, eines Hauchs von Rosa, einer Andeutung, eines
Anflugs, eines Wischs. Doch nichts.

In den Bäumen auf den Schneewiesen jenseits des Flusses scheinen sich die Vögel, die seit Tagen im Laufe des frühen Morgens in
großen Schwärmen von West nach Ost über das Haus fliegen, zu
einem Zwischenstopp niedergelassen und versammelt zu haben. Fenster auf. Kein Vogel ist zu sehen in der griesig-grauen Dämmerung,
doch die Luft ist erfüllt von einem vibrierenden Klang, von einem
schwebenden Ton, der überlagert ist von einem unentwegt melodisch singenden, von einem hohen Piepsen und kontrapunktisch
einfallenden Krächzen. Eiskalte Luft, Schneeluft, die ins Zimmer
fällt, die Füße urplötzlich beschwert, in eine Kältezange nimmt und
eine schreckliche Ahnung hervorruft; ein Empfinden antizipiert: ein

Empfinden, das weiter und weiter ansteigen, den Körper schmerzhaft besänftigen und allmählich überwältigen wird.

Piepsen und Krächzen, Schwingen des Lebendigen. Wie entsteht dieses Summen, dieses Rauschen, diese Schwärmen? Flirrendes Atmen, Flattern, Flügelschlagen, Gefieder weiten und schmiegen. Köpfe wenden, Hälse drehen, Schnäbel öffnen und schließen sich, enthauchen Laut, entkehlen Geschrei. Was spielt sich da draußen ab? Dann fliegt Schwarm für Schwarm weiter, einzelne schwarze Vögel lösen sich aus dem schwarzen Geäst der Bäume, weitere folgen ihnen, bilden ein dunkles Geschwader, verbinden sich mit Geschwadern, die aus anderen Bäumen aufsteigen. Über dem Haus ein chorisches Piepsen; ein Ziehen; ein Weiter- und Hinweg- und Vondannenziehen, irgendwann ein versiegendes, immer leiser werdendes Nachschwingen. Fenster zu.

Vorbei, zu Ende die Aubade, die Alborada de los Pájaros. Vorbei der Schwarm, das Schwärmen, der Chor. Gegen Abend werden sie aus dem Osten zurückkommen; wieder eine große schwarze Wolke über der weißen Landschaft; eine schwarze Wolke, vollgestopft mit serenadem Geflügelgesang.

Auch der letzte Tag ist ein Tag. Der letzte Tag ist ein besonderer Tag. Wie wird er sein? Noch einmal Schnee von den Autofenstern schieben. Vogelfutter kaufen, vorgeblich ambrosiafreies; die Futterkolben auffüllen; Hühnerfutter für die Fasane; ein paar Stücke Fleisch mit fester Schwarte zum Festbinden auf dem Dach des Gerätehäuschens für die Bussarde. Und dann die Fenster des Autos mit Frostschutzmittel einreiben, damit sie fürs erste nicht vereisen, Benutzung vortäuschend.

Musik hören: Vivaldi, Händel, Gluck. Etwas abgelegene Opern, Göttergesten, Machtanklagen. Vielleicht Vivaldis Violinkonzerte; auf keinen Fall religiöse Anklänge. Und vielleicht Seneca lesen. Vielleicht im Laufe des Abends, vor Mitternacht, für den Gedanken: »Dieser Tag, vor dem du, als sei er der letzte, Grauen empfindest, ist der Geburtstag eines ewigen Lebens« versuchen, eine fluidere Übersetzung zustande zu bringen; besser als Bleigießen, da es ohnehin keiner Zukunftsdeutung mehr bedarf, aber ein guter Satz der Gegenwart genügt.

Morgen, am ersten Tag des neuen Jahres, wird es eine Licht-
umkehr geben, eine Wende zur Helligkeit; morgen wird der Sonnenaufgang, sichtbar oder auch nicht, eine Minute früher einsetzen;
entsprechend auch die Morgenröte. Aber morgen, morgen wird ein
anderes Jahr sein.

Ende

NACHWEISE

JANUAR

Beckett, Samuel: Aschenglut. Hörspiel. mit Attila Hörbiger, Paula Wessely u. a., Regie: Axel Corti. NDR/ORF 1982/1963.

Beckett, Samuel: Dramatische Dichtungen in drei Sprachen. Deutsche Übertragung von Elmar Tophoven. Frankfurt am Main, 1981, S. 123 f.

Schulz, Frank: Kolks blonde Bräute. Frankfurt am Main, 2004, S. 11 f.

Sibelius Songs. Kirsten Flagstad, London Symphony Orchestra, Oivin Fjeldstad. London, 1958, 1977.

Goethe, Johann Wolfgang von: Faust. Der Tragödie zweiter Teil, 1. Akt, »Anmutige Gegend«.

FEBRUAR

Neufeld, Alexander: Aphorismen, in: Tränenblutung. Lyrik. Gelnhausen, 2006.

Montaigne, Michel: Essais I. Übersetzt von Hans Stilett. Frankfurt am Main, 1998, S. 142.

Lévi-Strauss, Claude: Traurige Tropen. Übersetzt von Eva Modenhauer (Tristes Tropiques, 1955). Frankfurt am Main, 1978, S. 55–62.

MÄRZ

Becker, Jürgen: Die folgenden Seiten. Journalgeschichten. Frankfurt am Main, 2006.

Becker, Jürgen: Felder. Frankfurt am Main, 2. Aufl. 1967, S. 144.

Becker, Jürgen: Ränder. Frankfurt am Main, 2. Aufl. 1970, S 14 f.

APRIL

Jerofejew, Viktor / Riedle, Gabriele: Fluß. Roman. Texte von Jerofejew aus dem Russischen von Beate Rausch. Berlin, 1998.

Chatwin, Bruce: Wolga. Übersetzt von Meino Büning. In: Lettre International, Heft 7, IV. Vj. 1989; s. auch: Chatwin, Bruce: Was mache ich hier. Übersetzt von Anna Kamp, München / Wien, 1991.

Jerofejew, Viktor: Annas Körper oder: Das Ende der russischen Avantgarde. Übersetzt von Rüdiger Wehling-Raspé. In: Lettre International, Heft 7, IV. Vj. 1989.

Goethe, Johann Wolfgang von: Faust. Der Tragödie erster Teil, »Faust und Wagner«.

Enzensberger, Hans Magnus: Das Haus an der Burggasse. Ein Fluchtversuch. In: du. Die Zeitschrift der Kultur, Heft 1/1998, S. 17.

Pinget, Robert: Passacaglia. Übersetzt von Gerada Scheffel. Frankfurt, 1991.

Duras, Marguerite: Das tägliche Leben. Aus dem Französichen von Ilma Rakusa. Frankfurt am Main, 1988.

Nádas, Péter: Buch der Erinnerung. Aus dem Ungarischen von Hildegard Grosche. Reinbek bei Hamburg, 1992.

Barthes, Roland, Le plastique. In: Mythologies. Paris, 1957, S. 159.

Francis Ponge: Neue Bemerkungen zu Fautrier, nach seinem Tod flüchtig niedergeschrieben. In: Texte zur Kunst. Übersetzt von Gerhard M. Neumann. Frankfurt am Main, 1967, S. 50.

MAI

Pamuk, Orhan: Aus dem Fenster schauen. In: Der Blick aus meinem Fenster. Übersetzt von Christoph K. Neumann. München / Wien, 2006.

Widmer, Urs: Vom Fenster meines Hauses aus. Zürich, 1977.

Ahrens, Henning: Brief. In: Kein Schlaf in Sicht. Gedichte. Frankfurt am Main, 2008, S. 86.

de l'Aigle, Alma: Begegnung mit den Rosen. Hamburg, 1959.

JUNI

Gustafsson, Lars: Der Vogel in der Brust. In: Erzählungen von glücklichen Menschen. Deutsch von Verena Reichel. München, 1984, S. 184.

Michel Foucault: Die iranische Revolution breitet sich mittels Tonbandkassetten aus. In: Schriften in vier Bänden. Bd. 3 (Dits et écrits). Frankfurt am Main, 2003.

Joyce, James: Ulysses. Übersetzt von Hans Wollschläger. Frankfurt am Main, 2001, S. 76.

Zeidler, Peter: Mein Schreibtisch am Fenster. Hamburg / Zürich, 2006, S. 109.

Nádas, Péter: Minotauros. In: Minotauros. Erzählungen. Aus dem Ungarischen von Hildegard Grosche. Hamburg, 1999, S. 264.

Der Kleine Pauly. Lexikon der Antike, Bd. 3. München, 1979.

Dill, Alexander: Der große Raubzug. Wie im Windschatten der Weltfinanzkrise die Staatskassen geplündert werden. München, 2009.

Zeh, Juli: Die Stille ist ein Geräusch. Eine Fahrt durch Bosnien, Frankfurt am Main, 2002.

Wolf, Christa: Leibhaftig. Frankfurt am Main, 2009, S. 50.

Potsdamer Platz in Berlin 25. 7. 2009. Veranstaltet von Amnesty International, Reporter ohne Grenzen und dem deutschen P. E. N.

Kaschnitz, Marie Luise: Eos. In: Griechiche Mythen. München, 1975.

COLOSSAL. Kunst, Fakt, Fiktion. Kunstprojekt anläßlich 2000 Jahre Varusschlacht. Künstlerischer Leiter: Jan Hoet. Ausstellungskatalog. Hrsg. v. Landschaftsverband Osnabrücker Land e. V., 2009.

Kleist, Heinrich von: Die Hermannsschlacht (1807/1860), 2. Akt, 10. Auftritt. Wilfried Hagebölling. In: COLOSSAL, a. a. O., S. 146.

Spee, Friedrich von: Cautio criminalis oder Rechtliches Bedenken wegen der Hexenprozesse. Übersetzt von J. F. Ritter. Weimar, 1939.

Lange, Anna. In: COLOSSAL, a. a. O., S. 42 f.

Hajatpour, Reza: Der brennende Geschmack der Freiheit. Frankfurt am Main, 2005, S. 141, 153.

Nooteboom, Cees: Heinz. In: Nachts kommen die Füchse. Erzählungen. Aus dem Niederländischen von Helga von Beuningen. Frankfurt am Main, 2009, S. 48.

Gustafsson, Lars: Die Tennisspieler. München, 1979, S. 13.

Baudelaire, Charles: Le Crépuscule du matin. Die Morgendämmerung. In: Die Blumen des Bösen. Deutsch von Sigmar Löffler. Leipzig, 2. Aufl., 1973/1990, S. 196–197.

Björnstad, Ketil: Der Fluß. Frankfurt am Main / Leipzig, 2009.

Jandl, Ernst: Letzte Gedichte. Hrsg. v. Klaus Siblewski. München, 2001.

Fühmann, Franz: Werkausgabe. Bd. 4. Rostock, 1993.

Lettau, Reinhard: Täglicher Faschismus. Amerikanische Evidenz aus 6 Monaten. Aus dem Amerikanischen übersetzt von Hanns Zischler und Reinhard Lettau. München, 1971.

Tischlampe, nach 1900. Gelbes (Überfang-)Glas, orange und rosa, säuregeätzt. Champignonförmig. Malvendekor. Signiert Gallé.

Kafka, Franz: Tagebücher in der Fassung der Handschrift. Hrsg. v. Hans-Gerd Koch, Michael Müller und Malcolm Pasley. Frankfurt a. M., 1990, S. 543.

Melville, Herman: Bartleby, der Schreiber. Eine Geschichte aus der Wall-Street. Aus dem amerikanischen Englisch übersetzt von Jürgen Krug. Frankfurt am Main / Leipzig, 2004.

Goethe, Johann Wolfgang von: Faust. Der Tragödie zweiter Teil, 2. Akt, »Felsbuchten des ägäischen Meers«.

Schweizer, Frank: Wie Philosophen sterben. München, 2003 (Nach der Antike kein Fall von Hungertod in der Neuzeit oder der Moderne; Simone Weil wird nicht aufgeführt).

Bernhard, Thomas: Amras. In: Werke in 22 Bänden, Bd. 11: Erzählungen I. Hrsg. v. Martin Huber u. Wendelin Schmidt-Dengler. Frankfurt a. M., 2004.

Bernhard, Thomas: Montaigne. In: Werke in 22 Bänden, Bd. 14: Erzählungen. Kurzprosa. Hrsg. v. Martin Huber, Hans Höller und Manfred Mittermayer. Frankfurt a. M., 2003.

Goethe, Johann Wolfgang von: Faust. Der Tragödie zweiter Teil, 1. Akt, »Anmutige Gegend«.

Becker, Jürgen: Unterwegs im Haus. Hörspiel. Mit Otto Sander. Regie: Leonhard Koppelmann. Deutschlandfunk, 14. 11. 2009.

Barthes, Roland: Die Vorbereitung des Romans: Vorlesung am Collège de France 1978–1879 und 1979–1980. Hrsg. von Éric Marty; Nathalie Léger. Aus dem Französischen von Horst Brühmann. Frankfurt, 2008.

DEZEMBER

Montaigne, Michel de: Essais I. Übersetzt von Hans Stilett, Frankfurt am Main, 1998, S. 143.

Greffrath, Mathias: Montaigne heute. Leben in Zwischenzeiten. Zürich, 1998.

Geertz, Clifford: Dichte Beschreibung. Bemerkungen zu einer deutenden Theorie von Kultur (1983). Übersetzt von Brigitte Luchesi. Frankfurt am Main, 1987.

Seneca, Lucius Annaeus (Philosophus): Philosophische Schriften, lateinisch/deutsch. Hrsg. und übers. von Manfred Rosenbach. Darmstadt, 1987; Bd. 4: »An Lucilius. Briefe über Ethik«, Ep. 102, 26.

NACHWORT DER HERAUSGEBERIN

Ich halte das Buch in der Hand, wiegend, wägend, meine Finger streichen über den Einband. Es ist schwerer als ich dachte, doch gefühlt druckwarm, ein frisch gebrannter, noch nicht ganz ausgeglühter Ziegel. Ich öffne es, drehe es nach außen. Über die gesamte Breite des Schutzumschlags erstreckt sich die mattfarbige Fotografie einer frühen Morgenröte, die in einer geradezu unheilvollen Intensität am Horizont entlang hinter einem flachen, von Baumgruppen unterbrochenen Landstrich aufscheint. Helle Klappen, grünschwarze Schrift. Darunter mittleres Grau, kaschiert.

Mit dem fertiggestellten Buch endet der Verlauf einer Geschichte, deren Anfang eine Dekade weit zurückreicht und in ein Haus führt, das jahrelang leergestanden hatte. Dort, in einem zurückgelassenen Schreibtisch, lagerte der dem Buch zugrunde liegende Text – bis ich ihn aus der Schublade hervorzog; ein loses Typoskript, begleitet von einer CD.

Die Erinnerung an dieses Ereignis ist für mich immer noch sehr ergreifend, auch wenn sich die ersten Momente routiniert, fast automatisch vollzogen. Ich bog den Papierstapel und ließ ihn an meinem Daumen abblättern: einseitig bedruckt, teilweise kursiv, ungefähr zweihundertfünfzig Seiten ohne Seitenzahlen, unformatiert mit flatternden Rändern und ein gegen Ende hin schwächelndes Druckbild, welches mir sagte, daß der Ausdruck auf einem Printer mit versiegender Kartusche erstellt worden war. Was sich da vor mir auffächerte, war zweifellos ein Prosa-Text. Ich las hier und da, las »Fenster auf« und »Fenster zu«, entsinne mich, daß ich auf »grellgelb blühende Forsythien« stieß, auf »blanke Messinggriffe«, auf »antipodisch weiß«, auf »Graugänse«, wiederholt auf »Graugänse« und immerzu auf Wasser, Bäume, Blätter, auf kahle Bäume, belaubte Bäume, grüne Blätter, welkende Blätter, Wolken und Wolken und Sonne und Sonne. Ich traf auch auf Namen, wie Montaigne, Émile Gallé, Franz Kafka, Elias

Canetti. Und in einem redundanten Geflecht von immer wieder aufblinkenden Wörtern las ich: Aurora, Fluß, Tastatur, Obama, Eos, Iran, Rosa, Lampe. Ganz zuunterst entdeckte ich drei spärlich beschriftete Blätter: ein Deckblatt, ein Blatt mit Zitaten, ein Inhaltsverzeichnis. Auf dem Deckblatt entzifferte ich mehrere Titel und Untertitel, allesamt durchgestrichen, zum Teil mit Hand überschrieben, ebenfalls durchgestrichen, bis auf einen einzigen: »Aurora-Protokolle«. Die CD enthielt eine Open-Source-Textdatei, als Datum der Speicherung war 31. 12. 2009, 10.33 registriert.

Der Text nahm mich für sich ein, kaum hatte ich ihn aus der Schublade gezogen. Seitdem stellte ich mir die Frage: Habe ich den Text gefunden oder hat der Text mich gefunden? Die Frage änderte sich auch nicht, als es mir gelang, die Datei zu öffnen und auf meinem Bildschirm 273 Seiten erschienen. Ich habe »Aurora-Protokolle« in größeren Abständen mehrmals gelesen, mit wechselnden Gefühlen, mit Interesse und Genuß, aber auch Irritationen, Langweile und Trauer aushaltend, bis zuletzt fasziniert von der poetischen Konstruktion und dem unauflösbaren Schluß. Ich habe mich intensiv dem Text zugewandt, ihn gleichsam adoptiert. Und mich später auch entschlossen, ihn herauszugeben. Denn sollte der Text mich gefunden haben (aber nur der Text selbst kann darauf antworten), war dies meine Aufgabe. Für die Publikation habe ich nur einige formale Defizite aufgearbeitet, vorhandene Fehler korrigiert, Fußnoten ergänzt etc.

Das Subjekt der »Aurora-Protokolle« ist eine künstlich verknappte Figur, die nicht »Ich« sagt und sich namentlich nicht vorstellt. Kein Pronomen der ersten Person Singular, stattdessen eine Leerstelle unstillbaren Mangels. Eine Einsamkeitsmonade, verzehrt vom Verlustschmerz; für ein Jahresprojekt des Abschieds am frühmorgendlichen Morgenrötefenster sich einfindend zur tagtäglichen Vergegenwärtigung des Tagesanbruchs. Wenn etwas über das Text-Subjekt zu erfahren ist, so indirekt: über dessen Wahrnehmungen, thematische Lektüren, über Szenen der Erinnerung, erzählte Ereignisse und über die Organisation der noch bleibenden Zeit.

Das Subjekt der »Aurora-Protokolle« ist über- und unterkomplex zugleich. Ist es real, autobiographisch? Oder ist es autofiktional? Es läßt keine geschlechts- und genderspezifischen Eigenschaften erkennen, ist nicht explizit männlich, nicht explizit weiblich; epizönal; sowohl als auch; weder noch: menschengeschlechtlich.

Jemand schaut, reflektiert, liest; schreibt.

Das Ergebnis dieses Schreibens liegt hier vor uns. Ein dem Sein abgerungener Text, die sprachliche Verwandlung von Realität in Poesie, von Lebensmaterial in ein literarisches Konstrukt: individuell, existentiell, universell.

Ursula Menzer